话说内蒙古

赛罕区

金保年◎主编

内蒙古人民出版社

图书在版编目(CIP)数据

话说内蒙古·赛罕区 / 金保年主编. -- 呼和浩特 : 内蒙古人民出版社, 2017.4
ISBN 978-7-204-14700-7

Ⅰ. ①话… Ⅱ. ①金… Ⅲ. ①区(城市)—概况—呼和浩特 Ⅳ. ①K922.6

中国版本图书馆CIP数据核字(2017)第094023号

话说内蒙古·赛罕区
HUASHUO NEIMENGGU SAIHANQU

主　　编　金保年
丛书策划　吉日木图　郭　刚
责任编辑　张　钧　李向东　李好静
责任校对　李月琪
责任监印　王丽燕
封面设计　南　丁
版式设计　安立新
出版发行　内蒙古人民出版社
地　　址　呼和浩特市新城区中山东路8号波士名人国际B座5楼
印　　刷　内蒙古恩科赛美好印刷有限公司
开　　本　710mm×1000mm　1/16
印　　张　19
字　　数　285千
版　　次　2017年8月第1版
印　　次　2017年8月第1次印刷
印　　数　1—4000册
书　　号　ISBN 978-7-204-14700-7
定　　价　68.00元

图书营销部联系电话：（0471）3946267 3946269
如发现印装质量问题，请与我社联系。联系电话：（0471）3946120 3946124
网址：http://www.impph.com

《话说内蒙古·赛罕区》
编撰委员会

《话说内蒙古·赛罕区》编写组

主　编：金保年

副主编：王继周

编撰人员：潘有仓　陈美荣　刘建平　赵国亮　王才元
郑志强　王喜生　金保年　王继周　许俊芳
席仲玉　李樱桃　高雁萍　乔月南　张宇顺
杨永在　许　宏　王凯胜　刘文秀　吴志强

图片制作：杨燕云　金　超　武　斌　张彩霞

编　务：张庆双　杨燕云　巴特尔　冀建国

总序

内蒙古自治区是我国第一个省级少数民族自治地区。全区辖9个地级市、3个盟、2个计划单列市，下辖52个旗（其中包括鄂伦春、鄂温克、莫力达瓦达斡尔3个少数民族自治旗）、17个县、11个盟（市）辖县级市、23个市辖区，共103个旗、县、市辖区。首府呼和浩特市。

内蒙古东西直线距离2400千米，南北跨度1700千米，土地总面积118.3万平方千米。广袤的土地蕴含着丰富的自然资源：从东到西的森林、草原、沙漠等地形地貌是天然独特的旅游资源；丰富的煤、铅、锌、稀土等矿产资源和风力、太阳能等清洁能源，为煤化工产业、有色金属产业、清洁能源产业的发展提供了支撑；地跨“三北”（东北、华北、西北），毗邻八个省区，与俄罗斯、蒙古国接壤，国境线长达4200千米，具有我国向北开放的重要桥头堡和充满活力的沿边经济带的天然区位优势；气候适宜、土壤优质、草类茂盛、水源充足等优势，使农牧业的现代化建设不断走向深入。

这是一方丰饶的沃土，是我国北方少数民族世代生息繁衍的福地。它孕育了游牧文明，也是农耕文明与游牧文明的碰撞融合地带，在这里，不同文化相互碰撞、熠熠生辉，共同谱写了中华文明的恢弘乐章。这片土地上孕育出的仰韶文化、红山文化是中华史前文化的一部分，战国时期赵武灵王着胡服、学骑射，两汉与匈奴交往、和亲，两晋南北朝的鲜卑建立了雄踞北方的北魏王朝，隋唐与突厥建立了宗藩关系，契丹民族建立了辽代政权，蒙古民族创立了疆域广阔的大元王朝，明清与鞑靼、瓦剌等民族建立了藩属关系——历史上，北方少数民族或雄踞一方与中原交好，或入主中原，在不断风起云涌中铸就了内蒙古丰富、厚重的历史文化魂魄。进入近现代以后，内蒙古也走在抗敌御侮的前沿，为中华人民共和国的成立做出了巨大贡献。

这份丰厚的历史积淀当中，涌现了诸多杰出人物：他们或是一方霸主，统领一域；或是一代天骄，建万世之基；或是贤良能臣，辅助建国大业；或是时事英雄，救人民于水火；或是在各自领域堪称巨擘的名人雅士。这些人有耶律阿保机、成吉思汗、忽必烈、哲别、木赤、耶律楚材、乌兰夫、李裕智、尹湛纳希、玛拉沁夫、纳·赛音朝克图等等。

物华天宝，人杰地灵。广袤的土地除了养育了一代代的草原人，也成就了她丰富的地域文化：马头琴音乐、呼麦、长调等民族音乐，好来宝、二人台、达斡尔族乌钦等曲艺，安代舞、顶碗舞等民族舞蹈，刺绣、剪纸、民族乐器制作、生活用具制作等传统工艺，蒙医药、正骨术等传统医药医术，婚丧嫁娶等独特的礼仪习俗。内蒙古在音乐舞蹈、民间艺术、文学史诗、传统医药、手工技艺、民俗风情等方面都创造了独有的成就。

悠久历史文化滋养下的内蒙古，在党的领导下，迈向新的历史征程。内蒙古自治区成立以来，党和国家一直重视内蒙古的发展，也给予各类政策和经济支持。内蒙古也不负众望，各项事业均取得了令人瞩目的成就：经济保持平稳增长，人民的生活水平不断提高；民主法治得到有效推动；建立了独具特色的民族教育体系，民族教育水平不断提高；民生改善工作成绩斐然；生态文明建设取得较大成就；四通八达的立体交通网，把内蒙古与世界各地拉得更近……

纵观几千年历史，内蒙古在历史的长河中扮演了重要的角色，这不仅源于自然条件的得天独厚，也源于草原儿女的自立自强。虽然这片沃土上的民族大多以口耳相传的方式传承着自己的文化，但是仍有不少历史的碎片撒落在当地的史籍当中，这些史料汇集成册，将成为向世人介绍内蒙古的名片。为此，我们组织全区103个旗县（市区）的有关部门和专家学者，借助各地的丰富史料，把散见于各种资料中的人文历史、民俗文化、民间艺术、壮丽风光、当代风采、支柱产业等等汇编在一起，编纂出一套能够代表内蒙古总体面貌、能够反映时代特色和文化大区风范的大型读物——《话说内蒙古》，以展示我区经济发展、文化繁荣、民族团结、边疆安宁、生态文明、各族人民幸福生活的六大风景线。

一本书浓缩的仅仅是精华中的精华，万不足以穷尽所有旗县（市区）的方方面面。若本书为你敞开一扇了解内蒙古之窗，那么，读万卷书不如行万里路，内蒙古将以最大的热情迎接你：

赛拜依——

欢迎你到草原来！

序

胜境青城，美丽赛罕。览壮丽大青山，望战国赵长城；赏赛罕区风光，阅辽金元史诗；观大小黑河美景，游塞外丰州名胜；品风味农家饭，饮纯粮小烧酒……

呼和浩特市赛罕区是一个古老而年轻的县级区域。说其古老，是指原呼和浩特市郊区境内有50万年前的大窑文化，远古时期就有人类在这片土地上繁衍生息。说其年轻，是指在中华人民共和国成立后才从土默特旗和归绥县分别划出一部分，几经调整，于1999年才确立自己的行政区。

内蒙古自治区作为我国成立的第一个少数民族自治区，走过了70年的光辉历程。呼和浩特市作为内蒙古自治区首府更是繁荣昌盛，成为土默特平原上一座美丽的城市。北有连绵起伏的巍巍大青山，南有奔流不息的滔滔黄河水。赛罕区便是依山傍水、福偎平川的历史文化名城呼和浩特市的一个县级管辖区。

年轻的呼和浩特市赛罕区（原郊区）历经几次大小区划调整。虽说被划走一部分乡镇村庄，但古老的辽、金、元三代的丰州古城遗址还在我区境内，最令我们骄傲的是矗立在市区东部的万部华严经塔（俗称白塔）。古城虽然不在，古塔却岿然屹立。它如同一部厚重的史书，记载了千年的沧桑，沉积着浑厚的历史文化底蕴。

在漫漫的历史长河里，赛罕区蒙、汉各族人民，为争取民族解放、民族自由进行了不屈不挠的斗争。中国共产党赛罕区（原郊区）党组织建党初期就在“名言小学”播下革命火种，在抗日战争、解放战争时期涌现出许多可歌可泣的人物，他们为民族的解放建立了不朽功勋。解放战争的归绥城东战斗就在赛罕区境内发生，这是一片热血染就的红色土地……

年轻、美丽的赛罕区是历史文化名城的一部分，划区后有了新的格局，辖区有城有乡、有工有农，城区有党政中心区、商业服务区、高等学府区、科技工业区……农区有乳都核心区（奶牛基地）、蔬菜生产基地……还有旅游度假休闲观光带和农家乐等。纵观历史文化名城呼和浩特市的郊区：青史耸塔，气贯长虹；鸟瞰现代化城区赛罕：新农村建设如火如荼，现代化城市建设突飞猛进，到处是一派繁荣景象。

《话说内蒙古•赛罕区》由赛罕区区委宣传部和文联牵头，委托呼和浩特市历史文化研究会组织、聘请有关专家学者，经过近一年的撰稿、编辑、图片制作，终于由内蒙古人民出版社出版，与读者见面。我们作为赛罕区的党政主要负责人应邀为此作序，感到十分高兴。阅过书稿，感觉本书的编辑手法很有新意和特点。开篇一首《赛罕谣》统揽全书，每章又以歌谣引领，较系统地记述、介绍了赛罕区的自然风貌、人文地理、政区概况、经济建设等。选题适当、排目有序、文体对路、语言通俗且不乏文采。本书共分十一章，分别为回望历史、自然环境、政区沿革、战争记忆、人物春秋、旅游观光、当代风姿、风味特产、民俗风情、民间文化、诗歌吟咏。每章内容的题目新颖、语言流畅，称得上是一部好书。

让世界了解内蒙古，让全国了解呼和浩特市赛罕区，让更多的国内外游客来赛罕区观光旅游。年轻、美丽、活力、诚信、绿色清洁的赛罕区，蒙、汉人民将自强不息，奋勇向前，为实现“中国梦”而努力奋斗。

是为序。

中共呼和浩特市赛罕区委书记

呼和浩特市赛罕区人民政府区长 王冰

2017年4月于呼和浩特市

赛罕谣

赛罕美丽又年轻，
前身郊区后更名。
原先辖区范围广，
乡镇村庄环青城。
有山有水有平原，
辖乡十一与四镇。
原属归绥土默特，
蒙汉各治有分工。
解放初期并旗县，
民族团结手足情。
服务城区谋发展，
增设郊区重划定。
初始管区范围小，
只辖近郊部分村。
随后区域再扩大，
种菜又加农牧林。
直至一九七五年，
完善政权与职能。
乡镇多在市东郊，
接壤卓资与凉城。
南至和林格尔县，
西接玉泉和回民。
北以新城为界线，
辖区四至分得清。
山川河流美如画，
良田万顷好风景。
林木茂盛绿满山，
土地肥沃物产丰。
名胜古迹遍郊区，
文物古迹留印痕。
远古文明石器场，
大窑文化中外闻。
当年灵王筑防线，
境内遗留赵长城。
汉代城堡塔利见，
就此翦老[1]撰考文。
桃花簇拥昭君墓，
民族团结之象征。
辽代白塔矗东南，
丰州古城遗址存。
乌素图召明代建，
清时扩建工艺精。
香妃族亲居八拜，
后才迁至归化城。
四村水地庄园田，
开挖灌区引入洪。
高山草甸圣水梁，
小井沟里满坡林。
黑河奔流缠玉带，
青山昂首展雄风。

仁人志士自古有，
山水养育郊区人。
革命烈士多松年，
英勇就义大境门。
佛鼎留学赴苏俄，
为求真理去远行。
忠诚卫士毕厅长[2]，
地下战线立功勋。
游击队长高凤英，
抗日战场扬威名。
英雄好汉刘洪雄，
为国为民血洒尽。
一代前辈多努力，
争取解放为人民。
爱国教育建基地，
激励后代齐奋进。
名言小学腾家营，
读书不忘救国民。
青山抗日根据地，
当年活动八路军。
与敌展开游击战，
痛击日本鬼子兵。
抗日名将李井泉，
作战指挥料如神。
身经百战姚司令，
倭寇闻声丢魄魂。
骁勇铁骑黄团长[3]，
横刀立马好威风。
青山之子杨植霖，
投身战场忘死生。

烈士陵园苏木沁，
黑土安息众英灵。
继承遗志接火炬，
立碑永志祭忠魂。
解放战争硝烟起，
后方就在我郊东。
绥包战役枪炮响，
聂贺[4]二帅亲上阵。
成武[5]率领三兵团，
二次挺进绥远城。
城东战斗除夕夜，
枪声来自潮岱村。
蒙汉人民支前忙，
舍生忘死运伤兵。
抚今思旧忆往昔，
教育后人学前人。
来之不易新生活，
赛罕人民记心中。
改革开放春潮涌，
党的领导来指引。
解放思想迈大步，
实施三环战略型。
近郊蔬菜中郊粮，
远郊发展畜牧林。
乡街企业为主体，
增菜兴牧双迈进。
产粮大乡太平庄，
巧报遍地是大棚。
化工小区在金河，
奶牛基地章盖营。

小镇规模数巴彦，
最早建镇是榆林。
西把栅与黄合少，
一近一远各显能。
水利事业见成效，
灌溉面积年年增。
清朝开挖涌丰渠，
浇灌庄园上四村。
黑河南岸乾通渠，
保灌良田数万顷。
上游灌区是东风，
引洪淤灌树典型。
养命之源来自水，
大办水利为人民。
农林牧副商贸工，
经济当属城郊型。
各项工作创一流，
文明花开展新容。
民族教育走在前，
农村文化更新颖。
生活率先达小康，
经济腾飞面貌新。
二〇〇〇区划变，
赛罕一名从此称。
两办事处属赛罕，
辖区缩小八乡镇。
七乡划归市三区，
城区定界四面分。
二〇〇六村改居（委会），
乡镇改处又更名。
共辖三镇八街道，
有城有村较完整。
赛罕蒙语意美丽，
经济建设排头兵。
回顾赛罕成长路，
经历坎坷阅历深。
先小后大区域广，
由大到小少而精。
六十余载创业路，
赛罕辉煌传美名。
如今赛罕更美丽，
新常态下思路清。
面积堪称第一区，
各项工作均创新。
若知这段赛罕史，
政区沿革须理清。
开篇一首新歌谣，
七十庆典凯歌迎。

注释：
①翦：翦伯赞。
②毕厅长：毕力格巴图。
③黄团长：黄厚。
④聂贺：聂荣臻、贺龙。
⑤成武：杨成武。

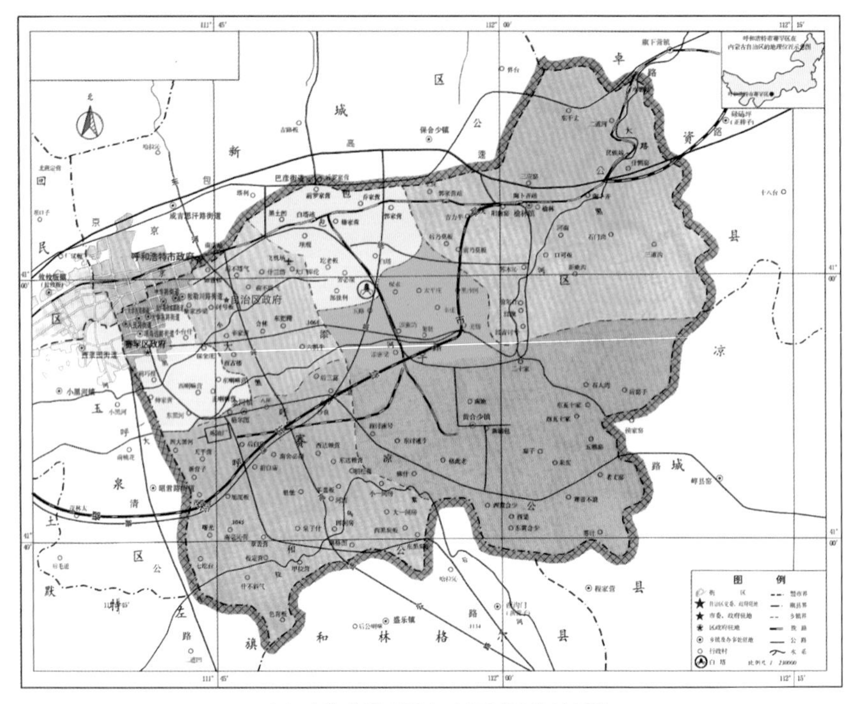

呼和浩特市赛罕区行政区划图(2016年)

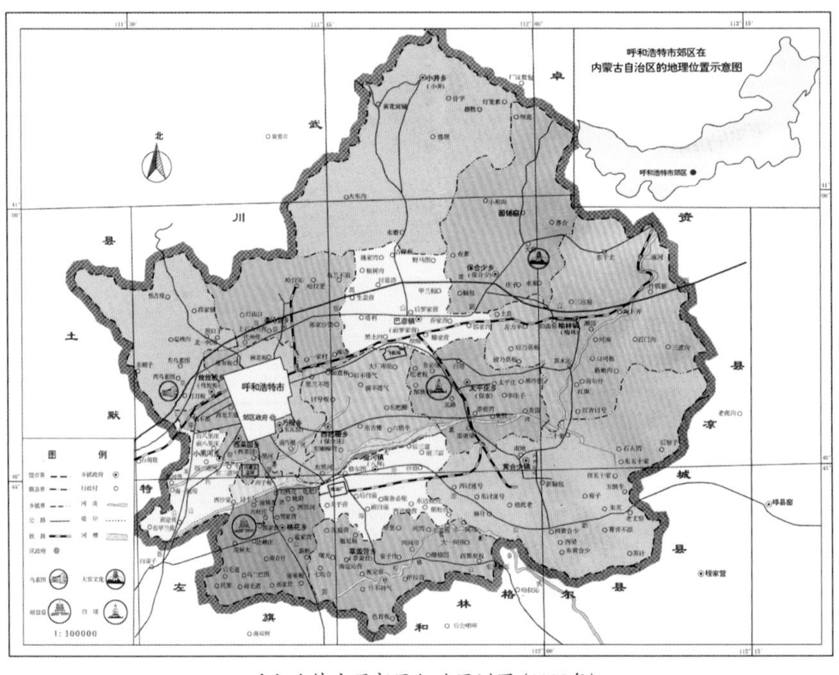

呼和浩特市原郊区行政区划图(1999年)

概　述

赛罕区位于内蒙古自治区首府呼和浩特市中心城区东南。地理坐标为东经110°41′—112°10′，北纬40°36′— 40° 57′ 。区域总面积1025.2平方公里，是呼和浩特市所辖四个城区中面积最大的区。内蒙古自治区党委、内蒙古自治区人民政府、自治区委办厅局等机关单位坐落在赛罕区境内，内蒙古大学等重点高校、航天院所等科研单位也聚集区内。

赛罕区总人口83万人，常住人口43.1万人。其中城镇人口30.7万人、农业人口12.4万人。是一个以蒙古族为主体、汉族占多数的多民族聚居区。生活着蒙、汉、回、满、壮、藏、朝鲜、达斡尔等25个民族。有少数民族人口7.94万人，其中蒙古族人口6.6万人，有土良、前什、小潮岱3个蒙古族民族村和40多个少数民族聚居村。

赛罕区地处美丽富饶的土默川平原，东和乌兰察布市的卓资县、凉城县接壤，南与和林格尔县、土左旗毗邻，西与玉泉区相连，北与新城区相接。东西长43公里、南北宽41公里。区域地势东北高西南低，地形有山区、丘陵、平原，最高海拔1821米，最低海拔1050米，平均海拔1130米。属温带大陆性气候，气候干燥、温差较大。年均日照数为2974.4小时，降雨量年平均400毫米，风速年平均为1.8米/秒，年平均气温8.5℃，无霜期120—145天左右，最大冻土深度1.56米。

境内有大青山、蛮汗山，大黑河、小黑河、什拉乌素河。赛罕区土地肥沃、气候适宜、水资源充足。大青山、蛮汗山一带蕴藏着多种类型的矿产资源，山区丘陵植被覆盖率较大，野生动植物及自然资源也较丰富。

赛罕区历史悠久，旧石器时代就有人类在这里繁衍。是北方游牧民族生存的家园，曾有林胡、楼烦、匈奴、鲜卑、鞑靼、蒙古等少数民族在此游牧。

榆林镇前乃莫板村东山坡有旧石器时代晚期的石器制造场，是大窑文化的组成部分。

战国至秦汉时期属云中郡管辖。有5座古城，定陶（今黄合少镇二十家村）、陶林（今榆林镇陶卜齐村）、定襄（今黄合少镇东黄合少村）、原阳（今金河镇八拜村）、白塔（今巴彦街道白塔村）在赛罕区境内，这些古城遗址至今还在。

辽金元时期属丰州管辖；明朝时期由土默特部统领属归化厅管辖；清朝时期实行蒙汉分治，蒙古族等少数民族由土默特旗管辖，汉族由归绥市管辖。

1949年中华人民共和国成立后，归绥市更名为呼和浩特市；1953年成立了呼和浩特市郊区（赛罕区前身）工作委员会；1956年9月正式成立郊区人民委员会；1978年经批准成为旗县级建制的市区之一；1980年建立郊区人民政府；1999年呼和浩特市的行政区划重新做了调整；2000年6月14日正式将郊区更名为赛罕区。经过撤乡并镇，历经几次区划调整更名，赛罕区现辖一个开发区（金桥开发区）、三个镇（榆林、黄合少、金河）、八个街道（人民路街道、大学东路街道、大学西路街道、乌兰察布东路街道、中专路街道、昭乌达路街道、敕勒川路街道、巴彦街道），下辖101个行政村（村民委员会）、90个社区居委会。

随着改革开放的进一步深入和城乡一体化的推进，赛罕区经济文化教育卫生事业诸方面发展突飞猛进。城区建设、新农村建设、生态建设成果显著，社会保障、人民生活水平不断提高。美丽富饶的赛罕区走在内蒙古自治区首府呼和浩特市九旗县区的前列。

目录 Contents

回望历史

自然环境

政区沿革

战争记忆

人物春秋

旅游观光

风味特产

当代风姿

民俗风情

民间文化

诗歌吟咏

回望历史

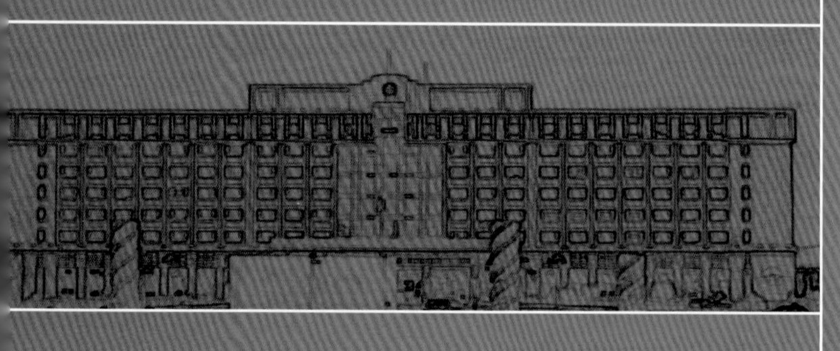

HUASHUONEIMENGGUSaihanqu

大窑文化历史久，
石器时代遗址留。
乃莫板申陶卜齐，
考古学家常光顾。
北方人类繁衍地，
少数民族来游牧。
赵武灵王筑长城，
胡服骑射演兵处。
丰州古城辽代建，
石人湾里有古墓。
晋地汉人走口外，
建立板申长居住。
清建绥远将军衙，
统领归绥蒙古部。
为求边塞安宁日，
清帝和亲嫁公主。

回望历史

HUIWANGLISHI

这里是北方人类的繁衍地；这里有战国时的古长城，还有胡服骑射的演兵场。丰州古城虽已不再，但白塔仍耸立在丰州大地……

远古人类繁衍地

大青山及其支脉蛮汗山如慈母般用臂弯拥揽着土默川平原，大黑河似慈母的乳汁滋养着这片土地。而赛罕区正依偎其间。

这是一片古老而文明的土地。她的形成可追溯到六亿年至四亿四千万年前，这里曾是地质史上最原始的古陆——华北古陆核，曾经历了“阜平运动”“五台运动”等造陆运动，几经升降，最终形成阴山山脉和土默川平原。

时间推移到七八十万年前，这里开始有古人类繁衍生息，经历了旧石器时代的早、中、晚期和中石器及新石器的五个时期。

古人类以大窑村附近的骆驼山、凤凰山和兔儿山为石器加工的场地。

大窑文化遗址

各种石器

著名考古学家裴文忠鉴定大窑文化

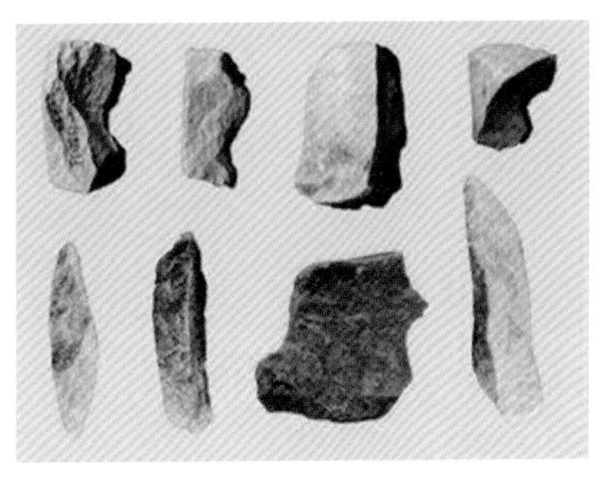

旧石器时代石器

因为这里有丰富的花岗片麻岩和燧石，便于石器加工和燧石取火。原始社会的人类活动受自然条件限制，制造石器一般是就地取材，从附近的河滩上或岩石区拣拾石块来打制合适的工具。到了晚期，随着生活环境的变迁和生产经验的积累，便从适宜制造石器的原生岩石层开采石料制造石器，因而出现了一些石器场。呼和浩特东部大窑村和前乃莫板村的两处石器制造厂，就是当时人类制造和采集原料的重要场所。

石器有石球、石斧、石核、砍砸器、刮削器等，还发现了同时期的披毛犀、原始牛、普氏羚羊等动物化石及一段人股骨化石残片。

1973年秋，内蒙古博物馆古生物学家汪禹平先生率组对大青山、蛮汗山及大黑河北岸的村落进行了调研考查。发现在今赛罕区境内的

新石器时代石磨

新石器时代石勺

榆林镇各村落均有原始人生活过的遗迹，并发掘出石核、石球、砍削器、刮削器等石器。

沿大窑村的大青山南麓向西南，便到了赛罕区巴彦镇的腾家营、坝堰村、黑土洼村、乔家营、罗家营、后罗家营、陈家营、郭家营；向东是榆林镇的东干丈、西干丈、喇嘛沟、韩家窑、头道河、二道河、上水磨、下水磨、陶卜齐、喇嘛湾、大成窑、大西沟、小潮岱等村落。沿蛮汗山东南向有什犋窑、水泉沟、三犋窑、石门沟、二道沟、三道沟、松树沟、盘路沟、壕赖沟、羊二窑子、东窑子、老虎沟、新地沟等村落；北向和西向有三应窑、阳曲窑、榆林、古力半乌素、乃莫板、黑沙兔等村落。在这些村落都曾发现过石器时期的石器和古动植物化石。

新石器时代石铲

这些村落北靠大青山，东依蛮汗山，有大黑河与古力半乌素（蒙古语，意为："三股泉水"）从川上流过，林木茂密、花草葱茏，非常适合古人类居住。

这些村落的山上还盛产磷矿石、沸石、珍珠岩、

二十家子古城遗址

云母等非金属矿，河床里还有沙金等。山上的红黏土（俗称“红胶泥”）适宜挖造窑洞。

古人依山而居的地段，乔木和灌木丛生，花岗岩与长石等岩石坚硬耐用，树枝可用于烤火取暖，树干和岩石则可制作打猎的工具。

平原和河岸旁生长着野生的药用植物和食用植物，原始人采食它们，可治病疗伤，可中饱果腹，这是古人类的一处乐享人生的福地。

古城遗址留赛罕

呼和浩特市是国务院命名的“中国历史文化名城”，赛罕区即是这座名城不可分割的重要组成部分。

据有关部门和文史专家考古调研统计，自春秋战国至清代，呼和浩特地区的9个旗县（区）有87座古城遗址。分布情况为：新城区3座、回民区2座、玉泉区4座、赛罕区9座、土左旗14座、托县13座、和林格尔县12座、武川县18座、清水河县11座。另外，北魏时期的“武川镇”位于今武川县二份子乡二份子村与达茂旗乌克镇二里半行政村白石头沟之间的“城滩地”。

赛罕区境内的9座古城遗址。

春秋战国至汉代5座：原阳城（金河镇八拜村）、安陶城（黄合少镇二十家村）、定襄城（黄合少镇西梁村）、陶林城（榆林镇陶卜齐村）、

原阳古城·八拜遗址

西达赖营古城遗址

白塔古城（巴彦街道白塔村）。

辽金元时期4座：丰州城（巴彦街道白塔村）、达赖营古城（金河镇西达赖营村）、朱亥古城（黄合少镇朱亥村）、赛音不浪古城（黄合少镇赛音不浪村）。

由原呼市郊区（今赛罕区）文化馆王继周、保合少乡（今保合少镇）文化站张高元等文物保护调查员以及呼和浩特市丰州历史文化研究会调研部几经考查调研，又发现了3座时代不详的古城遗址：郭家营古城（巴彦街道郭家营村）、后乃莫板古城（榆林镇后乃莫板村）、古力半乌素古城（榆林镇古力半乌素村）。

与赛罕区接壤的古城遗址4座：卓资县3座、凉城县1座。

与丰州城有关的古城遗址有6座：巴彦淖尔市乌梁素海1座、准格尔旗1座、托县2座、山西省大同市1座、通辽市开鲁县1座。还有辽代的西辽河流域辽上京（今通辽市八仙筒镇）1座、辽中京（今宁城县）、辽庆州古城（今巴林右旗）等以及沈阳市均有分布。

呼和浩特市在近百座古城中，最有标志性的古城有5座。

第一座即托克托县古城村的云中城，始建于战国时期，历经秦汉、

元代石柱

五代时期澄泥砚

春秋青铜鼎

汉代青铜人顶盆

温酒器

汉代陶罐

汉代青铜熏炉

魏晋、隋唐，是有千年历史的古城。

第二座是位于和林格尔县土城村的盛乐城，原名“成乐城”，曾为北魏之都城，历经隋唐辽金元5代，也是一座有着1500年历史的古城。

第三座是位于赛罕区白塔村的丰州城，建于辽神册五年（920年）建成后，辽金元三代沿用，后被火

赵武灵王画像

大黑河南岸练兵场遗址

春秋战国青铜匜

焚毁，历时450年之久。

第四座是位于玉泉区的归化城，建于明万历三年（1575年），历时430多年。

第五座是位于新城区的绥远城，始建于乾隆元年（1736年），1913年与归化城合称为“归绥县”，1945年在两城区设“归绥市”，1954年恢复蒙古语命名的“呼和浩特”。

由此而知，赛罕区的丰州城是一座历经辽金元的古城，辽白塔经受了千年的风霜雨雪的磨砺，至今仍巍然屹立在赛罕大地上。

在内蒙古旅游局的规划中，赛罕区将建设“丰州遗址公园”，她将成为赛罕区旅游业的一个历史文化名片。

胡服骑射演练场

赵武灵王在公元前302年，于大青山、狼山修筑了“长城”，史称赵北长城（公元前333年，在河南省鹤壁市淇河修有长城，始称赵南长城），目的是防御北方的游牧民族部落。

自春秋战国以来，北方游牧民族部落可分为5大系统。

一是匈奴系统，有匈奴、北匈奴、南匈奴、卢水胡、铁弗等。

二是突厥系统，有丁零、高车（敕勒）、铁勒、突厥、回纥（回鹘）、薛延陀、黠戛斯、畏兀儿等。

三是东胡系统，有东胡、乌桓、鲜卑、柔然、库莫奚、室韦、蒙古等。

四是肃慎系统，有肃慎、挹娄、勿吉、靺鞨、女真、满等。

龙泉窑八卦纹狮耳香炉

榆林镇羊曲窑村收集到的战国时期青铜戈

五是西域各族，是从西汉时期的“三十六国”以及“五胡十六国”“五代十国”演变而来的。

而赵武灵王就是为抵御东胡系统的北方游牧民族部落而修筑长城的。

除修筑长城外，赵武灵王还干了两件大事。一是学习胡人骑兵的服装，将长袍大褂的汉服改为短裁剪袖的“胡服”；二是学习胡人骑马射箭的武艺，在“荒干水”边设置骑射演练场。二者合而为千古流传的成语“胡服骑射”。

话说回来，荒干水是黄河支流“大黑河”的古称。北魏《水经注》：“又有荒干水出塞外，南经钟山，山即阴山。”

而赵武灵王选中的就是地形平缓的荒干水左岸的开阔牧场（现为赛罕区金河镇）。

金河镇位于大黑河南岸，是战国时期赵武灵王演练场，汉代又在此建“原阳城”。

金河镇占地179平方公里之多，北临大青山，东接黄合少镇，南与和林格尔县盛乐开发区相衔，向西延伸至玉泉区小黑河镇。纵横舒展延绵上百里，是当年赵国演练骑射的理想场地。

如今的金河镇成为现代工业、农业双翼高飞的基地。在赛罕区政府提出的“2345”发展战略规划中，昔日的古战场演练场，将建设成为：现代农业示范园区、乳都奶源基

地——万头奶牛牧场园区以及金桥开发区、化肥厂和炼油厂。

干丈忽洞赵长城

干丈忽洞是蒙语，意为一只眼的井，即“独眼井”。元代称为“干只汗忽洞”，清代称为“干只胡同”，民国后称为“干丈忽洞”，简称“干丈”至今。因村中只有一眼井，故名。后在村西又建一村，就有了“东干丈”“西干丈”两个村名，行政村设在“东干丈”村。

东干丈行政村由东干丈、西干丈、喇嘛沟、韩家窑等自然村组成。北依大青山，万亩坡地被绿化，植满松柏杨榆。

就在绿林掩映中，有一段沉睡了两千多年的战国赵长城遗址，仍植根于山坡，沐浴着风雨霜雪的洗礼。

公元前302年，赵武灵王起兵于都城邯郸，率兵“北破林胡、楼烦”，并傍“阴山下至高阙为塞”筑起一道防御长城，史称“赵长城”。

赵长城分为两道。一道在河北，

位于赛罕区西干丈村的赵北长城西段，前方不远处为烽火台

东干丈忽洞赵长城遗址保护碑

赵北长城遗址

汝窑天青釉八卦纹熏炉

一道在内蒙古西部。由河北宣化、蔚县、尚义，入内蒙古兴和县沿灰腾梁、大青山西行经呼和浩特市的东干丈、大窑、面铺窑、界台、边墙、野马图、哈拉沁、坝口子、段家窑、乌素图、毕克齐、察素齐，又入包头市境内的大青山段，越过昆都仑河再入乌拉山、狼山的高阙（今巴彦淖尔市北部的二狼山口）。

据考古专家测量，东干丈段的赵长城为土夯筑成，夯土层厚3米，遗址长2千米，遗留墙最高处2米。

长城上还修筑了“当路塞”、烽火台、墩台、关城等军事防御设施。在长城下较为平缓处，还建设了兵营和演练场、草料场等。

这段长城后被秦、汉、魏晋、北魏等沿用。

2016年6月7日（农历五月初三）中央电视台国际频道《远方的家》栏目组《长城内外》第16集题为《访赵北长城，品青城味道》，专题考察了东干丈的赵北长城。

东干丈段的赵长城东接卓资县境内的长城保存尚好，如梨花镇土城村北，还有“品”字形的三座西汉土城，一座四面高墙土夯结实，墙体高大，另两座墙基尚存。有关部门正在规划以东干丈村为中心，联合呼市的新城区、回民区、土左旗以及包头市的土右旗、固阳县和乌兰察布市的卓资县共同打造一处“赵长城遗址公园”或“博览园”。

抗日战争时期，长城脚下的东干丈村是革命老区根据地。农会主任孟存良、民兵队长毕召召带领民兵配合八路军消灭日本兵40多名，缴获武器50余件。

当地曾流传一首童谣：东干丈，长城长，小日本兵别猖狂，长城边

赵国布币

上打一仗，小日本兵见阎王。

20世纪60年代，东干丈成为内蒙古水土保持工作试点村。

东干丈村有重视教育培养人才的光荣传统。中华人民共和国成立以来，该村先后有40多名青少年考入大中专学校。

韩志强1991年考入北京大学，是呼市东郊第一名北大学子。

本村还走出了史志专家孟秀芳，农民画家郭羊换及声乐一级教师张薇（二凤），还有内蒙古师范大学音乐学院教师郭根虎。

丰州城邑辽代建

丰州城建于辽神册五年（920年）。该城被辽金元三代沿用，长达450年。元末明初，遭战火摧毁焚烧，居民仓皇逃命，只留下残垣断壁。

丰州城是一座军事重镇，辽金两代曾派天德军节度使在此镇守，故也有人把它称为“天德军城”。

这是一座方形的城，城围4500

丰州古城南城墙

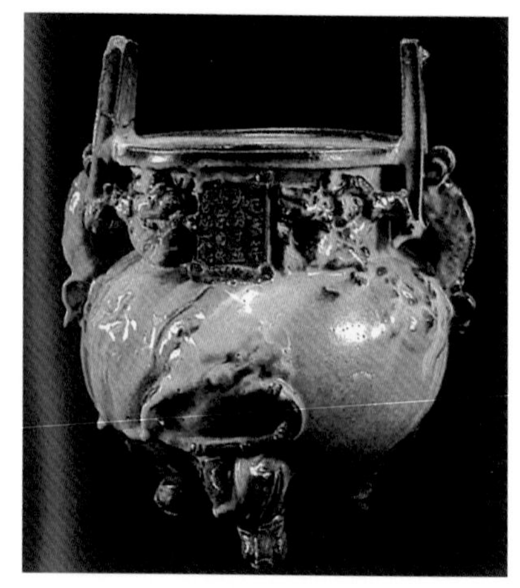

白塔村中出土的元代钧窑香炉

米，面积1.3平方公里，四面设有城门。城墙是土夯筑成，高10米左右。城墙上筑有“马面”、箭楼、角楼等，城周围还有瓮城、护城河等防御设施。

城市规划为“城坊制度”，分为官衙府第、店肆民宅、作坊集市及僧道寺观等“城坊”。

城内街道为井字形布局，整齐划一。以城中心向四方建成东、西、南、北四条主干大街，通向四座城门。在大街两侧又延伸出许多小街小巷。

据现存金代石碑记载，丰州城内街道，有以地理方位命名的，如东关、西关、东长街、西北长街、东北长街、南长街等；有以主要建筑物命名的，如县衙巷、都统临街巷、官察北巷、祁左衙巷等；以人名姓氏命名的，如刘公进巷、刘大卿巷、杨延寿巷、张德安巷、康家巷、健

元代石佛

元代胶胎玉壶春

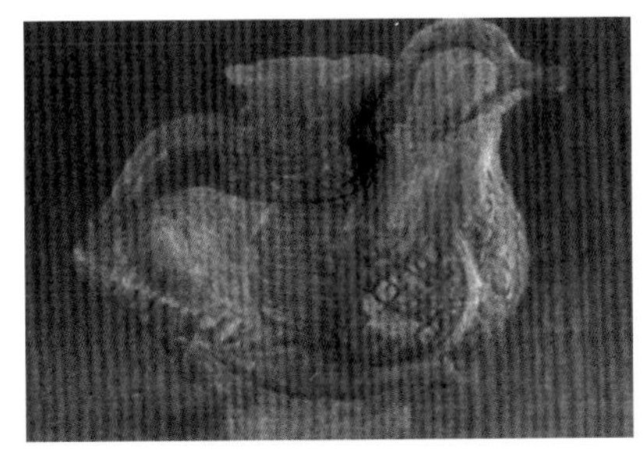

辽代三彩鹦鹉壶

元代石雕香炉

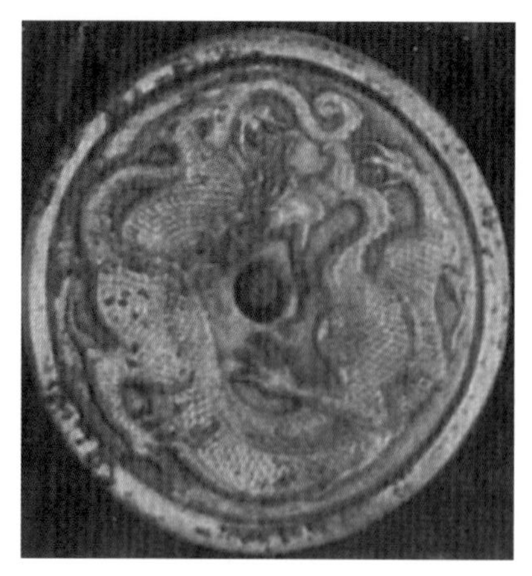

辽代龙纹铜镜

家巷等；以市场、作坊命名的有牛市巷、麻市巷、染巷、酪巷等；以寺院命名的有宣教寺巷、大觉寺巷、药师阁巷、大师殿巷、北禅院巷、福田院巷等。而存放佛教经卷的万部华严经塔（俗称“白塔”）就坐落在“寺院城坊”的寺院内。

丰州城内官员、将士、商贾、僧侣的衣食生活用品，要靠城外的农牧民的生产劳动供给。他们居住在丰州滩，到了金代，丰州滩出现了“牧马蕃息，多至百万”和“农耕田地数千余顷”的繁荣景况。辽代时，丰州滩已有农牧民 12000 余户；金代发展成 22680 户，人口数十万之多。

相传宋辽金元混战时期，杨家将与萧太后率领的辽军在丰州滩曾刀兵相见，流传出大破洪州、百岁挂帅、四郎探母、六郎守关等故事和传说。至今，在大青山地区还流传有“六郎箭”“焦赞坟”的传说故事。

石人湾里石人像

赛罕区黄合少镇石人湾村因有两尊石人而得名。地处呼和浩特市东南，位于蛮汗山下东西走向的大榆树沟（大黑河支流）北侧，背山面水。

在石人湾村西南大榆树沟较宽处有一汪清水，因靠近东西五十家村，故称“五十家海”。两尊古代石人（石人头 1994 年被盗），一只石羊（头残）依山傍水而立。高约 1.7—1.8 米，一东一西，石人雕琢工艺精湛，古代官服纹理清晰，极像宋辽时代的文臣和武臣装束，一名手拿宝剑护卫，一名手拿牌鉴。这里据说有辽代古墓，但墓主不详。有人说有辽代驻守此地的一个将军。不过当地民间另有说法。

石人湾古墓遗址保护碑

宋代耀州窑童子献宝摆件

无首石人像

宋元通宝（铁母）

完整石人像

辽代大理石卧佛

早在晚清时代，1893年，沙俄的一位学者在“实地考察”中，曾两次经过石人湾，还拍摄了石人的照片，由村民讲述石人湾与石人的故事，并作了详细笔录。

相传，这里曾有石人四个，尽管当地人从未祭拜过他们，但他们对田地十分庇护，因为不管别处遇到什么灾难，石人附近村的粮食总是收的很多。突然有一天，有人发现一夜之间石人少了两个，村民认为是石人自己跑掉了，都为自己的土地失去了庇护者而伤心，也为从未祭拜而后悔。但他们更担心剩下的石人也会跑掉，于是便砍下他们的脑袋，结束他们的性命。这两个石人至今还立在那里，砍下的脑袋仍旧装在脖子上。至于另外两个石人到底跑到哪里去了呢？无人知晓。

很多年后，一为农民去包头路经西白塔时才发现这两个石人像立在这里。这时人们顿悟，发现两个石人和石羊原来是立在石板上，现在被土埋着，慌忙又把石人从土中刨了出来。

还有一个传说，每年正月初一，总有一个骑着白马的人来到这里，在石人面前点香敬纸。据说这人并非所有人能看到，只有年满80的福寿双全之人才能看到。

由此可见，石人湾有着久远的历史和厚重的文化底蕴。2006年被内蒙古自治区政府确定为自治区级重点文物保护单位，并命名为“石人湾古墓”。

华严寺内存碑记

华严寺遗址位于榆林镇苏木沁村东北的小山梁上，俗称堡子庙。

华严寺建于明万历四年，遗址仅为夯土残缺的围墙，幸好还存有几座碑铭。据1932年所编修的《归绥县志》金石志记载，此寺石碑共五座，其中重修碑记三座，碑文（附后）谓寺名“华严”，建于辽金时代，原碑已毁失。到了明代，把都尔摆腰台吉又重建此寺。

把都尔摆腰台吉何许人也？在藏文碑上记：摆腰是部落名称，把都尔是名字。凡蒙古汗室后裔的子孙均称为“台吉”。把都尔台吉是不彦台吉之子，他是阿勒坦汗的孙子。

据考究，可从华严寺的碑文中知悉：

一、明代万历年间，除半农半牧的经济形态以外，手工业也正在兴起，苏木沁村当时应该是个“作坊板申”，已有不少的工匠在此居住，是一个古老的村庄。

二、佛教在丰州滩（土默川）地区的影响力很大，宗教文化盛兴、寺庙甚多、僧侣甚众。

三、当时蒙汉百姓的关系较为融洽。从辽金时的汉佛教寺院到明代的喇嘛教寺院，均有蒙汉等信众，并行善捐助建庙，和睦共处。

四、妇女地位已在提高，并能出头露面，与男人们相提并论，她们的姓氏也能刻在碑上。

五、百姓能拿出钱物修建寺庙，说明经济状况良好。

六、依据碑记，华严寺是辽金时期建的寺庙，明代重修，它与万部华严经塔是同一时期修建的。

以下为三座石碑所记碑文：

《归绥县志》所记

在苏木沁村距县治（归绥市）八十里东，乃莫板村东梁后，黑河之西北山上，共五石，三石未抄文。明万历四年(1576年)把都儿摆腰台吉建。大明万历四年，岁次丙子仲夏旬五月初二日午时上梁，北虏之人把都儿摆腰台吉积善立碑记。

苏木沁华严寺遗址

尝观《易》曰："积善之家，必有余庆。"《书》曰："作善降祥，此是明征之大验也。"自元朝大金辽以还作善者少，摆腰台吉见得作善乃第一件美事。于是奉佛三宝，知佛产自西域极乐国世界，欲要亲身金光，不可一蹴而就，使不建立栖佛之处，虽有作善之心，允无依归之地，由是游观青山之后选择栖佛之所，修缮山寺院，塑绘佛像，凌晨奋恪以表归佛之志，洗心叩祝愿神敬佛之心激切踊跃。谨立碑记，以为后代口口之一助云尔。

华严寺（堡子庙）北围墙遗址

明永乐鎏金佛

岁次辛巳年秋季吉日，信官摆腰把都儿台吉立造。

华严寺守僧人明来信士功德住笔写气，武刻气，孙住牙图儿气，小则大明国男瞻部州，山西汾州骛官村信士总委苏廷玉、妻王氏，马明宣府万全，大卫左所舍生毛容、妻周氏，信舍郭景阳，开石人王苍，信士善贤，女人丁氏，李锐，妻侯氏，阳和城画匠阎贵。

碑高三尺，阔二尺，阳面蒙文，阴面汉文。

译藏文碑之一：

村有金朝后裔台吉，名摆腰者，素信喇嘛黄教，全家父母妻子无不为佛徒，其奉佛虔诚，人所不及。乃时达赖喇嘛降生于土默特旗，名色达蚋玛甲木素再一世为杨登甲木素（甲木素即达赖之名），于是摆腰台吉甘愿出资建庙，削发为僧，以了心愿。庙工竣后，遥请各处喇嘛唪经数日，召请达赖喇嘛之灵入庙饷受香烟。当时村民众称赞台吉之功德，将来必归西方之仙境，故愿集资立碑以扬功德，永垂不朽云尔。

辛巳年，蒙历五月初一日立。

译藏文碑之二：

此庙创修于戊寅年，次年己卯，摆腰台吉闻达赖喇嘛赴蒙古念经，当即前往途中迎迓叩头，并请来纳木经三宗，计二十一部，庚辰年，请本地喇嘛念经三日，招请达赖之庙。村人称赞台吉功德立碑纪念。

汝窑天青釉八卦纹齐天耳熏炉

碑高三尺，宽二尺五寸，阳面蒙文，阴面藏文。

明清蒙汉建板申

“敕勒川，阴山下，天似穹庐，笼盖四野。天苍苍，野茫茫，风吹

板申（村庄）

草低见牛羊。”显然，土默川自古就是一个水草丰美的地区，一直为北方游牧民族争夺之地。这一区域先后被称作敕勒川、白道川、丰州滩、土默川。

早在东汉时期（25—220年），此地即见“屯田殖谷”。金代承安二年（1197年），曾至西京（路）“劝举军民耕种”。到元代屯田仍存，一度呈现出“夹路离离禾黍稠”的景象。元末，因战事不断，田园荒芜。明代初期为本地区蒙古民族游牧之地。

15世纪末，达延汗（约1474—1517年）带领蒙古土默特部入驻丰州滩，本区域农田甚少，因兵马族人所需，其部众常以牛羊等与边境汉人换取粮谷。

阿勒坦汗（达延汗孙，即俺达汗，1507—1582年）时，提倡农耕，以弥补游牧经济的不足。他亲身实践，“用牛二犋，耕砖塔城”，开垦耕地五六顷，种植谷、黍、蜀、秫、糜，并多次向明朝政府“请瓯脱耕具及犁耧种子”。此外还治窑一座，倾心学习中原农耕方式，发展定居农业，改变单一的游牧生活的方式；采取招纳中原汉人，引进人才、技术，开发丰州的开明政策，以摆脱单一游牧造成的衣食困难。

加之在嘉靖三十年（1551年），因土默特右翼诸部要求“以牛羊易粟豆”，明廷单方面罢革蒙明马市，继而对土默特部实行经济封锁。在

这种情况下，阿勒坦汗改变政策，更坚定了大办农业的决心。

此时内地正值旱灾荒年，晋、陕、冀农民、市贫、工匠等纷纷迁入地广人稀、水草丰美的土默川地区谋取生路。此外，也有农民起义军余部、白莲教徒等偷越边境长城，潜至土默川垦荒耕种。阿勒坦汗实行开放优惠政策，赐予北迁的汉人牛羊、帐幕、土地，允许其建板申（房屋），聚村居住，并制定处罚盗窃田禾、践踏禾苗等保护农田的法令。于是，内地的汉人便如潮水般涌向土默川。到16世纪末，土默川上迁入的汉人已达十万之多。

这些汉人不仅为土默川带来了大批的农业劳动力，且带来了工具、技术、物种等。通过对土地的垦殖，开良田万顷，使这一区域的农耕经济得到较大发展。在汉族农耕业的影响下，蒙古人的生存环境也在不断改变，从而逐步摆脱了传统的游牧生活方式。在大青山下，大黑河流域一望无际的土默川上，在星罗棋布的蒙古包间，出现了数百个蒙汉聚居的以农业为主、牧业为辅的农业板申。时至今日，赛罕区尚有许多称作板申的村庄，如讨号板、口可板、乃莫板、圪老板、羊盖板等。

随着农业经济的进一步发展，土默川形成了半牧半农的经济类型。清军入关后，土默特蒙古于1632年归附清朝，行政区划实行总管旗制。之后，因清朝政府实行借地养民的政策，并将受灾省区的汉民输入土默特地区，这就使越来越多的边境省区人口迁往塞外。

在这些从事农业生产的迁入汉人中，除了定居板申的以外，还有一部分“雁行人”。所谓“雁行人”，就是春去秋归，春天来到北方种地，秋季收获后返回原籍，故称“雁行人”。

随着人口的增多，不但农业人口需要粮食，清朝八旗驻军也需兵吃马喂。康熙三十四年（1695年），清廷为专供皇室消费，在大黑河中游南岸划定归化城土默特粮庄13所，也称十三圈地，东至现在的赛罕区金河镇茂胜营村，西至玉泉区的达赖庄村，南至道，北至渠。该圈现均属土左旗管辖，东西长7.5公里，南北相距3.5公里。于是，清廷先后划牧开垦的土地有驿站地、庄头地、马场地、公主地、户口地、香火地等等，不计其数。到清末（1908年）丈量土地时，土默特地区的牧地草场已不多见，农耕已成为这一地区的主要经济形态，由牧转农的步伐逐渐加快。

随后，这些地区经济和社会发展更呈迅猛之势，继而大力发展板

申农业，土默特地区筑起了无数个“板申”大村庄。蒙汉人民在“板申”定居务农，达到“生聚十万，开云田、丰州地万顷、连村数百”的程度，与此同时，借助发展农田水利，促进了农业技术的进步和农业的增产增收，使蒙汉人民农耕畜牧、安居乐业。

涌丰渠首拦河拱水坝

如今的土默川，已成为“塞外粮仓”，赛罕区更是农菜相兼，林茂粮丰，人民生活水平逐步提高，城乡发展日新月异。

清朝开挖涌丰渠

赛罕风光何处美，

涌丰渠畔最明媚。

春天杨柳绿两岸，

夏季麦浪闪金辉。

最喜金秋九十月，

五谷丰登吐芳菲。

人到这里心儿醉，

歌声绕着彩云飞……

在涌丰渠两岸肥沃的田野里，农民诗人用最饱满的热情写下这动人的诗句，抒发着他们的诗情，传唱着热爱家园的甜美歌声……

大黑河被两岸群众亲切地称为“母亲河”。因为大黑河进入土默川平原后，流经黄合少镇的集贤、添密梁村，金河镇的后三富、格尔图村，昭君路街道的桃花板、讨卜气村北，小黑河镇的西沙梁、后本滩村南入土左旗（故道位于昭君墓南，现在昭君墓北经民丰渠），在浑津桥村与小黑河汇流。

赛罕区是呼和浩特市主要的粮食生产基地之一。这里素有“塞外米粮仓”之美誉，主要是靠大黑河之水灌溉。将大黑河之水开渠引入灌溉农田，首先得益的是赛罕区。因赛罕区处在大黑河的中上游。涌丰渠是第一个开挖引用大黑河水的渠道，开挖于清顺治年间（1662 年），通水于清康熙三十六年（1698 年）。据考，康熙皇帝六公主下

三和渠进、退水闸

嫁后，归绥都统费扬古（亦称伯大将军）亲自主持重新开挖了涌丰渠，其目的是浇灌公主府17000余亩的庄园田（汤沐地）。涌丰渠共有支渠4条，长10.1里（当时渠道规格不详，这是后来的数据），渠口在今美岱村东二十家子村西大黑河拐弯处。

清代嘉庆年间（1830年前后），又在下游开挖了三和渠。三和渠长20市里、宽1市尺、深3市尺（当时的数据）。渠口在今黄合少镇美岱村西，可灌溉300顷良田。中华人民共和国成立后，原绥远省政府水利局在三和渠口修建了坚固的钢筋混凝土鱼嘴和进、退水闸，是当时大黑河上游第一座钢筋混凝土引水枢纽。这一引水枢纽工程的建成，扩大了灌溉面积，成为大黑河北岸继涌丰渠后的又一引水渠道。

1965年，将涌丰、三和渠合并改建，合并后称“涌丰三和灌区”。由原郊区太平庄乡水委会管理，有效地扩大了灌溉面积。太平庄、榆林、西把栅等14个村庄受益。灌区有总干渠一条，长7.5公里，干渠8条，长80.65公里，支渠30条，长45公里，有建筑物210座，灌溉面积6.65万亩。

大黑河水来源于上游降雨。上游三处源头均在大青山、蛮汗山，当上游降雨时，特别是降大雨和暴雨时，冲刷表土，往往会带下许多沟坡地的腐殖质和牲畜粪便，这些都是农作物生长的好肥料，而且洪水又在七八月份多发，尤其是第一场洪水从上游倾泻而来，此时的庄稼正在拔节期，适时地浇灌，有利于增产增收。曾有“高粱挑不动，谷子压塌车”的俗语。

黑河两岸农产品主要有小麦、玉米、土豆、糜、谷、各种豆类等几十个“营养、保健、绿色”品种行销国内外。随着产业结构的调整，这里又成为呼市地区最大的蔬菜生产基地和牛奶生产基地，新鲜蔬菜一年“四季青”。伊利、蒙牛乳制品以“高营养、纯天然”享誉海内外。

四村水地庄园田

在赛罕区东郊的平原上，颇具名气的 “四村水地”位于大黑河北岸。四村指辛庄子、太平庄、美岱村、黑沙图，四个村的土地因从涌丰渠引水浇灌，均为上等的水浇地，所以俗称“四村水地”。四村为近邻，土地交错，这里人口稠密，土地肥沃，灌溉方便。每到夏天，碧波荡漾，每到金秋，果实累累。四村水地原为公主府的庄园田，一度成为招人羡慕的旱涝保收的风水宝地。

四村水地庄园田有何来历？这还得从270年前说起。

康熙皇帝第六女和硕恪靖公主，

四村水地

下嫁蒙古喀尔喀郡主敦多布多尔济。这桩联姻与清政府统一祖国的事业密切相连，与当时漠北的政治风云息息相关。敦多布多尔济是蒙古喀尔喀四部之一土谢图汗部的“汗”察珲多尔济的孙子。从此以后，蒙古喀尔喀四部一直服从清政府，保持了200多年的和平稳定。

恪靖公主三次受封三次迁府。公主地位可谓“至尊至贵”。

说到公主与公主府，不能不说公主地。公主定居归化城后，清廷给她在城东50里处的大黑河沿岸圈占土地17000余亩，作为公主庄园地，专门用于公主府的日常所用及开支。因这里地平土沃，水利条件好，很少有灾情困扰，在归化城附近属于上等之地，几百年来，一直旱涝保收。公主府依仗皇室特权，对大黑河之水享有专用权，任何民族、任何人，都不得私开渠道，引水灌田。对于抢水、偷水浇灌土地的，轻则坐牢，重则致于死亡，不予偿命。

1954年，公主府开始归属呼和浩特市管辖。公主府四村水地也划归原郊区管辖。农村土地实行集体所有制，那时虽然四村水地粮食打得不少，但国家实行统购统销，该四村和其他村庄一样，按低标准留下口粮后全部上交。尽管如此，凭借四村水地的地域优势，这一带农民一直衣食无忧。

1980年以后，随着改革开放的逐步深入，农村土地实行了联产承包责任制，四村水地也和全国一样，由原来集体耕种变为“包产到户”，这既发挥了农户自主经营的积极性，又保证了农业生产和农村经济的稳定增长。安居乐业的四村人用民谣表达他们的心声：“粮满仓、肉满缸，

穿新衣，住新房，多余票子存银行。”

每到夏天，四村水地蓝天白云，风和日丽，远眺碧波万顷，近看麦浪翻滚，机井喷灌，甘泉细流，丰收在望……路旁绿草茂盛，野花竞放，争奇斗艳。金秋十月清风徐来，在凉爽中飘来的果实芳香沁人心脾，这大自然的情韵，早已和四村人融为一体，如诗如画，让人不尽怀想……

中秋节一过就进入了收获的季节，火红的高粱，金黄的玉米，沉甸甸的谷穗……勤劳善良的四村人起早贪黑，收获着自己的劳动果实，小四轮拉着丰收的喜悦，男女老少一路欢笑一路歌……

美岱老坟葬郡主

美岱老坟是公主府最早在土默特建造的墓葬，故称公主府老坟。它位于距呼和浩特市30余公里的美岱村东五里的东山湾，紧邻大黑河北岸。占地20亩，墓高七尺，红色宝顶，五间过厅，四周用青砖砌成围墙，向南开门，内有祭奠用房。陵寝按照清朝建筑形制以三品级规格建造，望之甚为壮观。老坟处住有随公主陪嫁的家人孟、李、董三姓人家，董姓为看守墓地者。

有关美岱老坟墓主，民间传说是海蚌公主（即恪靖公主）和她额驸敦多布多尔济逝后合葬墓。其实不然，陵寝内真正埋葬的是和硕格格和夫君恪靖公主长子根扎布多尔济，并非“公主”而是“郡主”。

据《公主府志》“逸闻录”记载：四公主（指恪靖公主）薨后，北归库伦（今乌兰巴托），葬于汗山阳面山腰间，凿洞将棺木挂于洞中。既未按蒙古族习俗而天葬，也未按汉族常规而土葬。而是用铁索将银镶檀木棺悬于洞中，上不及风，下不涉水，以防年久腐化。

公主府的三代主人：一代主人为顺治之女、康熙之妹静宜公主，二代主人为康熙之女恪靖公主，三代主人是清军入关时大功臣多尔衮五世孙女和硕郡主（一说为曾孙女，还有一说是曾外孙女）。

三代主人均为清皇族之女，下嫁的全是喀尔喀四部之一的土谢图汗部的子孙。

1958年，内蒙古自治区政府决定在大黑河修建美岱水库，出水口正在老坟之处，不得不将墓葬迁出。墓葬中出土了大量的文物，已由内蒙古博物馆收藏。迁坟时流失了不少陪葬品。

咸丰年间，又在黑沙图村的东梁建有一处坟地，规格为三间过厅，规模小于老坟，故称之为新坟。墓葬主人为敦多布多尔济十一世孙德勒克多尔济。他曾于道光年间任库

美岱老坟东湾旧址

清代郡主鎏金马镫

清代铜钱

清代鎏金马鞍

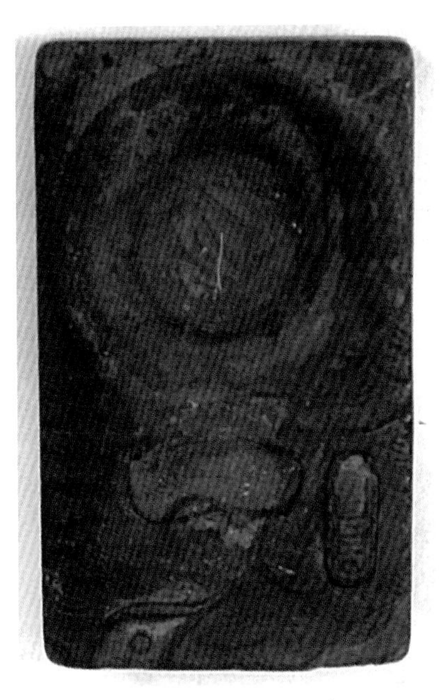
清满文、巴思八文砚台

郡主背影

伦办事大臣，之后又任过绥远两任将军。逝后有同治皇封，立有碑记。正面详记圣旨内容，背面是生平简介，以蒙汉两种文字刻写。墓碑有四米高，正面顶端两侧刻有两条龙，中间为圣旨正文。碑下端有神龟驮起。此碑现存绥远将军衙署博物馆。据传：驮碑之神龟在夜深人静后，下山到涌丰渠中喝水，人们浇地时不见水往地里流，便顺渠而上查看，忽见一只大乌龟正在渠中大口大口地喝水，将来水喝得精光。次日村民上山将龟头砸毁，只留下无头龟体。该坟墓民国初年被盗。

之后，府人子孙又在美岱、辛庄子、太平庄等村建起各自的坟地，每处墓地50亩。其中10亩为墓地建筑、40亩为看守坟茔的人的生活来源。学大寨时，各小府坟茔迁往黑沙图“新坟囤围”。美岱南梁还葬有陪侍的女儿坟。

香妃族亲居八拜

呼和浩特市赛罕区金河镇八拜村，位于呼和浩特市区东南郊的大黑河畔，该村土地肥沃，水草茂盛。

那么，香妃族亲为何居住八拜？这还得从“香妃”入京说起。

清朝乾隆年间，清王朝经过西征，平息了边疆少数民族地区的叛乱，取得了天山南北的统一，为了稳定边疆少数民族地区和融洽民族关系，在处理民族问题上采取了“和亲联姻”的办法，一是下嫁，二是收宫。当时，新疆一带（哈密地区）有一个回族首领叫绿乞庆王，膝下有一女儿天生丽质，如花似玉，于是有人建议乾隆皇帝应将该公主收入宫中，随后圣上下旨，邀其入京。

香妃画像

入京后，乾隆帝见绿乞庆公主生得眉清目秀，相貌非凡，并走到哪里都奇香无比，当下封为贵妃，赐名“香妃”。之后皇上又决定将香妃收为西宫，香妃以民族不同，隔教不宜成婚为由而不从。因此乾隆帝心中不快，便给其施加压力，香妃在威逼之下自杀身亡。香妃死后，随同香妃入京的族亲一行，从北京起程返回新疆，途经山西右玉县，来到了土默川东部的八拜村，见这里地肥水美，草木丛生，风景秀丽，就决定在此定居。一少部分不愿在此定居的便返回新疆，而大部分回民户落八拜。

另有言传，说香妃进京原因不详。待香妃平安抵京后，乾隆帝为了感谢香妃一行，便赐给香妃亲族铜锤一把，以示其为“皇亲”。后香妃亲族等数百名回族，在返回新疆途中，路经八拜村时，见此地水草茂盛，风光如画，认为是一块风水宝地，于是他们启奏皇上，请求在此定居，乾隆帝随后下旨，决定赐给他们一马之地，同意他们在八拜定居。

还有一说，香妃进京不是为和

清代后妃首饰

八拜村回民地

乾隆皇帝画像

亲，而是清王朝为了防止边疆少数民族叛乱。当时，每年都要把边疆少数民族首领请到北京，让其游山玩水，享受宫廷生活，以此来感化他们。香妃是受父王绿乞庆的委派代替父亲进京的，这才被乾隆帝看中。后香妃亲族一行才在返回新疆途中定居八拜的。

在历史上，有无香妃这个人物，史学界对此颇有争议。但八拜曾是回民村这一说法已得到公认。据《呼和浩特回族史》记述：呼和浩特市最早的回族是从八拜迁入的。

自然环境

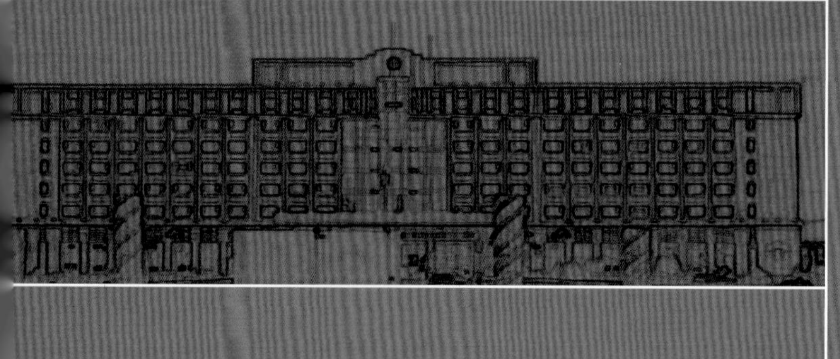

HUASHUONEIMENGGUsaihanqu

ZIRANHUANJING

一望无际土默川，
赛罕区域位东端。
北依阴山似屏障，
南有黑河东西穿。
小黑河水环城流，
东临乌盟蛮汗山。
辖区土地面积大，
山区平原各占半。
东农南工西市区，
北面商贸中机关。
经济发展速度快，
首府四区数赛罕。
气候宜人环境美，
广场公园人声欢。
有山有水有城乡，
人口已过八十万。

自然环境

ZIRANHUANJING

巍峨大青山犹如一条巨龙，伏卧在青城之北端；大黑河之水养育着蒙汉各族儿女。绿树成荫，山清水秀，气候宜人。尽显大自然的美丽……

阴山东段大青山

大青山是阴山山脉的支脉，东起乌兰察布市集宁区三岔口，西至包头市昆都仑河。地理坐标为东经109° 46'—113° 04'，北纬40° 34'—41° 18'。

大青山时迁名易。秦汉称为“阴山”，隋唐称为“秦山”“大斤山”“青山”，辽金元称为“阴山”，明代嘉靖年间命名为“大青山”至今。此外，少数民族部落曾称之为“哈喇漫纳”“达兰特力棍”“达兰哈喇”等，意为“黑山头”。《大清一统志》称“大青山”为“漠喀喇”，蒙古语意为“黑山”，“黑”者“青”也，故得名“大青山”（汉语意）。《归绥县志》中列举了曾用名还有“祁连山”和“天山”，“祁连山”（鲜卑语）者“天山”（汉语）也。

大青山东西长270公里，南北腹背20公里，占地面积5400平方公里，横越乌兰察布、呼和浩特、包头三市。

居中的呼和浩特市大青山段，

大青山赛罕区榆林镇段

大青山与蛮汗山连接处的陶卜齐马鬃山

东与乌兰察布市的卓资县、凉城县相连，西与包头市的土默特右旗接壤，区域总面积为6174平方公里。

呼和浩特市大青山段东至卓资县的旗下营镇，西至新城区的成吉思汗路街道和保合少镇。巴彦街道、榆林镇，坐落于大青山南麓。

大青山支脉蛮汗山南北走向，西麓生活着赛罕区榆林镇和黄合少镇的人民。

这里曾是远古人类生活的摇篮，是北方民族部落与中原文化的发祥之地，也是经贸往来的驼道茶叶之路。

大青山赛罕区段

战国时期的赵长城，从榆林镇的东北部大青山通过，至今在东干丈行政村留有遗址。

北魏时期与柔然部落的战争在黑山头（大青山）展开。北魏乐府《木兰诗》中吟唱到：旦辞爷娘去，暮宿黄河边，不闻爷娘唤女声，但闻黄河流水鸣溅溅。旦辞黄河去，暮至黑山头，不闻爷娘唤女声，但闻燕山胡骑鸣啾啾……古诗作证，替父从军的花木兰曾镇守在大青山的关隘营盘。

抗日战争时期，八路军和民兵依托大青山的地理优势，建立抗日游击根据地和革命老区。沿大青山和蛮汗山的村落大多成为革命老区，这里涌现出众多的抗日英雄和联络

户、堡垒户、交通员。

寒来暑往，今天的赛罕区人民在大青山上描绘着新世纪的绿色画卷。

南北走向蛮汗山

大青山是阴山山脉的组成部分，而蛮汗山是大青山的支脉。因此，蛮汗山也是阴山山脉的组成部分。所不同的是，大青山是东西走向，而蛮汗山在赛罕区境内却是南北走向。

蛮汗山是赛罕区与乌兰察布市卓资县、凉城县的分界线。榆林镇与卓资县相邻，黄合少镇与凉城县接壤。

后有靠山，前有水源，因此蛮汗山和大黑河边分布着许多村落。行政村就有40多个，如什犋窑、河南、潮岱、口可板、三道沟、苏木沁、前尔什、红吉、南地、二十家、石人湾、五十家、新脑包、窑子、朱亥、五犋牛、老丈窑、赛音不浪、苏计、黄合少、西梁、麻什、格此老、东黑河、太平庄、美岱、辛庄子、集贤、添密湾、八拜、后三富、河湾、格尔图等。

蛮汗山

如以蛮汗山地质岩脉走向划分区域，它应包括赛罕区、和林县、清水河县与乌兰察布市的卓资县、凉城县。

蛮汗山区域也是古代人类活动频繁的地方。

春秋战国至清代，这里曾建起赵武灵王演练场、原阳城、安陶城、定襄城、朱亥古城、赛音不浪古城

蛮汗山下石人湾村

蛮汗山一段

以及成乐城（盛乐城），并筑起明长城。

这里也曾是古战场，拓跋珪在牛川大战得胜后，建都在盛乐城，北魏金陵也设在“托里岗”（即蛮汗山的摩天岭塔尔泽一带）。据《魏书》记载，贺氏皇后生道武帝拓跋珪的“参合陂”也在蛮汗山区域内。宋辽的许多战场也在这里，流传着穆桂英、佘太君这样的杨门女将和四郎探母、六郎守关、三关排宴、八姐盗令等传说故事。五胡十六国、五代十国时期的混战也发生在这里。

1948 年 11 月至 1949 年 1 月，归绥城东战斗在蛮汗山区域打响，华北军区司令员聂荣臻、华北野战军第三兵团司令员杨成武、陕甘宁晋绥联防军区司令员贺龙、第六纵队司令员姚喆以及绥蒙军区、骑兵旅等在这里布阵进军，胜利完成平津战役的战略任务，为绥远和平解放、北平和平解放奠定了基础，创造了条件。

蛮汗山区域有什拉乌素河、浑河、宝贝河流出，滋润着这片肥美的平原，古代曾是宜牧宜耕的好田地，这里的村民以农为主，种植五谷杂粮和养殖牛羊。如今这里是现代农业生产基地以及伊利、蒙牛两大乳品企业的奶牛养殖基地。

蛮汗山区域一半是山区，一半是平原。过去路不畅通，去往凉城的呼凉路有一半是土路，雨雪天要封路，天晴路干才可通过客车。如今交通四通八达，能便捷地把游客送往岱海、二龙什台（凉城县境内）、盛乐园区、南山公园、盛乐博物馆（和林县境内）以及老牛湾国家地质公园和明长城遗址（清水河县境内）。

黄河支流大黑河

大黑河从卓资县境内的大青山里发源，沿着南北走向的蛮汗山自东向西流经榆林镇、黄合少镇、敕勒川路街道、金河镇，流入玉泉区、土默特左旗、托县境内，最后流入黄河。

大黑河为黄河支流，是赛罕区境内最长的过境水，以流域土质颜色而得名。

据《水经注》记载，北魏时期大黑河称之为“荒干水”，隋唐时期大黑河称为“金河”，蒙古语又叫“伊克图尔根河”(意为大激流河)。民国以后，又恢复明朝时的河名“大黑河”，一直沿用至今。

大黑河的源头有三，均在乌兰察布市境内。

东源头：在卓资县十八台乡正南大湾子，至八者沟里的泉水汇流后，泉水增多，向西经京包铁路经

大黑河八拜段

马盖图到卓资县，与北面灰腾梁来的白银厂汉沟的小青海子(历史上有名的九十九泉)水，和南从后房子、兰旗村来的牛角川(河子上沟)水汇合，然后向西流经旗下营。进入本区域榆林镇，向西横跨榆林镇、黄合少镇、敕勒川路街道、昭乌达路街道、金河镇、昭君路街道，经由小黑河镇本滩村入土默特左旗，通过洪津河、北园子村进入托克托县入黄河。

北源头：来自察右中旗大滩乡的点红岱沟，蒙古寺乡的雷山河和从灰腾梁下的乌兰合页沟、金盆沟汇流后称作玻璃苦鸡河，向西南在

小黑河(东河)

旗下营与东源头来的水汇合后，西流至呼市赛罕区榆林镇的上水磨，至民族车站向西南折流至二十家村。

南源头主流有二：第一来自凉城蛮汗山、崞县窑乡的汾州大河；第二来自卓资县大榆树沟，汇流后经赛罕区黄合少镇的石人湾村至二十家村入干流。合流后，经美岱村出山口入土默川平原。

大黑河进入土默川平原后，经黄合少镇的集贤、添密梁，金河镇的后三富、格尔图村，玉泉区桃花板、讨卜齐村北，小黑河镇的西沙梁、后本滩村，进入土默特左旗，在洪津桥与小黑河汇流后，经后朱堡村北、东厂克村、三两村北，在沙梁子与水磨沟水汇合至北园子，此段为大黑河中游。大黑河在北园子以下进入托县东湾，后注入黄河。

大黑河全长219公里，流域面积13万平方公里。其中赛罕区境内长约75公里，流域面积4250平方公里。大黑河径流主要来自降水，且大部分为洪水，一般年份约有7.5次洪水。沿河现有万亩以上的大干渠18道。大黑河含沙量较多，这些泥沙大部分沉积在平原上，对抗旱、压碱、增加土地肥力起着主导作用，是号称“塞外粮仓”的土默川平原的水利资源和重要命脉。

大黑河沿岸引洪淤灌发展农业已有400多年的历史，可谓历史悠久。清康熙年间在美岱为恪靖公主种菜吃粮而开垦的“四村水地”已是家喻户晓。目前大黑河上修建的灌溉工程规模较大，其中万亩以上灌区9处，分别为和合灌区、东风灌区、涌丰三和灌区、乾通灌区、永济灌区、同意民生灌区、民主和顺灌区、解放灌区、朝阳灌区。千亩以上灌区8处。灌溉着39.99万亩的农田。

大黑河流域，自古以来水草丰美，土质肥沃，渠道纵横，沃野千里，是赛罕区的主要农耕地带和城镇密集地区。

环城水系小黑河

久经沧桑的小黑河，21世纪以来，发生了快速而深刻的变化。目前是呼和浩特市一处重要的休闲景观区——环城水系小黑河，是首府最为靓丽的一道风景线。

小黑河同大黑河一样，也是呼和浩特地区一条历史悠久的河流。众所周知，小黑河属于大黑河水系。而大黑河又属黄河水系。小黑河从上游的发源地到下游汇入大黑河的入口处，虽然全长不足百公里，但在中国和呼和浩特地区的志书和史籍中，却多有记载。

我国北魏时期的著名水文地理学家郦道元在其《水经注》中称小黑河为“武泉水”，隋唐史书中称

小黑河上游哈拉沁沟

之为“紫河”，《绥远通志稿》中称之为“巴哈图尔根河”,《归绥识略》中称之为“小图尔根河”，而民间统称之为“小黑河”。

小黑河汇水源头较多，主要来自大青山前坡的十几条沟谷之中。其支流由东向西依次为：面铺窑沟、奎素沟、古路板(小井)沟、哈拉更沟、哈拉沁沟、红山口沟、蜈蚣坝沟、乌素图沟、霍寨沟、白石头沟等。据已出版的有关呼和浩特地区国土资源的书籍中统计，小黑河上述支流合计总集流面积约3000平方公里，平均年径流量约5600万立方米。

对于小黑河的主流源头，史籍和地方志中的说法不一。有的说发源于卯独沁、哈拉沁两谷，有的说发源于武川县安字号乡黄花窝铺西南，有的说发源于赛罕区大厂库伦村，有的说发源于赛罕区六犋牛和把栅一带的湿地等等。但从近年来呼和浩特市郊的航测图上看，小黑河的主要发源地是哈拉沁和哈拉更两谷，特别是哈拉沁沟，是小黑河上游的主要源头。小黑河虽然短小，但也分上游、中游和下游：其上游俗称哈拉沁沟河水，其中游俗称茶坊河，其下游被称为小黑河。

大黑河中游段

小黑河河流虽短，水流虽小，但是无论是她的上游、中游或是下游的流域范围内，都同样经历过漫长的历史沧桑，都曾承载过、如今仍然承载着以及将后仍然要承载历史文化的、政治的、经济的、自然的、人文的神圣使命。经过大量的财力、物力、人力的投入，小黑河现已形

什拉乌素河中游段

成呼和浩特城区四周的环城水系，使呼和浩特市区的城市水环境面目一新。

什拉乌素古白渠

什拉乌素河，据《水经注》记载：什拉乌素河称“白渠水”。《绥乘》中载述“……西拉乌苏，也叫什拉乌素。”西拉为黄，乌素为水，即为黄水。

什拉乌素河又有前、后河之分，系大黑河主要支流。前河发源于和林县茶房河上游，经陈梨窑水库、六犋牛水库、二道凹水库至伍把什村与后河汇合。后河发源于凉城县东十号乡（蛮汗山），由蛮汗沟、打车沟、东沟与西沟汇流后进入平原，蜿蜒流入赛罕区章盖营、桃花，进入土默特左旗后汇入大黑河。

据考，什拉乌素河后河为古时之白渠水。《水经注》云：“……河水屈而流，白渠水注之。水出塞外，西径定襄武进县故城北……白渠水西北径成乐城北……白渠水又西南径云中故城南……白渠水又西径沙陵县故城南，王莽之希恩县也，其水西注沙陵湖。”记述了古白渠水之位置。

什拉乌素后河是赛罕区的一条过境河流，位于赛罕区的南部 。自金河镇的西黑炭板村北、黄合少镇的边界入境，到七圪台村南出境。境内径流长度30公里，流域面积

治理中的什拉乌素河

219平方公里，河边平均宽度100米，平均比降1.6‰，河道弯曲度1.58，河床土质为沙土土质。

塞外平原土默川

土默川历史悠久，地肥水美，山河秀丽，人杰地灵。土默川，自古以来不仅是最好的牧场，而且是最好的草原，这个地区一直是游牧民族的摇篮，出现在中国历史上的大多数民族，鲜卑人、契丹人、女真人、蒙古人都在这个摇篮里繁衍生息、发展壮大，创造了不同历史时期的灿烂文化。

据考证，土默川是由“敕勒川”“白道川”“哈罗川”“丰州滩”等演变而来。

土默川上的“大窑文化”驰名中内外。

早在远古时期——约五十万年前，土默川一带已有古人类活动、生存，与北京周口店中国猿人遗址同期，1979年被国家文化部命名为“大窑文化”。

土默川平原

鲜卑拓跋氏建立北魏后，把归顺的敕勒族安置在这里，土默川平原故称“敕勒川”。流传的《敕勒歌》至今家喻户晓：“敕勒川，阴山下，天似穹庐，笼盖四野。天苍苍，野茫茫，风吹草低见牛羊。”这首民歌在我国文学史上占有重要地位。它形象生动地反映了当时“敕勒川”的风貌。

隋朝大业三年，隋炀帝曾巡视过土默川。此时这一地方称作“白道川”。

土默川耕地

到了五代时期，这一地区被称为“哈罗川”。

到了宋代，土默川一带曾有契丹族和女真族先后建立的与中原的宋家王朝相对峙的辽国、金国，并在土默川东部设立“丰州城”，故这一带被称为“丰州滩”。

明万历年间，又兴建成草原城市“库库和屯”（今呼和浩特市旧城），明朝赐名“归化城”。土默川的称谓始于此时，这一称谓是以蒙古族“土默特”而得名。

土默川之称沿袭至今。

美丽富饶的土默川是一个山河环绕的广阔平原，现今亦有人把它称为呼和浩特平原或前套平原。

土默川地理位置得天独厚。她位于内蒙古自治区中南部。大致范围：西起包头市郊区东乌不拉沟口，东至阴山支脉蛮汗山（古称阴山），北靠巍巍大青山（古称阴山），南濒黄河及和林格尔黄土丘陵。东西长约330公里，南北较窄，西部平均宽19公里，东部宽达200多公里，总面积约10000多平方公里。它由黄河及支流大黑河冲积而成。地势西、北、东向南倾斜。海拔1000米左右，最低处在黄河沿岸一带，整个平原地势平坦，一望无际。美丽富饶的赛罕区就坐落在土默川平原东部。

每年4月以后，随着寒潮远去气温回升，土默川平原上百花绽放，绿林碧草，牛马成群，瓜果飘香，五谷丰登，吸引了国内外大批游客和摄影爱好者前来观光、旅游、度假。

森林植被动植物

赛罕区境内的野生动植物多分

植被

布在东南部的山川河谷间。沿大青山的东干丈、西干丈、喇嘛沟、韩家窑、陶卜齐、喇嘛湾、大成窑、大西沟、海林沟，沿蛮汗山的石门沟、什犋窑、头道沟、二道沟、三道沟、松树沟、盘路沟、老虎沟、壕顺沟、脑包沟、新地沟、石人湾、朱亥、五十家、老丈窑、地库伦、黄合少，沿大黑河的头道河、二道河、上水磨、下水磨等，生长着野生的乔木灌木、野花野草，有许多还是能治病的中草药。一些食草的和食肉的野生动物也生活在其中。

先说树木，有杨树、榆树、桦树、柳树、松树、侧柏等。灌木有虎榛子、沙棘、柠条、胡栀子、拍柚子等。

拍柚子是方言土名，冬天人们用它烧火取暖。离休干部图布新（居住在赛罕区前不塔气村）研究发现，它是茶科植物，可以制成一种山茶，名叫“佛茶”，目前正小批量出售。

草本植物就很多了：黄色的蓬子菜，蓝色的黄芩、龙胆，紫色的马莲花，白色的唐桦草，粉色的角茴香、打碗碗花、山丹花、野菊花，还有狗尾巴草、羊耳朵草、野莜麦、野荞麦。雨过天晴时，还能采摘蘑菇、地皮菜。

野生的中草药生长茂盛，比人工培植的药性更好。秋季时节，就有人来这里采药，有甘草，黄芪、防风、黄芩、赤芍、苍术、远志、麻黄、知母、秦艽、郁李、车前、升麻、玉竹、银柴胡、党参、五味子、草乌头、地榆、枸杞、苦参、牛蒡、艾草、蒲公英、黄精等。

山崖上还长着山杏、山梨、酸枣、醋溜溜、面果果。沟壑里生长着蕨菜、野韭菜、狼泡泡、辣麻麻、沙奶奶、苦菜、灰菜、沙蓬、蓿麻等，坡地上长着罗罗葱、沙葱、扎蒙花等。

高粱

杨树林

草丛中有蝈蝈（叫蚂蚱）和蟋蟀（蛐蛐）等鸣虫。

赛罕区的野生动物可分为鸟类和兽类。

鸟类有云雀、伯劳、石鸡、斑鸠、喜鹊、乌鸦、麻雀、林雀、柳莺、红靛颏、蓝靛颏、杜鹃、猫头鹰、啄木鸟、戴胜鸟、牛脖鸪、雉鸡、绿翅鸭、红嘴鸥、鸿雁、燕鸥等。

兽类有獾、狐、狼、艾虎、狍、兔、黄鼬、跳鼠、仓鼠、田鼠、刺猬等。

中华人民共和国成立前，山民还有以打猎为生的，现在已经不复存在，成为以养殖种植为主的农民。

在家畜家禽的称呼中，农民有方言别称：草鸡（母鸡）、稍猪（公猪）、稍胡（公山羊）、羯羊（阉割过的公羊）、圪顶（公绵羊）、牤牛（公牛）、犍牛（阉割过的公牛）、乳牛（母牛）、骒马（母马）、儿马（公马）、骟马（阉割过的公马）、叫驴（公驴）、草驴（母驴）、骟驴（阉割过的公驴）、儿狗（公狗）、狼猫（公猫）。

对幼畜的昵称是鸡娃子（小鸡）、猪娃子（小猪）、羊羔子（小羊）、牛犊子（小牛）、马驹子（小马）。

气候气象有特色

赛罕区的地形地貌是“二山一川三河”，二山即大青山、蛮汗山，一川是土默川，三河即大黑河、小黑河、什拉乌素河，“有山有川有河”使其气候气象具有与众不同的特色。

这里，冬季长夏季短，春季干

阴天下雨

下雪

那就得到三月清明谷雨节气。二人台小戏有《放风筝》《打秋千》，唱的内容都是人们踏青、春游的娱乐活动项目。

夏季短促闷热，降雨多在6至8月，这个季节的三伏天是最热的时候，人们就用绿豆汤来消暑解渴。

旱多风，秋季天高云淡；昼夜温差大，无霜期短，降水量少且集中，暑伏期最高温度32℃左右，数九天最低温度在零下24℃上下。

当地人称过冬为“熬冬”，最难熬的是数九天。这里的“数九歌”也不同于别处：一九不出手，褪着袖袖走。二九戴皮帽，过河冰上溜。三九不出门，家家生火炉。四九冻牙帮，石臼冻裂口。五九寒风吼，晌午消井口。六九冻土化，阳婆地晒过热炕头。七九河开，河不开。八九燕来，燕不来。九九燕终来，沿河看杨柳。九九加一九，春耕开了头，犁牛遍地走。

进入春季，刮风日连续不断，时有沙尘暴黑旋风。俗谚：春风吹破琉璃瓦。民间小调《刮大风》：二月里来刮大风，刮得妹妹眼难睁，有心给哥哥送碗油炸糕，看不清路来找不到门。也有风清日丽的时候，

秋季天高气爽，阳光充足，昼夜温差大。这个季节大田作物成熟丰收，玉米结棒、高粱红穗，谷子弯腰、葵花举盆……“七八月秋忙，龙口里夺粮”，全家男女老少都要出工秋收。

秋忙过后，粮食归仓。就有一段闲暇时日，村里就忙着请戏班办庙会；乡镇里忙着举办“秋季物资文化交流会”。

这里的气候好似黄河过壶口——起伏不定，高低落差大。民间流传着一句谚语：“早穿皮袄午穿纱，怀抱火炉吃西瓜。”形象地描述了赛罕地区的气候特征。这句谚语源于明代一首诗：雁门关外野人家/不养桑蚕不种麻/百里并无梨枣树/三春哪有桃杏花/六月雨过山头雪/狂风遍地起黄沙/说与江南人不信/早穿皮袄午穿纱。

随着全球性气温变暖，大青山、

蛮汗山的生态建设加速，植树造林成活率提高，呼和浩特市成为“全国森林城市”。赛罕区的气象气候也发生了很大变化。可谓：春季刮风不起尘，夏季不晒树遮荫，秋季清凉塞上行，冬季暖气常供应，四季如春宜居地，赛罕环境似仙境。

矿产资源非金属

赛罕区有着丰富的非金属矿产，它们主要分布在榆林镇、黄合少镇境内的大青山、蛮汗山上。

非金属矿种类繁多，有石墨、石棉、磷灰石、沸石、珍珠岩、膨润土、石灰岩、红黏土、岩石等。

在大青山东段与蛮汗山连接处，在榆林镇三道沟村附近，有一处石墨矿。石墨板岩呈层状，厚 7.5 米，长 350 米。走势由北向东，附近有东西向断层，石墨与隐晶质长英矿、绢云母共生。该石墨矿规模小但品质高，可作为找矿线索。

石棉矿分布在苏木沁、陶卜齐北一带。多数矿已在民国时期被采完，所剩无几。

磷灰矿产于榆林镇的三道沟、石门沟一带，矿床产在华力西期片麻状黑云母花岗岩和大理岩的接触带上，因汽水热液作用，大理岩局部造成透辉石岩，磷灰石即赋存于透辉岩中。矿体呈脉状，矿石矿物磷灰石呈粗粒块状。榆林镇曾开办磷灰厂。

沸石、珍珠岩、膨润土产于赛罕区东郊的大青山和蛮汗山。它们生成于上侏罗纪火山岩组中。沸石和珍珠岩规模均可达大型矿床，膨润土规模亦可。沸石、珍珠岩、膨润土均有开采，它们是水泥掺和物和保温材料。为此，曾建立了“呼市东郊化工厂”。

磷矿石

珍珠岩

石灰岩产在苏木沁村北山上，这里建有石灰窑，烧制石灰，刷墙白土等建筑材料。

红黏土产于大青山的水泉沟至乃莫板，储量达1195万吨之多。红黏土是水泥添加物，也是烧制砖、粗陶的原料。呼市水泥厂、呼市郊区水泥厂、榆林公社水泥厂都曾使用该红黏土。

呼市地区最大的砖瓦厂——东方红砖瓦厂（后更名为呼市第二砖瓦厂）就建设在榆林镇的阳曲窑村。许多小型民办砖瓦厂也散建于榆林镇一些自然村落。

红黏土

红黏土还是制作泥塑的理想材料。大中专院校的工艺美术师生及民间艺人也常来这里采取红黏土。

大青山和蛮汗山盛产各种岩石，如大理石、马牙石、石英石、长石等。它们是制作石磨、石碾、石槽等用具的材料，也是作台阶、墙基的建筑材料，还是公路、铁路的基础材料。在京包铁路线的陶卜齐站有一个“采石场”，专供铁路用石。还有一些沙场为工地提供建筑材料。

政区沿革

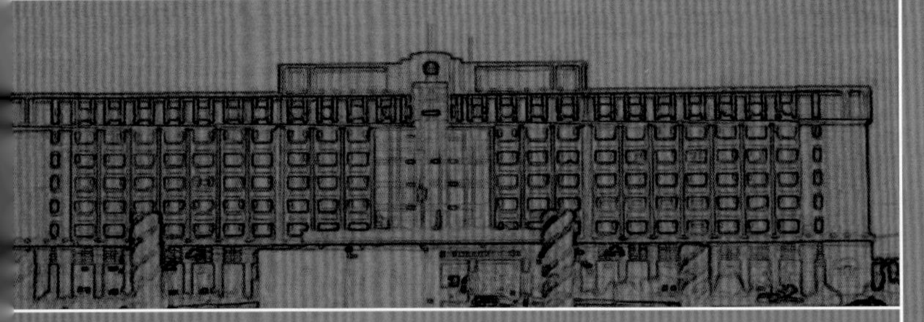

HUASHUONEIMENGGUsaihanqu

ZHENGQUYANGE

秦汉受辖云中郡，
魏晋又归盛乐城。
辽金元时丰州管，
明建库库清置厅。
土默特旗归绥县，
县管汉族旗治蒙。
民国旗县并存在，
日伪时期蒙疆称。
仁义忠信排列乡，
乡名含带歧视性。
撤县并旗解放后，
成立郊区辖农村。
隶属呼和浩特市，
后更赛罕称现名。
三镇八个办事处，
列入首府四区中。

政区沿革

ZHENGQUYANGE

秦之云中即辖领境内三县，汉袭，北魏属盛乐；辽金元丰州辖之；明建归化，清署绥远，蒙汉分治；中华人民共和国成立初增划郊区，现更名赛罕……

战国受辖云中郡

在公元前两千年左右，呼和浩特郊区（今赛罕区）开始成为我国北方游牧少数民族活动的场所。

战国时，赵武灵王变俗胡服，习骑射，北破林胡、楼烦，占据了这一地区，并于公元前307年，沿大青山南麓修筑长城，以防边疆少数民族入侵。在这一地区设置“云中、雁门、代郡”三个郡。赛罕区大部分地区属云中郡的原阳县管辖。原阳县古城遗址在今赛罕区金河镇八拜村。“原阳以为骑邑”，即在金河镇大黑河南岸一带建立骑兵训练基地。

公元前221年，秦统一六国，

云中城遗址

春秋青铜簋

划天下三十六郡，云中郡居其一。汉袭秦制，仍沿用云中郡，辖12县，其中有3县位于原郊区境内，即北舆，今巧报镇以北、西把栅乡以西一带；原阳，今金河镇一带；武泉，巴彦镇和保合少镇一带。另有光襄县，位于黄合少一带。不同的历史时期内，曾几度出现汉族和匈奴等少数民族共同居住、人丁兴旺、政治平稳、经济发展的和平局面。

西汉时期，鲜卑族的拓跋氏在大青山北麓的武川兴起，在呼和浩特地区建立了北魏政权，跨越大青山南境后，在现今的和林格尔县设置“盛乐都城”，赛罕区为其管辖。之后，北魏向东南迁都平城（今山西大同市），将归顺的敕勒族安置在这里，故呼和浩特地区有“敕勒川”之称。今赛罕区在敕勒川范围之内。

隋唐时期，设云中都护府，东

龙泉窑青釉八卦纹熏炉

丰州滩

突厥为唐所灭，部众仍居漠南。在呼和浩特东南又设置定襄都护府，不久又称单于都护府，来统辖云中、定襄等都护府。唐又在盛乐城设置振武军节度使，为此这一地区又称振武军。今赛罕区均为其辖地。

辽金元时属丰州

五代十国时期，沙陀部与后梁争夺中原，呼和浩特地区为契丹占据。契丹建辽后，这一地区属辽西京道丰州管辖，始称丰州滩。

947年，强盛的契丹族建立辽国，设置“丰州”，今赛罕区为其领地。

北宋末年，女真灭辽，建立金国。金袭辽制，原丰州称西京道丰州。今赛罕区属丰州管辖。

金代末年，因多年争战不休，丰州城遭到破坏，城邑变成败砾荒墟。忽必烈建元后，这里的经济文化才得以恢复和发展。元人刘秉忠《过丰州》一诗便反映出这一地区的风貌。

元朝沿用金制，称西京路丰州，隶属中书省大同路管辖，今赛罕区为其辖地。

明嘉靖十一年（1532年），阿勒坦汗率土默特部驻牧丰州滩，故又得名“土默川”，今赛罕区为其一部分。

明万历九年（1581年），阿勒坦汗召集能工巧匠模仿元大都，在大青山之阳、黄河之滨破土建设八

龙泉窑青釉八卦纹熏炉

丰州古城遗址

座楼和琉璃金银殿，因而形成了雄壮美丽的城池。这座规模较大的城池，在层峦叠嶂的大青山映衬下，显露出一派苍郁的生机，当地蒙汉各族人民给她起了个美妙的名字叫“库库和屯”，今译为“呼和浩特”，汉语意为“青色之城”。库库和屯建成，明廷赐名“归化城”，今赛罕区为其属地。

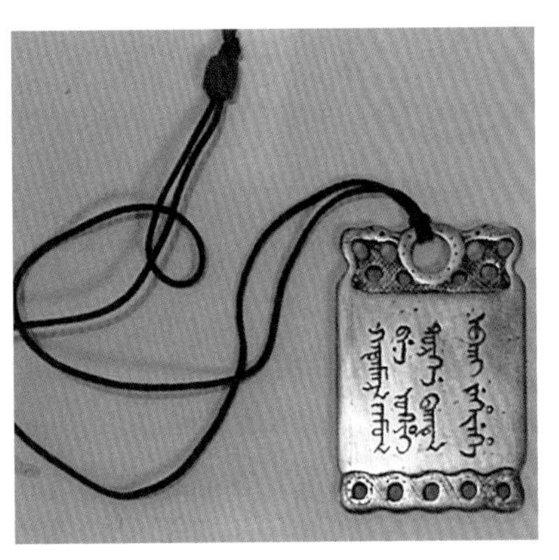

清满文腰牌

蒙汉分治清代始

清统一后，乾隆四年（1739年）绥远城建立。“旗厅并存、蒙汉分治”便在这一时期开始，这一不利于民族团结的特殊行政区划格局一直延续到中华人民共和国成立之后。1913年，归化、绥远两城合并为归绥县。

归化城北门

绥远城旧址

民国3年设立绥远特别行政区。

民国18年（1929年），绥远县政府成立，旋将归绥县城区（原归化、绥远城区）称归绥市，其城郊作为归绥县。从此，市、县、旗（土默特两旗）共存。归绥县设4个区，原郊区地区分属第二、第三、第四区。

清代鎏金释迦牟尼佛

民国27年（1938年）元月十日，归绥县改称巴彦县，是年8月6日撤销，划归“厚和特别市”。

民国34年（1945年）恢复“归绥县”，仍与市割界分治。

民国27年（1948年）厚和特别市改称归绥市。

中国共产党领导的归绥县驻城东陶卜齐村，下设两个区。原郊区其他地区属国民党的归绥县政府管辖。这一时有两个归绥县，同属归绥市。

1950年2月7日，两个归绥县合并，为中国共产党领导。归绥市近郊的10个行政村，24个自然村归市直接领导，其余在原郊区有4个区：第一区，区公所驻罗家营村；

第二区，区公所驻美岱村；第三区，区公所驻茂林太村；第四区，区公所驻攸攸板村。

1952年8月，对原有的行政区划作出调整。原属郊区范围的共划为6个区。第一区，区公所驻地为攸攸板村，下辖15个行政村；第二区，驻地为罗家营村，下辖13个行政村；第三区，驻地为榆林村，下辖13个行政村；第四区，驻地为美岱村，下辖16个行政村；第五区，驻地为八拜村，下辖16个行政村；第六区，驻地为茂林太村，下辖24个行政村。

解放初期设郊区

1953年5月，归绥市将原市区近郊的10个行政村，24个自然村划归郊区，成立郊区工作委员会。辖麻花板，什拉门更，西菜园，碱滩4个乡。

1954年3月3日，撤销归绥县，原辖地区全部划归土默特旗管辖。

1956年9月20日，撤销郊区工作委员会，成立郊区人民委员会，呼市郊区设置为旗县建制。原属土默特旗管辖的共17个半乡划归郊区管辖，包括原郊区工作委员会所辖的4个乡在内，共设22个乡，304个自然村。

1958年5月1日，土默特旗管辖的美岱、朱亥、讨速号、八拜、南毫沁营5个乡划郊区管辖，郊区扩大为27个乡。

1958年4月，郊区撤销27个乡，建立13个人民公社。

1960年至1979年10月，郊区人民公社各有变化。

1968年1月24日，郊区人民委员会改称郊区革命委员会。

1976年，上级正式批准郊区为旗县级建制的区域。

1980年12月，呼市郊区革命

原郊区党政办公楼旧址

原巧报公社办公小二楼

委员会改称呼市郊区人民政府。

1982年底，郊区共有15个人民公社：榆林人民公社、小井人民公社、保合少人民公社、罗家营人民公社、毫沁营人民公社、攸攸板人民公社、太平庄人民公社、八拜人民公社、章盖营人民公社、西把栅人民公社、巧报人民公社、西菜园人民公社、小黑河人民公社、桃花人民公社、黄合少人民公社。

1984年7月，郊区各人民公社改称乡人民政府，生产大队改称行政村或村委员会，郊区共辖15个乡，234个行政村363个自然村。

至2000年，原郊区改称赛罕区，包含城区和农区两部分，成为呼和浩特市所辖城区的一部分。

旗县合并促发展

1953年11月25日，经上级批准，归绥县人民政府迁驻归绥市议事厅巷，与土默特旗人民政府合署办公。

1954年3月6日，根据中央人民政府政务院命令，绥远省和内蒙古自治区合并，撤销绥远省建制，统一由内蒙古自治区人民政府领导。当年4月25日，恢复“呼和浩特市”这一名称，并正式定为内蒙古自治区首府。

1954年3月13日，遵照中央人民政府关于废除封建社会遗留的绥中地区“旗县并存、蒙汉分治”的制度，撤销归绥县建制。原管辖的地区全部划入土默特旗，以原归绥县的行政区划为基础，基本没有变动，仍为两个镇人民政府、七个区公所。只对所辖乡、街作了很小的个别调整。从此，归绥市、归绥县不复存在。彻底结束了“蒙汉分治、一地二主”的特殊行政区划格局。旗县合并有利于民族团结，促进了这一地区的经济发展。

呼市区划重调整

1999年春，呼和浩特市人民政府考虑到呼市现有行政区划不尽合理，开始作区划重新调整的调查和征求意见。郊区所辖的乡镇全部包围着市区并分为近郊、中郊、远郊，区域面积较大，乡镇分散，农民办事不便。市区区域较少，根本没有发展的空间，制约了城市的扩大，不利于呼市的经济发展。另外，要更名郊区这一名称。郊区这一地名是个泛指的概念，缺少真正的地名

赛罕区新党政办公大楼

含义。须重起新名。

经过一段时间论证，最终将原郊区更名为“赛罕区”，市三区成为市四区。即：玉泉区、回民区、新城区、赛罕区。将原郊区位于西南的西菜园乡、桃花乡、小黑河3个乡52个行政村划归玉泉区；将位于原郊区西北的攸攸板1个乡12个行政村和西菜园乡的8个行政村全部划归回民区；将位于市区东北的毫沁营乡、保合少乡、小井乡3个乡30个行政村全部划归新城区。其余的乡镇留归赛罕区。

从新城区划回人民路、大学西路两个街道办事处。随后又增设了乌兰察布东路、大学东路、中专路3个街道办事处，这样就成了5个办事处。

2000年5月，根据《国务院关于内蒙古自治区调整呼和浩特市辖区行政区划的批复》（国函〔2000〕42号）精神，将原郊区调整缩小，并正式批准更名为赛罕区。市四区基本是四面分设。

重新调整后的赛罕区所辖五镇、二乡、五个街道办事处、一个开发区。分别为榆林镇、金河镇、黄合少镇、巴彦镇、巧报镇、太平庄乡、西把栅乡和人民路街道办事处、大学东路街道办事处、大学西路街道办事处、乌兰察布东路街道办事处、中专路街道办事处以及金桥经济技术开发区。时有122个行政村、85个社区居委会。辖区总面积1013.1平方千米，总人口34.87万人，其中农业人口14.64万人、非农业人口

赛罕夜景

20.23万人。成为一个以蒙古族为主体、汉族为多数的民族聚居区。

赛罕区人民政府办公大楼搬迁至原巧报镇后巧报村后（现昭乌达路）。

2006年后，随着改革乡镇行政体制，赛罕区实施了“撤乡并镇”。将太平庄乡撤销，原辖的舍必崖、白塔、圪老板、郜独利四个村划归巴彦镇；美岱、黑沙图、太平庄、辛庄子、保素、集贤、添密洼、添密梁、五路等村划归黄合少镇。

之后，巧报镇改成昭乌达路街道办事处、西把栅乡改成敕勒川街道办事处、巴彦镇改成巴彦街道办事处。

现今，赛罕区共辖一个金桥经济开发区，三个镇：榆林镇、黄合少镇、金河镇，八个街道办事处：人民路街道办事处、大学东路街道办事处、大学西路街道办事处、乌兰察布东路街道办事处、中专路街道办事处、昭乌达路街道办事处、敕勒川街道办事处、巴彦街道办事处。共有101个行政村（村民委员会）、90个街道社区居委会。

战争记忆

HUASHUONEIMENGGUsaihanqu

丰州上空起烟云，
日寇进犯绥远城。
蒙汉人民齐抗战，
痛击倭寇不留情。
围城战役打绥包，
领兵元帅是贺龙。
抗争胜利夺果实，
收复失地还人民。
解放战争烈火燃，
成武兵团来势猛。
赛罕人民支前忙，
亲送子女去参军。
大年三十除夕夜，
城东传来枪炮声。
烈士血洒赛罕地，
迎来曙光获新生。

战 争 记 忆

ZHANZHENGJIYI

这是一片红色的土地，名言小学播下了革命的火种。抗日战争、解放战争留下了深刻的记忆，归绥城东战斗就发生在榆林、陶卜齐、白塔……

名言小学播火种

名言小学是呼和浩特市具有光荣传统的学校，是播下革命火种的摇篮——建立东郊第一个中共党支部，建立第一支共产党的抗日武装力量“绥蒙民众抗日开路先锋队”，是“大青山蒙汉抗日游击队”的前身。

名言小学位于赛罕区巴彦镇（现巴彦街道办事处）腾家营村，距呼和浩特市区10公里，全称为“归绥私立名言小学”。创建于1933年，由绥远地区爱国人士李致方先生（原郊区保合少人）创办。开始校址设在归绥城巧尔气召院内。1934年春，学校迁往归绥城东郊的腾家营村龙王庙内，当时校牌挂着：“归绥私立名言小学普及教育区”。

腾家营村人刘洪雄（原名刘典）

腾家营名言小学

是1926年入党的老党员。一直在外秘密从事党的地下工作。1934年，组织派他回绥蒙地区开展秘密活动，准备建立党的抗日武装。刘洪雄应聘到名言小学任教，他为了把名言小学办成抗日救亡活动的场所，培养抗日救亡人才，便聘请地下党员

腾家营名言学校革命史馆

杨植霖、王建功等爱国进步人士到校授课，以教师身份开展地下工作。

名言小学在当地很受欢迎，办学规模不断扩大。陆续在保合少、讨思浩、塔利、奎素、黑土洼、毫沁营等村设立分校。李致方校长赴日留学后，刘洪雄老师就成为名言小学的负责人。

名言小学和各分校的墙壁上大书“读书不忘爱国”“收复失地 誓雪国耻”“打开中国教育的新出路”“劳心与劳力相结合”“组织起来抗日救国”等标语。在学校管理上，采取董事会领导下的校长负责制。在教育内容上，除了国文、算术等课程外，还增设了政治课、军事课。名言小学设两个复式班，一个导生班（培养小学教师的班），共有60多名学生。总校和分校共有学生700多名。实际上，总校和分校都是共产党员老师们的秘密活动地点，学校离白塔车站近，利用这一地下通道，召开会议和秘密联络极为方便。

1936年，在腾家营村建立第一个中共党支部——归绥东郊支部。支部书记刘洪雄、组织委员王建功，宣传委员高凤英。支部建立后，同城内的奎璧、杨植霖秘密联络。刘洪雄的弟弟刘璧担任地下交通员。1938—1939年，经刘洪雄等介绍，陆续有名言小学总校和分校的16名青年学生加入了中国共产党。

1937年6月，学校被迫停课，但并没有解散。而是由学生组成的“儿童自动服务团”，给归绥城地下交通站递送情报。地下党的抗日救亡斗争也没有停止。刘洪雄、高凤英、王之德开始筹建抗日武装力量。最初，他们在腾家营、保合少村一带动员了18名青年农民，组织了一支抗日游击队，命名为“绥蒙

1987 年，杨植林（后排中）与腾家营名言学校教师的合影

民众抗日开路先锋队”。名言小学的许多学生参加了游击队。他们在黑土洼村收缴国民党溃兵的枪支弹药，还动员一户农民拿出埋在地下的三支枪。学生彭光华为游击队刻了印章，这枚印章至今珍藏在内蒙古博物馆。首批参加游击队的队员有王之德、李天才、石来根、李三仁、李四巴、刘富拴、许凯德等人。这些年轻的游击队员先后壮烈牺牲。

1937 年 10 月 14 日，归绥城沦陷。游击队转移到大青山一带继续开展抗日斗争。名言小学的学生有的参加了游击队，有的转入地下斗争。

1939 年 8 月，在归绥东郊保合少村建立中共党支部——东郊支部（后改称南平川支部）。杨培林任书记，余平任组织委员，彭光华任宣传委员。支部下设五个党小组：第一党小组在陶卜齐村，第二在奎素村，第三在塔利村，第四在黑土洼村，第五在讨思浩村。支部当时受刘洪雄、郝登鸿、宁德青、贾恭领导。

1940 年，中共归绥工委成立，东郊支部属归绥工委领导。1940 年 3 月，因叛徒出卖，工委被破坏，东郊党支部疏散隐蔽，暂停活动。

此后，敌人多次来腾家营名言小学查封学校。保合少分校学生许凯德被捕牺牲，1941 年名言小学彻底被迫停办。

青山依旧，绿水长流。名言小学这所具有光荣革命传统的学校，在内蒙古和呼市教育发展史上有着

重要的地位。虽然该校只有6年的办学史，但为革命培养了大批人才。他们在抗日战争和解放战争中出生入死。其中潘赐福立功后受到朱德元帅的特别嘉奖，刘璧、余平、彭光华、张又说、张德魁等都成为党的高、中级干部。

1987年4月，杨植霖老师再次回到腾家营村看望了名言烈士家属和在校师生。7月10日，名言小学隆重举行50周年校庆，杨植霖、王建功、刘璧和原教育厅副厅长韦弦等同志参加了校庆。同时杨植霖还为母校题词："满地乌云不见天，雄图大业小村间，名言应记繁生处，枯木成材溯故源。"

这所具有光荣革命传统的学校几经修缮、重建，2012年新建教学楼、校史展览馆和配套建筑共计2600多平方米，校舍整齐、校园整洁。曾先后获得校园建设"优秀校"、赛罕区"文明单位"等称号。现为呼和浩特市、赛罕区"爱国主义教育示范基地"。

革命老区贡献大

赛罕区是大青山抗日游击队的诞生地，也是革命根据地的一部分。

在抗战期间，无论青山南北、黑河两岸，还是土默川平原，到处燃烧着抗日烽火，赛罕各族儿女在前方参军参战，浴血奋战，蒙汉人民在后方送给养、传情报、疗伤员、做后盾……彰显了蒙汉各族群众英勇无畏、前赴后继的英雄气概，谱写了抗击日寇的光辉篇章。

革命老区，是老解放区的简称，老解放区就是老革命根据地。

现赛罕区共有18个革命老区村。

榆林镇、黄合少镇16个行政村

革命老区什犋窑村新貌

李井泉副委员长（右三）来内蒙古视察革命老区

(27个自然村)被划定为革命老区村。分别是榆林镇7个行政村：三道沟村、东干丈村、陶卜齐村、三应窑村、新地沟村、石门沟村、什犋窑村；黄合少镇9个行政村：后窑子村、二十家子村、石人湾村、东五十家村、五犋牛村、西五十家村、老丈窑村、苏计村、新村。

2012年，榆林镇的苏木沁村、巴彦街道的腾家营村被批准为革命老区村。

这些老区村，在抗战期间，曾经有地下党组织，有革命武装，发动群众，进行打土豪、分田地、分粮食、分牲畜等运动，建立了工农政权和抗日民主政权并进行武装斗争。

革命老区榆林镇

三道沟村：包括自然村二道沟、毫胜沟、松树沟、东窑子、交界、盘路沟、老虎沟、羊二窑。1938年至抗战胜利，李井泉、邹凤山、贾力更等同志进村开展工作，建立县、区政府。抗战期间，三道沟村牺牲三人，十多间房屋被烧毁。

东干丈村：包括自然村西干丈、韩家窑、前后喇嘛沟。1942—1945年，李佐玉、张荣、高凤英、任建斌等进村开展工作，建立了政权和革命武装。抗击日寇，牺牲2人。

陶卜齐村：包括自然村小潮岱。1939—1943年，毕力格巴图尔、吉雅泰、王云等进村开展工作。因日寇发现了王云，把全村每家捆走一人，后来把各户值钱的东西送给日军才把人放回。

三应窑村：1941—1946年12月，高增贵等进村开展工作，建立农会、民兵组织，建立党组织，发展三人为党员。

新地沟村：1936—1949年，有黄化民、张对夫、张追光、王二娃等进村开展工作，吴来拴送给养，被日寇发现毒打，把全村耕牛赶走。

石门沟村：包括自然村头道沟、脑包沟。1938—1941年，田恩民进村开展工作，建立了游击队，队长丁天才。头道沟姚三才送情报被日寇打死。

什榥窑村：包括自然村西梁、人人坡、水泉沟村。1941—1945年，乔德和、杨生华、陈振华、田恩民等同志来村开展工作，建区政府，发展党员，接送情报，供给养，炸日寇的桥梁。郝有财被日寇活埋，二人坐牢。

苏木沁村：建立了农会组织，为部队送军粮、应用品，做军鞋，传送情报，养护伤病员等。

革命老区黄合少镇

后窑子村：1938—1945年，邹凤山、乔德和、田恩民来村开展工作，建立“动委会”，后成立游击队。为部队存放军需物品，有三人牺牲，有二人参军后至今下落不明。

二十家子村：包括自然村河南、河北。1942—1945年，张运进村开展工作，送军用物资和情报。

石人湾村：包括自然村郝家窑、东沟。1937—1945年，陈彰兴、李世民来村开展工作，后有乔德和、田恩民等来村，成立了区政府，为部队送军粮、军鞋、情报、各种日用品等。

东五十家村：1938—1944年，巩新为进村开展工作，后有邹凤山、朱德美、黄化民等来村并建立了归凉老二区和游击二大队。打游击、

解放战争第一次绥包战役三道沟战役区

制造武器。

五犋牛村：1939—1942年，姚喆、黄厚、邹凤山、黄化民、卢富等进村开展工作。为八路军送马送粮等均需物品。

西五十家村：1938—1944年，邹凤山、卢富进村开展工作，后有巩新为、张云领导民兵游击队，打游击，在制造地雷时牺牲一人。

苏计村：包括自然村大、小苏计。1942—1944年，卢二、张云进村开展工作，为部队送粮、鞋袜、被日寇烧毁房屋17间，抢走耕牛21头。

新村：1939—1944年，黄化民、卢富等进村开展工作，当时的农会主任贺丙成一直配合共产党打日寇，为部队送军需物品、送情报。

革命老区巴彦镇（巴彦镇街道办事处）

腾家营村：1934年，杨植霖、刘洪雄、王建功等来名言小学开展工作，建立东郊党组织，组建“绥远民众抗日开路先锋队”，送给养、传情报。成立“儿童团”，站岗放哨。

在敌占区白色恐怖和日寇“三光政策”的刀光剑影下，老区人民舍生忘死，为抗日游击队提供了坚持斗争所需的人力、物力和财力。为壮大革命力量，争取最后胜利，作出了巨大贡献。

老区人民大都生活在山高路远的偏僻村庄，由于基础设施落后，交通不便，信息不畅，处于相对贫困的生活状态。党和人民始终没有忘记他们，赛罕区历届党委政府十分关心老区人民的生活生产状况，长期以来，从计划、规划、政策等多方面关怀老区，使老区人民的生活生产条件得到了很大改善。尤其是近些年，以政策扶贫、“精准扶贫”等方式，坚持开展“一村一品”项目，引导老区人民向技能型、专业型、知识型转变，拓宽多种渠道促使老区人民增产增收，发家致富。对偏僻山村实行整体搬迁，如榆林镇的三道沟村、新地沟村、黄合少的苏计村等。想方设法为失地老区人民安排再就业，为搬迁失学儿童安排就近转学。目前，老区人民安居乐业，各项事业得到长足发展。

血染郊区留罪证

1937年，“七七事变”后，日本侵略军发动了全面的侵华战争。集中兵力向华北、华中猛进。北平、

日军轰炸归绥地区

大黑河见证了日寇侵略的罪行

天津失陷后，绥远是日寇首先侵占的重要战区。接着对平绥路（今101国道京包线）发动了猖狂进攻，并沿平绥路逐步向绥远推进。

10月11日，日伪军兵分3路从集宁向绥远进犯，德王带伪蒙军4个师沿大青山北麓经武川先行占领百灵庙；李守信指挥东北伪蒙军另外4个师，向东沿平绥铁路向呼和浩特进军；由关东军察哈尔派遣兵团的桑原中佐指挥的日军黑田联队从南乘汽车绕道凉城，穿越蛮汗山向呼和浩特逼近。

绥远军民为抵御日寇的进犯，迅速形成国共合作，军民联盟力所能及地布防。当日寇进犯呼和浩特时，各布防军对日发起攻击，但因敌我力量悬殊，为了不使在守卫呼和浩特之战中造成市民伤亡和城区破坏，保存抗战部队的有生力量，14日上午，各驻防军最后撤离呼和浩特。

这时德王的伪蒙军从大青山后爬上了蜈蚣坝顶，伪蒙军李守信部也沿平绥铁路到达白塔火车站，日军黑田联队也从大黑河南岸经羊盖板村兵分三路进入呼和浩特，从此，呼和浩特沦陷。

日军占领归绥（今呼和浩特）

羊盖板村民张三伟老人指认当年日军杀害村民的地点

黑田联队的铁蹄刚踏进归绥，日军在经过大黑河时，因河中淤泥、泥沙陷车，坦克过不去，日军竟把附近老百姓枪杀在河中，祸害多人为其垫道，坦克过处，血肉模糊，鲜血染红了大黑河水。日寇路过羊盖板村（现金河镇管辖）时，还把几十名青壮年杀死，有的人被活埋，有的妇女被轮奸。

从此，呼和浩特地区沦为日本帝国主义的殖民统治区，日寇在军事上血腥镇压，在政治上实行严密的控制，在经济上进行疯狂的掠夺。

呼和浩特地区是日本帝国主义刺刀下的法西斯兵营，是镇压抗日武装力量，扫荡大青山抗日游击根据地的军事指挥中心，也是日本侵略军南攻陕甘宁边区，西进大西北的桥头堡。集宁、呼和浩特、包头是日军控制大青山地区的军事核心，而呼和浩特则是这个军事核心的中心。老百姓不但处在水深火热之中，而且惨遭杀害的军民不计其数。日寇在土默川上所犯下的滔天罪行罄竹难书。

夜袭榆林粮食库

1944年，日本侵略者在中国占领区大肆进行掠夺。这一年秋收后，日军在归凉地区的卓资山、三道营、旗下营、榆林营、崞县窑子等地设置了“粮食征购组合”。经过连年的战争动乱，国民生活本已艰辛异常，根本没有余粮可让敌人“征购”。于是敌人派出伪军、警察和伪乡政府人员四处搜刮，强征硬购。群众怨声载道、苦不堪言。

其中，最坏的是榆林“粮食征购组合”的日本指挥官秋田，此人野蛮成性，禽兽不如，无恶不作。有一天，这个家伙窜到铁路南一个村庄的老乡家里，逼着一个青年妇女脱掉衣服，裸体站在桌子上，供他和其他汉奸饮酒作乐。全村老乡气得咬牙切齿，恨之入骨，几次向游击队诉说苦情。

为了给受辱的老乡报仇，粉碎敌人的征粮计划，游击队先派人摸

归凉北四区区长田恩民（中）（1944年）

日军设置的粮站

清情况，决定在夜间打掉这个“粮食征购组合”。

1944年10月的一个晚上，夜黑风高，归凉北四区区长田恩民（化名黄化民）带领游击队从榆林车站正南方摸到伪警察署附近，游击队副队长张林海带两个班，监视伪警察署大门，另往西北方向派出一个游击小组，以防万一。黄区长带两个班偷偷摸进粮食组合的院里，一进屋，大声怒喝：“不许动，举起手来！”敌人惊恐万状。几个战士迅速冲进屋里搜捕日本指挥官秋田，正好跟一个伺机逃跑的家伙撞个正着，当即拿下。这个家伙吓得直喊：“我不是秋田，我是中国人。”战士们岂能放他走，押上他并连同账本迅速撤离，敌人乱作一团。

回到宿营地，经审讯才得知被捕者原来是“粮食征购组合”的汉奸副经理。据他供认，秋田于当晚乘车回厚和（归绥）城去了。黄区长令他写信通知粮食组合，在约定地点领人。不过3天，伪乡公所来人说，秋田指导官派他们和抗日政府联系，愿意赎回“副经理”。看来，这次行动也令秋田丧胆。黄区长当即提出：“你们这样为虎作伥，

活捉汉奸经理

原榆林粮食库旧址

欺辱百姓，本该严惩，但念你们是中国人，姑且从轻处理，罚交白洋布100匹。”几个伪乡政人员诺诺连声，点头称是。最后，又警告说：“你们回去警告秋田，如果再为非作歹，只要让我们抓住，绝不轻饶；再一条，如果日本人想以此为借口，对我游击队扫荡，你们这位先生（副经理）就别想活着回去了。”

不过3天，接到厚和（归绥）市伪商会送来的一封信和100余匹白洋布。信中一再解释，粮食组合是日军强迫厚和（归绥）市粮商组织起来的机构，并恳求放人。田区长趁机又向商会提出购买根据地急需的部分药品，然后如约放人。这批白洋布随后就派人护送进山，解决了主力部队的冬装问题。

韩家窑子歼灭战

在抗日战争期间，日寇在归绥地区发动了几次大扫荡，在占领区大肆抢掠，从平绥铁路调集重兵，在陶卜齐、旗下营、三道营等大村增设炮楼，实行分区清剿，分段搜索，层层包围，伴以惨绝人寰的“三光”政策。大扫荡持续了半年之久，制造了大批“无人区”，使抗日斗争失去了强大的后盾，抗战从此进入最困难时期。

遭受苦难的中国人民没有被日寇的疯狂扫荡吓住。这期间，绥西骑兵第3团团长蔡久在战斗中身负重伤，塞北军分区首长命令黄厚负责统一指挥八路军绥中和绥西地区的部队。骑兵第3团的前身是八路军120师715团的第3营，部队素质高、装备精良、战斗力强。在秋季大扫荡中，骑兵第3团则利用绥西山高林密、沟壑纵横的有利地形，在地方党组织、游击队和人民群众的支援下粉碎了日军的数次扫荡，保护了大青山抗日游击根据地唯一的战略基点。

1944年秋天，日寇为了保护平绥铁路（今京包铁路）的交通安全，特以厚和铁路警务段副段长内田留三郎为队长，纠集日军、伪特工、伪警察48人，组织了一个特别工作队。其任务就是维护铁路交通安全，破坏抗日民主政府和铁路沿线的地下党组织以及游击队的活动。这支特别工作队有日军17人，配备轻机枪、掷弹筒各一，短枪六七支，其余为长枪。特工队活动中心是陶卜

歼灭战之后日军疯狂报复 火烧痕迹至今依稀可见

齐铁路两侧，重点是铁路以北，特别是靠山边的村庄。

为了粉碎日寇这一行动计划，当时在绥中游击区活动的骑兵三团一、三连奉命向敌特工队活动区运动，密切注视特工队行踪，准备给予歼灭性打击。

中秋节这一天，正当骑兵三团一、三连从奎素村转移到扁担石沟隐蔽休息之时，这股敌人从陶卜齐火车站向北窜进韩家窑子村（现赛罕区榆林镇东干丈行政村所属的一个自然村），并两次派农民到扁担石沟侦探有无游击队和我工作人员，均被部队扣押，并获详细情报。这时，老乡给骑兵队员做好油炸糕，他们正吃油炸糕时，黄厚团长当即放下碗筷，亲自换上便衣下山侦察敌人的布防和地形，决定对敌进行突然袭击，趁势全歼。

他命令骑兵一连和三连兵分两路，分别占领村西南和村东北的两个山头，居高临下，俯视全村，正好形成一个“口袋”布阵，将敌人装进去。这时只见伪军在大烟地里抢老百姓收割的烟浆，日军在村中追赶妇女，有的正在点燃百姓的房子，战士们看到后怒火中烧。黄厚

韩家窑歼灭战旧址

团长一声令下，两连从相反的方向交叉火力突然向敌人迎头痛击，火力异常猛烈，日伪军来不及抵抗，四处逃窜，有的当场被击毙，有的被俘，内田留三郎也中弹丧命。经过30分钟的激战，将日伪特工队全部歼灭，击伤日军10人、俘虏日军2人，击毙伪军、特务、警察14人，并缴获了轻机枪一挺，掷弹筒一个，短枪6支，马步枪24支，子弹1000多发，刺刀10把，伪币2500元。

韩家窑子这一“口袋”式歼灭战，是一次集中优势兵力，有计划地打击日寇的出色战斗，打破了日寇的护路计划，粉碎了日寇破坏抗日民主政府和游击队的企图，大大振奋了绥中抗日军民的斗志，受到了中共中央晋绥分局和晋绥军区的通报表彰。

东郊地下情报站

中国共产党在绥远敌占区的领导机构及党组织，是以大青山、蛮汗山为依托，以归绥市为中心周围平原开展工作。在白色恐怖时期，归绥东郊地下党的活动十分活跃。

1942年月8日，绥西地委宣传部长郑朝珍接到中共绥察边区委员会组织部长、代理书记白成铭派他到绥远省敌占区领导党的地下工作的指示。当时，绥远省敌占区地下党组织不多，并且是以地委为单位分别进行领导。如绥中地委领导绥中的地下党组织，蛮汗山地委领导蛮汗山的地下党组织，绥西地委领导绥西的地下党组织。为了更好地开展工作，绥远省打算把地下党组织统一领导，并决定让郑朝珍同志潜伏到归绥东郊党支部（后改称南平川支部）陶卜齐村开展此项工作。

情报站负责人郑朝珍

段德智是陶卜齐本村人，老地下党员。组织决定由段德智负责，安排郑朝珍在南平川支部以做买卖的身份掩护下来，领导开展绥远省党的地下工作。

陶卜齐建村始于清朝乾隆年间，蒙语意为“扣子”。日伪时期是厚和特别市二区义贞乡乡公所所在地。民国年间属于归绥二区管辖。位于呼市东郊40公里处。陶卜齐村当时是一个人流密集的中心地带，虽地处远郊，但聚居混杂，便于隐蔽，

抗战时期郑朝珍为开展地下工作做掩护的陶卜齐原自生号杂货铺旧址

信息源广。郑朝珍来到陶卜齐村后，化名刘有富，在地下党员段德智的默契配合下，以商人身份与本村段德智、史俊、崔俊义等合股开了一家名为“自生号”的日用杂货铺，他以此商号为掩护，在段德智、赵艾、张旭等配合下开展党的地下工作。成功地执行了共产党关于“精干隐蔽、积蓄力量、以待时机”的方针，积极搜集日伪情报，洞察时态，联合抗日力量，巧妙地与敌人周旋，为大青山抗日游击战争的全面反攻进行着前期准备。

郑朝珍灵活机智地利用一些可靠的关系和段德智家的亲属，开辟联络接头地点。经组织批准，先后发展两条地下交通线：一条是铁路交通线，通过集宁一家铁路买卖传送情报；另一条是步行交通线。还建立了两个联络站，第一站是古力板乌素（今古力半村）找刘老圪塔。如果第一站出了问题，就将情报送到第二站，山里一个小村的农民家里（那里是解放区），并约定好了接头方式。与此同时，还在三棋窑子、西梁村建立起了从延安到呼和浩特直至北平的地下交

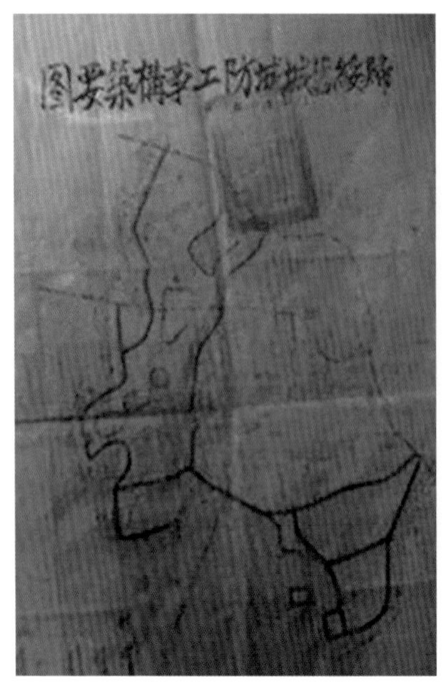

情报站获取的归绥城防图

通秘密联络点，这是呼和浩特地下工作的另一方面。

1947年7月，组织指派张旭同志回到东郊地下情报站当交通员，直到绥远和平解放。此间，他完成了两项特别重要的任务。一是在1947年冬，城里地下工作者郑贵同志绘制了一张“国民党归绥城工事图”。由张旭同志转送到陶卜齐村地下情报站。这张来之不易的图纸，是送给华北野战军第三兵团司令员兼政委杨成武的，为1948年第二次绥包战役攻城战斗提供了重要情报，但张旭当时并不知情。另一项是在1948年夏，组织要求他一天之内进城取回情报。第二天，张旭从郑贵家里取回“硬皮本子”，晚上10点多才回到情报站。后来才知道这个“硬皮本子”是一个特务工资账簿，里面有特务的姓名、职务、住址、工资数额等。中华人民共和国成立初，在镇反运动中，归绥市公安局根据这个名单将其中潜伏下来的特务和屠杀过共产党人的刽子手捉拿归案，为牺牲的共产党员和“抗救会”员们报仇雪恨。

归绥东郊地下情报站，一直秘密坚持到1950年绥远和平解放。

郑朝珍同志一直长期潜伏在地下党员段德智家中，和段德智一家建立了深厚的友谊。直到中华人民共和国成立后，人们才得知他的真实身份，也知晓了“自生号”日用杂货铺原来是党的地下情报工作站。

攻打东西黄合少

1948年秋天，绥蒙军区骑兵第一师打完集宁战役后，撤到和林县二十家子以东地区进行了两三天休整。之后，奉上级命令要攻打驻扎在黄合少的包贵廷、门树槐部队的两个骑兵团。

包贵廷、门树槐在日军侵占绥远后，投靠日寇被编为日伪蒙古军。1945年日本投降后，又带领部队投靠了国民党，被编入地方兵团。他们为虎作伥，流窜各地残害百姓。

敌骑兵团驻地黄合少村距归绥（今呼和浩特）东南30公里，是归

攻入土围

绥城的前哨，又是归绥通往凉城公路的必经之处。黄合少分东黄合少和西黄合少两个村，中间还夹着一个小土围子，敌军指挥部驻在小土围子里，东、西黄合少各驻一个骑兵团，约有五六百人马。

出发前，师部召开了团以上干部会议。康健民师长要求采取速战速决的打法，要赶在拂晓前突然包围黄合少之敌，力争消灭其一部或大部。会上还讲了战斗部署和各团的任务，以及联络信号等等。师政委王再兴讲，要注意将军事打击和政治瓦解敌军工作同时进行，特别强调要严格执行俘虏政策，对放下武器的敌人要予以优待。

当时骑兵第一师的装备比较好，全师辖四个骑兵团，每团有四个骑兵连队，师部还有重机枪、火炮、特务（警卫和通信）三个直属骑兵连队。全师军容威严雄壮，指战员乘马射击技术全面，马上劈砍动作果断利索。特别经过实战锻炼，更是防有防招，攻有攻法，大有一刀砍杀一个顽军，一枪射死一个仇敌的气势。大青山、蛮汗山根据地的群众流传着这样的说法：

“不怕顽军与土匪喊得凶，就怕骑兵一师的马冲锋。机枪一响战马冲锋上，敌人一不小心就把俘虏当。”

太阳落山后，全师以急行军的速度向目的地进发。开始以一路纵队行进，后变成二路纵队，到了后半夜为了集中兵力又变成四路纵队急进。走到距黄合少20多里时，怕骑马响声大被敌人发觉，就下马徒步前进。按师指挥部的部署，四团插到归绥与黄合少之间，准备打增援黄合少之敌。二团从黄合少南，一、三团绕到黄合少北向敌人发起攻击。敌人只注意南面的警戒，对于归绥方向缺乏防范，第一、三团趁敌人不备，以散兵队形，逐步向敌军驻地摸去。

解放军包围敌人

不久，进攻的时间到了。一声令下，全体指战员一跃而起猛虎似地冲上去。站在房顶上的敌哨兵一边喊道："谁？口令？"一边打了一枪、甩下个手榴弹就跑了。一位战士将拉出线的手榴弹又扔进敌人院内，随着轰隆隆的爆炸声，指战员迅速跳进院子，顿时机枪步枪一齐射向顽军。一部分敌人从梦中惊醒，爬上南房企图负隅顽抗，大部分在房子里成了瓮中之鳖，一时顽军人喊马叫，乱成一团。

三团一连包围了敌人的两个大院，三排战士包围了一个院子，这个院子正是敌人的团部。激战不到半小时，一连战士把南房顶上的30多个敌人消灭了，把大门打开。连长刘克文带领二排和机枪排到巷口上阻击顽军。此刻，整个村庄已变成一片火海。过了一阵，敌人的枪声稀落，一连指导员高云风对被包围在房子里的敌人喊话："部队对待俘虏的政策是放下武器，给予优待，保证你们官兵的生命安全……"可顽固的敌人还是躲在门窗后面向外打冷枪。这时房子里传来了小孩的哭声，还有个大人在喊："我们是老百姓啊！你们不要打了……"三团政委王弼臣告诫各连要注意做政治瓦解工作，不能再射击了。不一会儿，其他院子里的敌人大都缴枪了，唯独这两个院里的顽军不缴械。原来有个团长在里面指挥，他企图拖延时间以待援兵。三团团长王月富又叫来一个姓王的伪连长喊话，也无效。团长王月富、政委王弼臣看天快亮了，当机立断，决定冲进房里消灭顽敌。一连一、三排早已做好了准备，班长许小顺、杨换子等带领战士立即冲进各个房间，

敌人举起双手缴枪了。

战士们把五六十个俘虏押在当院中，问谁是顽军团长？他们都不敢说。又个别小声问俘虏，才说："那个高个子，不戴帽子的是团长。"一名战士一把将他从队列里拉出来，问："你的小手枪放在哪里了？"这家伙吓得直打哆嗦说："在鱼缸里。"

一连活捉了100多俘虏，缴获战马100多匹，大家非常高兴。指导员高云风对俘虏说："优待放下武器的俘虏是部队的一贯政策，无论你们是官还是兵一律释放，我们说了话是算数的，不过你们要记住再不能给国民党卖命了，应当做一个真正的中国人……"

指导员正讲着话，通信员张保定跑来报告说："刘连长和机枪排长刘林祥负了伤，敌人又从巷口冲过来了。"高指导员便安排看管好院里的俘虏，亲自带领一排在巷子里与敌人展开激烈的战斗，打退了顽敌一次又一次地进攻。战斗中高指导员和一排长李树堂也负了伤。

与此同时，师一团在西黄合少经过激战，也消灭了100多敌人。天已大亮，这时，忽然听到远处传来师四团与归绥来的敌军救援汽车交火的枪声，土围子里被困的敌人像打了一针强心剂，立即兴奋起来，又集中火力向部队阵地射击。康健民师长果断决定，由三团掩护其他各团迅速撤出战斗，等待四团赶来之后，三团也全部撤走。部队以散兵队形，快马加鞭跑向黄合少的西南方向，然后调头向东急速前进。从归绥增援的敌军汽车队，用火炮把黄合少东南方向一二百米处炸得浓烟滚滚，烟雾笼罩了整个黄合少村庄。可是神速善战的骑兵师人马，早已走得无影无踪了。

这次奇袭黄合少战斗，共打死打伤敌人30多人，战马30多匹，俘虏敌人300多名，缴获战马300多匹、各种武器300余件、各种弹药几千发。解放军牺牲2人，负伤10多人。这次战斗，沉重打击了敌人的反动气焰，宣传了共产党的政策，其胜利在绥蒙地区具有重要的政治和军事意义。

城东鏖战除夕夜

1949年，辽沈战役胜利后，部队乘胜追击，包围天津，经过29小时激战，15日解放天津。同日，华北野战军包围了北平，傅作义部20余万守军困陷城内。为配合支援平津战役，孤立北平守军防止其西逃，中央军委和毛主席指令晋绥军区发起归绥城东战斗。

驻守在旗下营、古力半乌素、潮岱（半道）、榆林、白塔一线的

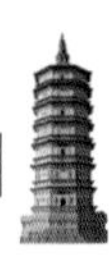

是刘万春指挥的敌31军。旗下营守敌在此之前，已被部队消灭。1月下旬，晋绥军区第八纵队22师3个团在范师长带领下，由凉城左云边界出发，东进归绥城东陶卜齐，榆林东南山区。随后几个战斗先后打响。

陶卜齐车站

陶卜齐之战

阴历28日晚，绥蒙军区22师64团团长陈喜南，接到绥蒙军区命令，向榆林、陶卜齐方向快速行军。此时的陶卜齐村，敌人驻守着一个加强营，相当于一个团的兵力，这个营有炮兵连、机枪连、四个步兵连、一个直属连共七个连。周围小村也驻一些，但不多。师部决定，由64团担任主攻，65团为二梯队、66团为预备队。

除夕夜，64团党委命令2营担任突击队，6连打先锋。一声令下，他们先扫清敌人的外围，分3路向陶卜齐之敌发起猛攻。1营从东，3营从西，2营由南向北往里打。但敌人在村内的街头和十字路口筑有许多明碉暗堡，给部队推进造成很大困难。部队随即组织爆破小组，逐个突破，又和尖刀连展开肉搏战。直到第二天下午3点结束战斗，全歼陶卜齐守敌，敌营长被俘，这次战斗打得很艰苦，部队也有伤亡。

潮岱、榆林之战

腊月二十九，当鸡叫头遍时，潮岱村的村民正在睡梦中，突然被

攻打潮岱

切断铁路

惊醒，原来是解放军进了村。这时，驻守在朝岱村的国民党部万营长得到情报，准备迎战。

潮岱村四周筑有土围墙，有四个出口，南、西各一个，北面两个。土围墙四角上设有土炮台。两角架上重机枪，在南围墙上还架有机枪。

解放军的侦察兵一到土围墙下，就一声不响地解决了哨兵，随后大部队便长驱直入，占领了全村，并迅速向村中央李家大院——万营长住处包围去。顿时，枪声大作，打的敌人魂飞胆战。这时天已大亮。敌万营长喝令属下突围，在突围中，便和部队在潮岱村当街展开肉搏战，没用一顿饭工夫，余敌连同万营长一齐被俘。敌另一个排见势不妙，从村西撤出去，想借有利地形进行还击。不料，被我从南插来的解放军骑兵迎头痛击。此时太阳升上了山头。国民党附近守敌派出援兵增援，便伏在榆林村南的大渠上等待时机。这时两军处于相持状态。这次战斗打打停停，从太阳一竿子高直打到日头西斜。

潮岱战斗的消息传到绥远，城内大哗。国民党迫于整个华北地区的局势，黄昏时，残守在这里的国民党军队全部退回绥远城内，随即解放军部队也撤到旗下营一带。

古力半、白塔之战

29日凌晨，在警备团三营营长张宗宾、教导员张志远同志的指挥下，首先向古力半乌素守敌发起进攻。古力半乌素守敌以为他们阵地前沿的部队是一支小股部队，满不在乎，凭借他们事先构筑好的工事和有利地形，负隅顽抗，并一次次

地在开阔地向我反击。但是他们没有想到我们是打过恶仗的一支坚强部队，来得迅速，攻得勇猛，各种火器构成巨大火网，打得敌人像热锅上的蚂蚁，狼嚎鬼叫，到处乱窜。

此间，我一营营长刘崇德、教导员刘维真、副教导员檀广瑞根据上级的命令，指挥部队迅速将白塔至榆林一段铁路切断，并将机炮连和三个步兵连布置在距铁道不远的一个山坡上，控制了最高点，使敌人在我进攻各个据点时，增援来的铁甲车不能发挥作用。敌铁甲车大约载了四五个团的兵力，到达榆林后，用平射炮和轻重机枪疯狂地向我射击，但他们被我四面包围，且用事先集结起来的重型武器猛击猛轰，使其一直龟缩在铁甲车内不敢出去，自始至终处在挨打地位。与此同时，敌方在其他几个战场也节节败退。

这次战斗，几个战场前后激战大约十几个小时，消灭数百敌人。仅64团的一个连就缴获了24挺加拿大轻机枪，给归绥守敌以沉重的打击。

城东一战，加速了绥远和平解放的步伐。国民党绥远地方军政当局在激战的当天，派出代表与部队谈判。黄昏时，白塔一线的残敌全部退回归绥境内，我们也随即停止了进攻，并回到预定地点。

二金起义大营盘

1949年6月11日深夜，归绥市（今呼和浩特）内麻花板国民党部队111军刘万春部的营房（俗称大营盘）里突然枪声大作。一支小部队在重兵围追堵截下杀出重围，向归绥城东解放区奔去。与接应他们的中国人民解放军绥蒙军区黄厚师长的22师各首长和起义工作团的领导同志会合。

这是一次成功的起义。起义部队是刘万春任军长的111军军部直属搜索营的一个连。起义领导人是该营一连连长金格勒和该连一排长金凤山。二人是亲兄弟，金格勒为兄、金凤山为弟，赛罕区榆林镇前

金格勒（兄）

乃莫板村人，蒙古族人士。后来人们习惯上就把这次起义事件称为“二金起义”。这次起义为促进绥远省“九·一九”和平起义做出贡献，受到了绥蒙军政首长的表扬。

1948年春，中国人民解放军各个战场均取得胜利。毛主席党中央正在策划三大战役。国民党部队节节败退，蒋介石的国民政府已垂死挣扎。毛主席制定的“绥远方式”正在实施，同年年底党中央就派出谈判代表和董其武商谈“绥远和平解放”事宜。但国民党当局仍不甘心，想方设法对抗人民解放军；千方百计收拢残兵败将、招兵买马。有个叫李蔚浩的人以清剿团的名义在归绥城东一带活动，专为国民党部队招兵。此人乃归绥城东脑包村人，黄埔军校毕业生。他找到早已认识的蒙古族人士金格勒出面为其招兵，并许诺：招够一连你就当连长，招够一营你就当营长。金格勒在归绥城东很有名气，在暗中常常为共产党办一些事情，在四乡八里素有威信。所以在一个月内就在邻村招到近200余人。因许诺在先，便任命金格勒为营长。李蔚浩深知这些新兵都是金格勒招来的，非他难以“笼”住。

此时，金格勒的二弟金凤山正在家中务农，金格勒考虑到自己文化不高，弟弟金凤山曾读过归绥中学，又在荣祥任旅长的蒙古骑兵旅当过少校参谋，要文要武都有两下，于是金格勒就把自己的弟弟也叫到营里，并任机枪连连长。

金凤山（弟）

金格勒的连里全是邻村上下的熟人，他们为了躲避国民党抓兵，便到金格勒手下服役，一是不用成天担惊受怕被民党部队来抓壮丁。二是在金格勒手下当兵也有个照应，连里的兵大都是劳动农民出身。金格勒说什么就是什么，很听话。连部又都是清一色的本村人。

1948年阴历腊月，金格勒这个营被编入刘万春任军长的111军。金格勒任军部搜索营一连连长，金凤山任这个连的一排排长，营长是李蔚浩。这个搜索营虽说是营的编

金格勒、金凤山家乡前乃莫板村敖包山

制，但直属军部领导，营长相当师长、连长相当团长、排长相当营长……不久他们奉命进城，进驻归绥城北的麻花板大营盘。

早在1946年，金格勒、金凤山兄弟俩就和共产党工作人员有过交往。1949年春，金格勒弟兄俩已经秘密地和共产党的解放军工作团任儒、云二仁、云耀钦等接上头。金格勒长子金庆增、金凤山妻子云润莲几次进城与二金见面，传达解放军的指令。金格勒经过认真的策划，预定在1949年7月1日举行起义。此时营长李蔚浩似乎觉察到一连动向。这个时候，解放军代表正在和傅作义、董其武谈判绥远和平起义一事。金格勒所在的111军军长刘万春极力抵制和平起义，营长李蔚浩为军统人物，他们思想顽固，认不清形势，他们最怕的就是搜索营连长金格勒投诚共产党，因而在金格勒的身边也安排了特工人员。不慎，连部有人透露出起义日期，二金觉察后遂决定6月11日晚提前起义。起义当晚，因李蔚浩早有所觉，双方在营区开枪对击。二金指挥连队边战边撤，安全的撤离大营盘进入解放区。仅有一名战士挂彩。起义部队赶赴解放区的陶卜齐村后，受到中共土默特旗工作团团长任儒同志的欢迎和招待。后开进集宁，编入绥蒙军区22师。金格勒任66团副营长、金凤山任副连长。

人物春秋

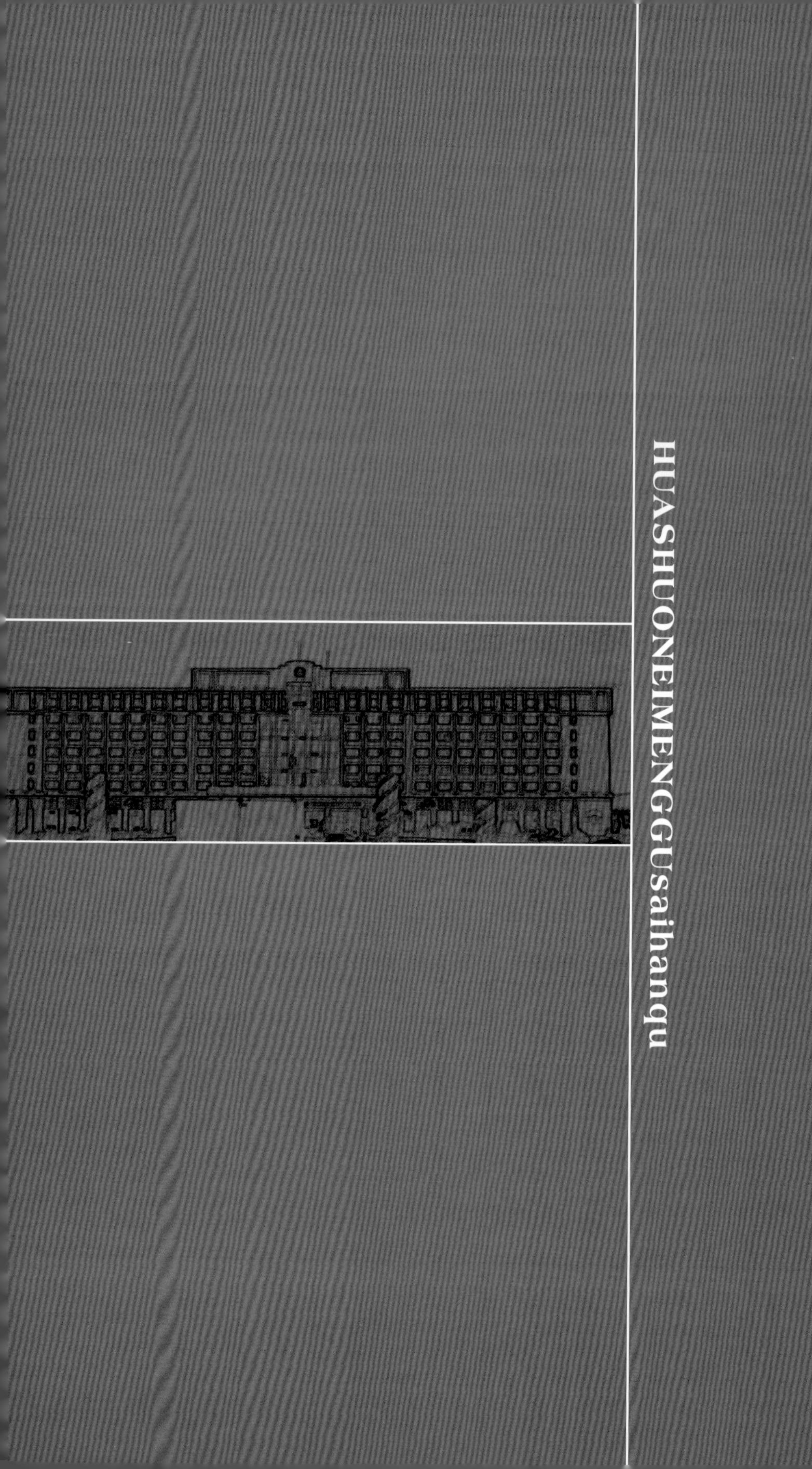
HUASHUONEIMENGGUsaihanqu

RENWUCHUNQIU

蓝天绿地草青青，
水土养育一方人。
人杰地灵赛罕区，
仁人志士树雄心。
风水宝地人才聚，
不乏名流和英雄。
清末都统乌大人，
出身金河八拜村。
桑举生于光绪年，
抗日志士刘洪雄。
凛然就义段德智，
贾恭烈士血洒尽。
张遐民与贺色畚，
塞外绥远有名声。
文化名人若干位，
载入当地方志中。

人物春秋

RENWUCHUNQIU

赛罕之地，人杰地灵，涌现出不少的仁人志士。历史人物、英雄人物和文化人物名扬塞外……

静宜、恪靖二公主

静宜和恪靖二位公主均为清朝皇室儿女。姑侄辈分，前者姑姑，后者侄女。分别为归化城公主府第一和第二代主人。

清康熙年间，喀尔喀部土谢图汗察珲多尔济归附清廷。康熙皇帝为了嘉勉察珲多尔济，下召“优加抚纳，处之水草之地，以食廪牛羊，降结婚姻，示垂永好”(《公主府志》)。当时满清政府为了笼络安抚蒙古，故采取联姻策略，曾以三位公主下嫁蒙古汗室，欲使其永奉清廷。

静宜公主生卒年不详。她是顺治皇帝之四女儿，亦是康熙的妹妹。康熙二十八年七月下嫁于蒙古土谢图汗七世孙察珲多尔济长子葛勒旦多尔济为妻。静宜公主酷爱归化城一带依山傍水之风景，不愿远居蒙古。奏清朝廷允留此处，并于归化城北五里外建筑府邸，人称“公主府”。为了生活需求，当朝还册封现赛罕区境内的美岱等四村汤沐地，招募口外汉人耕种，收取银租供府享用。

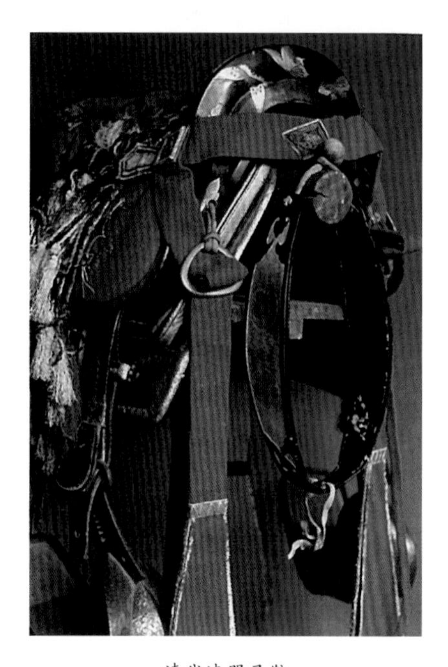

清代漆器马鞍

康熙三十一年静宜公主之额附葛勒旦多尔济天不永年，英年早逝。而她正年青春，即临空室，寡居府邸，

清代木制轿车

教养子女，提倡孝风。她善喜书法，为人平和，受人尊崇。公主薨后，扶柩北侧蒙古，葬于汗山之中。

恪靖公主生于康熙十八年(1679年)，卒于雍正十三年（1735年），终年57岁。恪靖公主为康熙皇帝六女儿（一说四女儿），由贵人郭络罗氏所生。康熙三十六年（1697年11月）受命下嫁于葛勒旦先妻所生长子敦多布多尔济（按此静宜公主就和恪靖公主为婆媳关系），便成了归化城公主府第二代主人。恪靖公主为人恭俭柔顺、不恃皇家之骄，同样受人信崇。她一生中三次受封，地位特殊。13岁第一次被封“和硕公主”，第二次被封为“恪靖公主”，第三次受封“固伦恪靖公主”。“固伦”在满语中为“天下”的意思，是公主最高的封号。

恪靖公主与敦多布多尔济生有四子。长子根扎布多尔济又是和硕格格郡主下嫁的夫婿。公主薨后，葬于蒙古汗山，距静宜公主墓西不远处。葬品葬法同样是洞悬棺柩银镶木棺。最终姑侄两位公主又聚到了一起。

关于两个“四公主”的记载，史书上含糊不清，公主府为谁所建各有说法，有待考证。

八拜出生乌大人

乌尔图纳逊（?—1894年），归化土默特人。

乌大人名乌尔图纳逊，汉姓张，蒙古族，生年不详。土默特旗左翼

八拜村人，现呼和浩特市赛罕区金河镇八拜村。咸丰初为前锋，1855年（咸丰五年）补右翼骁骑校。翌年，清廷命绥远城将军派兵一千，赴山东阻击捻军。乌尔图纳逊为土默特马队管带，因是武官，人们称其为乌大人。

乌尔图纳逊所率骑兵临阵骁勇，屡获全胜，乌在攻破雉河集时身负重伤，清廷赏他五品顶戴。1856年（咸丰六年）赴山东，赐五品顶戴。八月，在亳州十八里铺作战，斩擒捻军头目，夺得大量武器，又被赏戴“蓝翎”。

1857年（咸丰七年）乌尔图纳逊佐领率兵攻夺乌龙集，进逼杨家集，均获胜。后又解固始县城之危。八月，攻克正阳关、霍邱县。九月，统领马队官兵往独山听候调遣。固始县被围困，乌尔图纳逊率土默特马队冲锋突击，再次解危。奉旨以佐领即补，并赏戴花翎。

1858年（咸丰八年），乌尔图纳逊奉命率部返回土默特，11月补授右翼公中佐领。

1859年（咸丰九年），乌尔图纳逊被委任为营总，率一千骑赴河北通州一带布防。后率部赴天津海口等地与英国侵略者战斗，以军功任参领并赏图尔格齐巴图鲁勇号。八月，土默特骑兵于海口、大梁子、张家湾、八里桥等处先后与英军对阵，杀伤英军甚多。是役，乌尔图纳逊的乘骑被打死，本人受伤两处。其后，乌尔图纳逊又随僧格林沁转战于河间、归德，屡有战功，奉旨以参领即补。1862年（同治元年），镇压捻军，在鱼台等地大胜捻军，以功赏加副都统衔。次年，赏头品顶戴，补授参领。同治七年(1868年)，

乌尔图纳逊画像

奉旨回任，镇压回民起义。

乌尔图纳逊回到土默川，曾奉旨去鄂尔多斯及后套与宁夏马化龙部作战，屡捷。奉旨从优议叙，以副都统记名简放。清光绪二十年(1894年)，乌尔图纳逊旧伤复发而卒。葬于老家八拜村。其家族后人现100余人还居住在赛罕区金河镇

八拜村。曾孙张相文做过土默特旗佐领。乌尔图纳逊在旧城小东街有住宅，著名的惠丰轩饭馆由乌大人创办，是呼和浩特市文物保护单位。

清人桑举武术精

桑举（1893—1943年）全名为齐桑举多尔济，生于清代光绪十九年（1893年），祖先为蒙古喀尔喀四部之一的土谢图汗世孙察珲多尔济的长子葛勒旦多尔济。葛勒旦多尔济为清朝顺治皇帝四女儿静宜公主下嫁的额附。桑举从小在归化城公主府生活。因公主府人有从小练武习文的传统，桑举八岁时开始学武功。

齐桑举多尔济画像

桑举从小机灵好学，练功刻苦，无论学什么一学就会。至11岁习武3年，武功大有长进。十几个小兄弟中他的功夫已排到第一，倍受府中长辈喜爱。于是贴出告示，以重金聘请天下侠士进府任教。一日，有山东钱姓武士应聘入府，结果教桑举不足3日，在一次师徒对垒中被徒弟桑举飞脚踢倒在地。钱教练无地自容，头也不回离府而去。

到13岁时，公主府内来了一位道人，衣不遮体，貌不惊人，声称应聘，愿教武功。师父姓潘，天津人，人称潘大侠，据说是江南有名的豪杰。平时，将脚扭歪，行走像拐子，可是，夜间却飞檐走壁，来无影去无踪。

桑举在师父指点下，刻苦练武又是三年，学就了“铁砂掌”和“铁腿功”，一掌下去，碗口粗的榆树一分为二，一腿扫过，虎口粗的并排八根椽，一齐断倒。刀、枪、棍、剑十八般武艺样样精通，尤其单刀，学得更为精湛，鞭杆拳更是举世无双。

潘大侠见徒儿学功告成，甚是喜欢。一天，潘大侠把桑举叫到无人之处，面传三门绝技：缩骨法、点穴法、阴术法。轻功、气功、硬功要继续苦练。

1911年，也就是光绪二年。清政府虽近末日，但一年一度的比武打擂仍在进行。太原府的擂台设在大同市。打擂历时11天，参赛者年

龄不限，性别不限。比赛项目有拳、刀、枪、棍、剑、散打、摔打。打擂还规定不准使用法术，包括点穴。桑举参赛，打败五台的武林高手。

1928年，桑举全家搬在东郊太平庄，住在他们的看坟宅内。

富户赵九拴请桑举去当武术教师，教徒24名。教徒一年多，桑举又被归化城武术馆请去当教师，地址设在车站附近，教徒42名。

桑举白天在归化城教武，晚上要回太平庄。徒步六十里路，谈何容易。一天，他在新城一朋友家做客，酒足饭饱，时已五更，朋友留他，他死活不住，朋友说：新城城门已闭，如何出得？桑举说无妨，说完手提一根鞭杆离去。新城城墙三丈六，桑举一上一下如走平地。就在这天夜里，刚行至黑兰不塔村西树林内，突然有十几名土匪拦住去路，要买路钱，桑举好说不行，一伙人围了上来，使刀的弄枪的，桑举就用二尺八长的一根鞭杆把十几人打得横躺竖卧直求饶。其中一个领头还伤了一只胳膊。

桑举虽然拖拉着鞋，却行走如飞。他一般都是夜间行路，不用几个时辰六十里路，早已到家。

当时太平庄村"三官社"，年年正月十五日闹红火，三村五地的人们都来观看。人们踩高跷、看车子灯、赏船灯、唱秧歌，更重要的是人们都来看桑举的武功。

四四十六根3米高的梅花桩，桑举轻身一跃而上，打拳、使棍、舞刀……看得人们眼花缭乱。三丈六尺高的招风旗杆，桑举三两下爬到顶端，单脚踩在顶上，一个金鸡独立双手叉开，转眼倒立顺杆而下，快到地面时一跃而立，真是妙极了。他能左手拿根榆木扣节，小碗粗细，右掌轻轻一打，便成了两段。他还把铡草刀刃朝上，脱得光光的躺在刀刃上，如果普通人躺在刀刃上，稍一动弹，就会割得鲜血淋淋，而桑举却如木头人一样，身上毫无痕迹。

抗战时期，桑举病逝。由其长子钢旦隆重安葬于太平庄老坟内，享年50岁。

国会议员贺色畚

贺色畚字汝祥，蒙古族，生卒年不详。呼和浩特市郊区（今赛罕区）西把栅乡西把栅村人。童年，贺色畚之父让儿子发奋学习满、蒙、汉三种文字以求上进。他一边放牧一边读书，在"蒙古书坊"读完四书五经，便进入归化城的"启运书院"学习，三种文字样样熟通。后考中翻译生员，才进入土默特旗衙门。在土默特旗衙门普通的贫民子弟只能从"小笔帖式"干起，以上

官职遇缺即可上补。在土默特12个参领中一半是世袭，一半是在下级的佐领中产生，称之为公中参领。贺色畚就是在这种情形下补的缺，一步一步地升为参领的。他凭着自己的勤奋努力，从“笔帖式”升至“骁骑校”“佐领”直至“参领”，逐步成为民国初年土默特旗“噶拉兰达”中的显赫人物。

1908年（光绪三十四年），清政府给土默特部派来个新任副都统名叫三多。三多由土默特部副都统提升为比绥远将军还要显赫的库伦（今蒙古国）办事大臣。因贺色畚在三多任职内，显露出精明强干之能而被看中。所以三多出任时便带他一同到了库伦。他们到任不过一年，喀尔喀蒙古人哲布尊丹巴活佛也宣布独立。随即把清朝驻库伦大臣驱逐出境。事发突然，三多急派贺色畚给绥远将军坤岫送信报急。他白布缠身，拿上令箭、银牌，沿途不断调换乘骑，日夜兼程，饿了吃炒米、渴了吃积雪，五天五夜便返回绥远将军衙门，如此速度绝无仅有，当时轰动了归绥新旧两城。他速回绥远告变，为清政府应付这一事件提供了信息。这是他从小牧马产溜（没有马鞍）骑马历练的结果。

1912年，中华民国临时大总统派“二十镇”统制张绍增任绥远将军。因其幕僚对蒙古族情况欠熟，于是把土默特参领贺色畚聘为“将军衙门”咨议。

1914年（民国三年），北洋政府决定，改划热河、察哈尔和绥远为特别行政区。故将绥远将军撤销，以都统为特别行政区的最高军政首脑。同时拟将土默特旗的旗务衙署撤销，这引起土默特官民的愤慨，他们不想把元朝迄今存在了七百多年的土默特部和土默特人主人翁的地位丢掉。于是贺色畚和都格尔扎布参领派人前往北京请愿。北洋政府才改变了原先的计划，把土默特部改为特别旗，将都统改称为总管。为挽救土默特旗的危亡，贺色畚做出了不懈的努力。

1918年6月，段祺瑞组织新国会（安福国会），贺色畚当选为众议员。从此，国会议员中有了土默特旗蒙古人。安福国会解散后，贺色畚即放弃政治活动，成为绥远在野名流。

贺色畚共有四儿一女，个个出人头地。其中以三子贺云章和四子贺耆寿最为出名。父子三人三个第一：父亲贺色畚是民国时期绥远特别行政区第一个蒙古族国会议员，三子贺云章是土默特旗第一个留学日本的大学生，四子贺耆寿是土默特旗第一个考入国立大学的蒙古族

大学生。

1927 年，贺色畚病逝于归化城（呼市旧城）大召前家庙巷本宅。

土默特参领常龄

常龄(1882 年 6 月 —1961 年 11 月) 字寿山，乳名常喜，蒙古族。1882 年 6 月 24 日出生于土默特左翼旗第二甲第三苏木二十家子村（现黄合少镇二十家子村）的一个半农半牧家庭。

1889 年，常龄在本村私塾读书 5 年，后在家务农。1900 年到归化城启运书院（土默特学校前身）读书近 3 年。1903 年，经参领森额推荐到梅林章京衙门（归化城副都统衙门）户司任录事（相当于文书）。至 1909 年住衙门笔帖式（相当于科员）。1916 年升为土默特左翼二甲三苏木的骁骑校（相当于副佐领），在土旗总管公署户司银库任职。

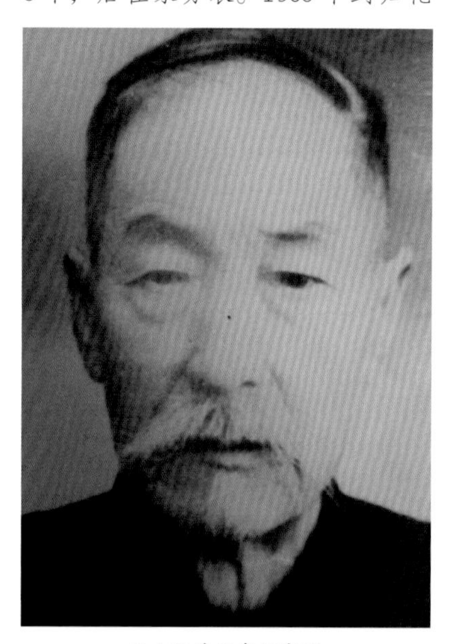

原土默特旗参领常龄

1915 年 1 月，归化城副都统衙门改为土默特旗总管公署。1924 年常龄被提升为土默特左翼二甲一佐的佐领，仍负责银库工作。1927 年，晋升为土默特旗右翼三甲参领，成为土默特左右旗十二参领之一。从此进入土默特旗上层官僚阶层。

1925 年，常龄任土默特旗军事科科长。1929 年，被任命为旗财政科科长。1933 年，调任煤炭租税总局局长。荣祥先生任总管后，于 1937 年调常龄任旗公署总务科科长。同年他被选为国大代表，但国大因抗战未预期召开。

日军占领归绥后，常龄于 1939 年卸职。1940 年，又奉命担任旗生计会理事长。1945 抗战胜利后，荣祥从陕北归来，重新担任土默特旗旗长，常龄又被委任为总务科科长。直到 1948 年，常龄才卸任科长，时年已 66 岁。

九・一九绥远和平起义后，土默特旗人民政府成立，李文精任旗委书记，任命常龄担任卫生科科长及戒烟所主任，为土旗蒙古族戒烟做出了贡献。1952 年起，应本人请求，负责旗府阅览室工作，他工作认真负责，直到 1954 年完全退休时，已 72 岁。

二十家子水利碑记

民国初年，他与四村（美岱、太平庄、新庄子、黑沙图）打水利官司一事，最终以胜诉而闻名。

二十家村位于美岱等四村上游。位居黑河上游而不能引水浇地，百姓为活命计，集力重修旧渠，引水浇地。“四村”向公主府管事状告二十家村，并呈报蒙古。其结论是：“……妥为保护，严惩刁民……转绥远都统，应饬土默特总管严行取缔该苏木章京常龄，毋得勾串刁民滋生事端。”从档案查阅，蒙古官府公函发往民国政府，该函转绥远省都统签阅后，转发土默特总管衙门。“四村”首领依仗公主府权势，诉至归绥县衙门，县衙判令二十家村每月可引南河（系大黑河支流）清水一昼夜。村民认为该判决不公，公推常龄代表本村上诉。公主府也不服，认定此水系公主府独有。二十家子村败诉。

常龄为此寝食难安，决定代表村民赴京告状。那时还未建成京包铁路，常龄沿途风餐露宿，大约走了二十多天，才抵北京。将诉状递到理藩院，后经绥远重审，改判二十家村每月可引水两昼夜。这才了结了几十年的水利官司，为二十家村赢得了救命的河水。

因村民感激常龄千里跋涉进京告状，遂集资刻碑，立在村中佛庙大殿，以表常龄为民之功绩。

在抗战期间，大青山组建了抗日游击队，队长高凤英为给游击队配一个机枪上的零件，进城时被日寇拘禁，并严刑拷打，高拒不承认。后经常龄科长营救出狱。高凤英出狱后重回大青山游击队。有时蒙古

人被抓，求常龄出面营救。有时送旗下青年赴延安，为途中顺利，求常科长出具证明，他还有时送点盘缠路费。

中华人民共和国成立后，常龄当选呼和浩特市政治协商会议第一届和第二届委员。1961年11月某天，常龄早饭后上街买报，回家后因高血压引起脑溢血，不幸辞世，时年80虚岁。去世后，呼市政协、呼市民委、土默特旗政府均来家吊唁慰问。后安葬于故乡二十家子村。

忠诚卫士毕力格巴图尔

毕力格巴图尔

毕力格巴图尔(1908—1974年)，蒙古族。汉名赵璧城，曾用名姚瑞亭、杨立登、王福元、赵子玉、图穆格夫等。出生于内蒙古土默特旗（现呼和浩特市赛罕区西把栅乡）什兰岱村一户贫农家庭。1927年归绥地区在中共北方局领导下，什兰岱村也成立了农民协会，毕力格巴图尔颇受影响。

1929年秋天，毕力格巴图尔在中共西蒙工委领导下参加革命，担任地下交通工作，并加入了共青团。1930年初，赴蒙古人民共和国入党务学校学习，同年9月又被选送到苏联，入莫斯科东方劳动大学学习。“九·一八”事变后因抗日工作需要，1934年1月毕力格巴图尔奉派回国，在平绥路（北平至归绥铁路）沿线开展地下抗日斗争。1935年秋，他化名姚瑞亭，以国民党百灵庙自治政务委员会驻北平办事处交际股长的身份开展地下工作，搜集日伪情报。同期，他还和高凤英在归绥旧城北门外的和合桥开杂货铺，在南柴火市以开肉铺为名掩护传递情报。

1936年1月，毕力格巴图尔加入中国共产党。是年他离开办事处，以商人身份在北平西四牌楼南大街开设“义达里宏仁药铺”为开展地下抗日斗争做掩护。

1937年“七·七”事变后，北平沦陷，不久“义达里宏仁药铺”被敌人察觉遭破坏。1937年9月他转赴天津，化名杨立登，任务由搜集情报转为对敌破坏斗争。他扮成搬运工人给日寇轮船装上定时炸弹，把日寇两艘满载军需物资的轮船炸

毕力格巴图尔（右一）和聂荣臻元帅夫妇在一起（1958）

沉在太平洋。

1938年2月，他调任晋察冀军区司令部侦察科长。1939年秋，他接受新任务回到归绥，从事搜集情报、瓦解和争取伪蒙军的工作，并保持与大青山抗日游击根据地的联系，递送情报，配合抗日游击战争。

1945年8月，在八路军发动归绥战役前，他奉派深入归绥城里，代表八路军与伪蒙古军军官学校校长谈判，争取伪蒙古军军官学校官兵起义。9月，他随宣布起义的伪蒙古军第九师赴蒙古人民共和国进行整编。1946年11月开始任内蒙古人民自卫军骑兵第11师副政委。1947年6月奉命回国，参加了保卫锡察根据地等战斗。1948年11月任内蒙古人民解放军骑兵第11师师长兼政委，参加了平津战役，攻克张北重镇，解放察北7个县城。1949年5月又率部解放了西苏旗、四子王旗等地。

1949年5月，内蒙古军区部队列入中国人民解放军序列，骑兵第11师番号改为中国人民解放军骑兵第4师，毕力格巴图尔任师长兼政委。1955年获国防部颁发的解放二级勋章。

1950年4月，毕力格巴图尔任乌兰察布盟第一任盟长，中共乌兰察布盟盟委副书记、书记，乌兰察布军分区司令员；1955年以后，任内蒙古自治区公安厅副厅长、厅长、党组书记，武警内蒙古总队政委，内蒙古党委委员、常委；1964年5月，任内蒙古党委书记处书记兼公安厅厅长，内蒙古党委政法领导小组组长。他在“文化大革命”中遭受迫害。1974年2月25日因病去世，终年66岁。

抗日志士刘洪雄

刘洪雄（1907—1940年），曾用名刘典，汉族，内蒙古呼和浩特赛

罕区腾家营村人，出身于贫苦农民家庭。

1919年入归绥高等小学校读书。参加归绥学生砸日资电灯公司和打“盛记”洋行等反帝爱国运动。1924年，考入山西省太原国民师范学校。在这里，他开始接触马列主义思想，参加进步活动。

1926年夏天，刘洪雄在太原加入中国共产党。1927年党组织派刘洪雄到北平门头沟煤矿从事矿工工作。1932年，到东北抗日义勇军第三路军某师任通讯大队长和支队长，从事地下工作。1933年，到察哈尔民众抗日同盟军工作，任团长。察哈尔民众抗日同盟军失败以后，他回到归绥家乡从事地下工作。1934年春天，刘洪雄被聘为归绥私立名言小学教师。他以名言小学为据点，在学生中播撒革命的种子，并创办农民夜校，宣传抗日。

刘洪雄

1937年“七·七”事变以后，刘洪雄等设法组织抗日武装，开展武装抗日斗争。1938年三四月间，

刘洪雄故居

受杨植霖委托到晋西北向八路军120师汇报绥远敌占区的情况，并请求八路军挺进绥远敌占区，开展抗日武装斗争。8月间，刘洪雄与八路军大青山支队一起返回绥远。冬天，党派刘洪雄进入归绥，打入伪和协安民救国军任旅长，后打入厚和市日本宪兵队当参谋。以这些公开职业为合法身份，开展地下斗争。1939年5月，中共绥远省委又派宁德青进入归绥，与刘洪雄共同开展地下工作，组织起了“绥蒙各界抗日救国会”。

1940年初，中共归绥工委成立，刘洪雄任组织部长。7月间，他因“绥蒙各界抗日救国会”遭到破坏，被捕入狱。在狱中以顽强的毅力进行斗争。他鼓励难友们：“要有思想准备，像李大钊那样为革命不怕牺牲自己。我们很可能被敌人秘密处死，那我们就要做一个无名英雄。”1940年8月28日夜里，年仅33岁的共产党员刘洪雄为中华民族的解放事业壮烈牺牲。

宁死不屈贾恭烈士

贾恭(1889—1941年)，字礼卿，乳名宽小，男，汉族，内蒙古呼和浩特市赛罕区巧报村人。

贾恭幼年读私塾，后来在归绥、包头学徒，当店员。1937年10月，日本帝国主义侵占归绥、包头以后，

贾恭

他怀着对日本侵略者的满腔愤怒，在归绥寻找抗日的力量。1938年底，他结识了中共地下党负责人刘洪雄，并在厚和市谋到伪农民协会草料股长的职务，以此为掩护联络社会上的爱国进步人士，为抗日筹集粮款，不久加入了中国共产党。

1939年5月，贾恭积极参与组织“绥蒙各界抗日救国会”，发展会员，扩大抗日力量。他还利用伪农民协会草料股长的便利条件，在旧城人市北街建立了一个筹集军运物资的“储运站”，出色地进行着抗日救亡的各项工作。

1940年8月，在“绥蒙各界抗日救国会”和中共归绥工委先后遭到日寇的破坏后，贾恭仍坚守岗位，准备寻机开展活动，但于10月初不幸被捕。

贾恭同志在狱中表现了共产党人的高尚气节。在敌人的一次又一次的严刑审讯中，他坚贞不屈，拒绝回答敌人的任何问题。1941 年 2 月 15 日，日寇密令刽子手将贾恭用乱棍打死在狱中。敌人还把他的儿子贾学增押到张家口，抽干了全身的鲜血后活埋了。

1958 年 4 月 25 日，呼和浩特市人民政府将杀害刘洪雄、张克敏、贾恭等共产党人和抗日志士的日本宪兵队特务处以死刑，为死难烈士报仇雪恨。

王之德血洒大青山

王之德画像

王之德（1915—1938 年），汉族，曾用名王贵贵，1915 年出生，原籍归绥城东郊腾家营村（今内蒙古呼和浩特市赛罕区巴彦街道腾家营村）。他是 2015 年 8 月 28 日内蒙古自治区民政厅公布的呼和浩特市 305 名抗日英烈之一。

1934 年，王之德在腾家营村名言小学夜校学习时，经当时名言小学以教师身份做掩护的中共地下党员刘洪雄、杨植霖、王建功等人的引领，参加了革命。他们利用名言小学作为基地，积极向学生们宣传抗日救国道理。在他们的影响下，王之德秘密加入中国共产党。由于王之德思想进步，身手敏捷，深受杨植霖的喜爱，被选为他的贴身警卫员。

1936 年，杨植霖在绥远城乡发动群众参加抗日救亡斗争。他和刘洪雄开始尝试建立武装力量。1937 年，王之德等人跟着杨植霖上了大青山，他被杨植霖派到土默特旗兵州亥村一带活动，秘密收集枪支，准备组建游击队。1937 年“七・七”事变后归绥城沦陷，名言学校被迫停课。王之德按照杨植霖的安排，回到腾家营村开展地下活动，他和高凤英秘密动员李天才、李三仁、李四巴、刘富栓、石来根等 18 名青年农民组建了“绥蒙民众抗日开路先锋队”，惩恶除奸，开展抗日斗争。为了解决武器短缺问题，王之德把家里的谷草全部卖掉，拿着钱去归绥城里购买枪支。就在他准备出城

王之德战斗牺牲地（大青山霍寨村红圪利沟）

的时候，被日本宪兵队发现，被捕后投入归绥监狱。敌人用尽酷刑对他进行折磨，但他始终守口如瓶，没有暴露自己的真实身份，坚持说自己是给国民党“自卫军”购买枪支，身上还有“自卫军”的招兵名册。敌人没有证据，加上中共地下党刘洪雄和郝登鸿的积极营救，王之德很快出狱。

1938年6月，“绥蒙民众抗日开路先锋队”和“蒙古抗日团”联合起来，在大青山成立了共产党领导下的第一支抗日武装“大青山蒙汉抗日游击队”。杨植霖担任政委兼参谋长，高凤英负责政治思想和军需工作，张有聚担任游击队队长，队伍分三个连，王之德任一连连长。他们依靠当地群众开展抗日武装斗争，积极开辟革命根据地，影响不断扩大，游击队很快从最初的几十个人发展成为一百多人的骑兵部队。1938年10月，李井泉率领的八路军大青山支队在绥东面铺窑子村与大青山蒙汉抗日游击队胜利会师。游击队整编为“八路军大青山绥蒙抗日游击大队”，杨植霖担任大队长兼政委，王之德仍然担任一连连长。

1938年初冬，组织上派高凤英和王之德去督促给游击队送饭。他们接受任务后，带领一个排的兵力从井儿沟出发，晚上到达了霍寨村东的东盆子准备吃饭，谁知米饭刚出锅，站岗的哨兵突然打起了枪。原来三四百名伪蒙古军从东盆子方向猛扑过来。战士们冲出院子，与

伪蒙古军短兵相接，打成了一团。为了保存实力，一边掩护，一边撤退。由于地形不利，敌人的火力集中，情况十分危急。王之德见此情景，爬在山坳里用射程较远的德国盒子枪分散敌人的火力，掩护战士们撤

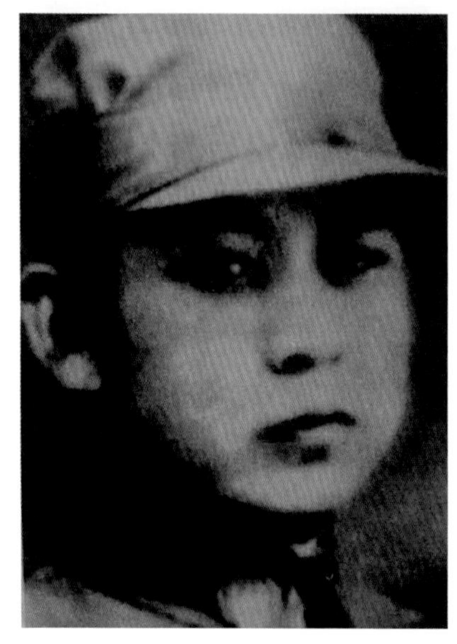

段德智

退。由于他在射击时，身体露出地面太多，不幸中弹牺牲，时年仅23岁。王之德的警卫员李亮也壮烈牺牲，高凤英受伤。

段德智就义美人桥

段德智(1915—1948年)，字润星，号常明，汉族，内蒙古呼和浩特东郊陶卜齐村人（现赛罕区榆林镇陶卜齐村）。1931年入绥远省立第三小学求学。这期间参加了反对国民党反动派的进步活动。

1939年春天，段德智进入大青山抗战干部训练班学习。5月间，接受了动委会归绥二区特派员的任务，回到家乡陶卜齐村，以“自生号”杂货铺为掩护，开展抗日救亡活动。不久，加入了中国共产党。

段德智在陶卜齐巧妙地打入伪乡公所当了文书，积极联络各界人士驱赶反动乡长，举荐爱国进步人士刘培业出任乡长；发动群众开展抗粮斗争，减轻群众负担；收买发放“劳工服役期满证”的官吏，弄回空白证明按村填发，免除群众的劳役；抵制日寇在陶卜齐建造黑铅厂；向日寇“控告”叛徒“通共”，借机处决叛徒。他成功地开展了群众性抗日活动。

抗日战争胜利前夕，段德智进入归绥市开展城市地下工作。他以绥远正风中学教员的身份为掩护，搜集日伪情报。日本投降后，他又在国民党归绥市党部得到了干事的职务。1945年10月第一次绥远战役时，他通过关系从省政府机要人员手中得到了归绥城防工事图，及时提供给八路军攻城部队。

1946年8月14日不幸被捕。他参与组织狱中斗争，争取延长放风时间，争取吃饱饭，均取得了成效。由于取得看守人员同情和支持，于同年12月30日与看守阎海山一起越狱，到达晋西北解放区。

1948年初，段德智奉派回归绥从事地下工作。在返绥途中，不幸在黄合少村被捕。在国民党归绥警备司令部受尽酷刑折磨。1948年4月的一天，国民党归绥反动当局将他押上刑车，拉到美人桥枪杀。临刑前，段德智大义凛然，痛骂国民党反动派，高呼“中国共产党万岁！毛主席万岁！”

知名人士张遐民

张遐民（1905—1988年），原名张毓子，1905年（光绪三十一年）生于呼和浩特市赛罕区黄合少乡二十家子村。

1919年，张遐民十五岁的那年冬天，经人推荐进入归绥县立高等小学（俗称“北高等”）。

北高等毕业后的1923年，又考入归绥中学。编入第十三班，也就是改为“三三制”后的初中第一班。

1925年，张遐民加入了国民党。同年5月30日上海发生“五卅惨案”，全国各地组织学生联合会，进行声援。张遐民被同学们选为“学联”委员，担任了宣传股长。他书写宣传标语，参与鼓动打砸“和记洋行”（英国投资开设的皮毛商行），在席力图召广场北台发表激昂讲演，到“民乐社”男扮女装演文明戏，这些活动表现出他的聪明才智。

1927年3月28日，在归绥城南孤魂滩召开了由京绥铁路工人、郊区农民和城内商学两界五千多人参加的“难民请愿大会”，反对政府清丈地亩、增加赋税。大会上，张遐民化装成农民，登台发表了激昂慷慨的演讲。

同年4月在“民乐社”召开的国共两党合作的全市第二次国民党党员代表大会，选举归化市党部执行委员及监察委员会时，张遐民以多数票当选为执行委员，为傅作义将军所器重。后又考取北京的私立中国大学。

1930年5月，阎、冯联合反蒋，中原战争爆发。9月张学良率“奉军”入关，奉军控制绥远，傅作义将军于8月担任了绥远省政府主席。1932年6月，民生渠在萨拉齐磴口举行放水典礼，张遐民随中外记者，以归绥旅平学生代表的身份回来参加。会上，张遐民发表了歌颂晋绥当局剿除土匪、致力地方建设的讲话。傅作义将军对张遐民的讲话非常赏识并和人们说：“张遐民是咱们绥远的人才，我要培养这个好后生。”还给张遐民汇去三百元钱，供他上大学之用。

张遐民所在的私立中国大学就读的四年中，除了上课就去图书馆，读了古今中外不少书籍。

1933年5月，张遐民从私立中

国大学毕业，回到归绥，担任了国民党绥远省党部的秘书兼蒙古族党务推进委员会委员，同时，还担任绥远省政府的农村经济研究专员。他的妻子卜效夏女士（呼和浩特市原郊区古楼板村人）第二年从北京女子师范大学毕业返绥，担任了绥远女子师范附属小学的主任及蒙古族师范的教员。

张遐民还担任了《朝报》社的主笔，每天上下午到省党部和省政府上班，夜晚还得到《朝报》社，另外还要到正风中学（潘秀仁办）和女子师范讲授公民（即三民主义）。不久傅作义将军从私人收入中向他资助一千元，让他到日本留学。

1935年4月，他考入早稻田大学的农业经济组。因傅作义将军正在绥远推行乡村建设工作，经指导教授久保田明光博士同意，专门研究农村土地与农业合作两个问题，张遐民除了每周到久保教授家中出席一次座谈会，每天在学校图书馆的研究室阅读，黑夜仍回公寓中钻研。

张遐民在日本早稻田大学就读两年，于1937年4月毕业回国。毕业论文是《中国土地问题》。船抵达上海，遵照傅作义将军来信指示，先去浙江省萧山县看了那里的农业合作，然后到山东邹平参观了梁漱溟的“乡村建设”。他和梁漱溟的思想非常接近，回到绥远为傅作义写了好几万字的邹平参观心得。这时傅作义正在绥远建立“乡建会”，推行“乡建工作”，张遐民便在“乡建会”担任了农业合作专员。傅作义让他拟出计划，先在归绥县搞试点。

抗日战争时他参加绥远民众抗日自卫军。1938年初，傅作义将军到达河曲，“自卫军”总部离开神木，去河曲依附三十五军。张遐民调到傅的总部工作。4月间，三十五军反攻归绥战役，俘获了十几个日本官兵，张遐民和凉城留日归来的赵励师专作说服教育俘虏工作。队伍从归绥近郊撤回河曲、保德和偏关，傅作义为恢复绥远的行政，在敌后建立抗日政权，把绥远化为三个专区，任张遐民为绥中大青山的第一区专员兼保安司令。

1939年初，傅作义将军到陕西武功出席蒋介石亲自主持的军事会议，推荐张遐民为委员兼书记长。

1940年张遐民受傅作义将军的指示，去解决后套土地问题，在后套做一些贯彻民生主义的实际工作。

张遐民受命筹建“合作事业管理处”时，挑选了绥远籍中品行比较端正，且无不良嗜好的人作为骨干，成立了五原“和悦”合作农场，临河“永泰”“永刚”“太仁”和“太彰”

合作农场，杭锦后旗“合作代营处”。五场一处的社员得到土地的永耕权。

1949 年 1 月 22 日，傅作义将军接受中国共产党的领导，宣告北平和平解放。绥远的军政人员分为主和、主战两派。以董其武将军为首的绝大部分军政人员和地方人士，主张和平，发起了革新运动，积极酝酿起义。这时的张遐民应兰州西北大学聘请前去担任教授，于春节后亦跑到陕坝，担任了绥西行署的副主任。

“九·一九起义”前夕，张遐民随徐永昌来到包头，又乘机出走，从此离乡背井。

1951 年张遐民被台湾当局聘为设计委员，从此有了固定收入，但未中辍写作。终因阴湿侵袭，右手关节患病，僵直不曲。但他不心灰意懒，改用左手拿笔，继续写作。一卷卷文稿，陆续由商务印书馆与中华书局等机构出版，终于成为台湾研究三民主义的理论权威和研究大陆问题的专家，由此声名日噪。他曾著有《绥远志书概论》《海天掠影》《边疆问题》《边疆建设》《国父思想要义》《王同春与绥远河套之开发》《杨业父子忠勇事迹考》等专著。1963 年，他进入私立辅仁大学担任了训导长和教授。

席瑜

席瑜先生在台湾

席瑜，字子纯，出生于 1920 年。原籍为呼市郊区太平乡（现黄合少镇）保素村人。在台北生活有五十余年。2014 年辞世，享年 94 岁。

席瑜先生，幼时在故乡生活。其性格活泼，喜好民间音乐，乐于参加民间社火活动，逐渐成为村中文艺活动的业余组织者。由于生长在农村，颇熟农事，乐于农活儿。年龄虽幼，筹划作物种植却胜过成人。故而，家田作物能随气候、物气变异而定，成果丰硕，家境随之渐渐丰盈。农闲时，便入本村私塾读书。他喜欢诵读《三字经》《百家姓》《孟子》《论语》《春秋》《诸子百家》等书籍。他常常盘腿

坐于炕桌前，专注认真，即读即诵。

1936年，席瑜先生就读于归绥第一师范学校（现呼市师范学校）。在校期间，抗日救国之热潮波及此地。爱国救国之热血，撞击着年轻的席瑜先生，他毅然弃学，投笔从戎。1938年冬，与其哥、嫂、姐、弟告别，只带一块银圆，结伴几位同乡学友，化妆从归绥旧城北门潜出，涉南野，渡黄河，穿山谷，直投国民党傅作义部队。

之后，傅作义先生输送他前往“陕坝”进修。是年，又入西北兰州大学学习。毕业后就职于兰州市。再后来，辗转于南京、上海等地，就职于国民党政界和军界。1948年，驾舰从上海到台湾。至55岁时，终以国民党海军少将军衔待遇离职退休。与太太、两子合家居住，生活富足，其乐融融。席老虽已退休，但“退而不休”，总想为海峡两岸乃至社会多做点贡献，尚积极参加民间“社团”和社会活动。

席瑜老先生在台湾积极促进“绥远同乡会”的成立，并参与由“绥远同乡会”主办的《绥远文献》年刊，席老为该刊物的发行人，至今已发行三十余期。《绥远文献》主要以接编文献、复兴文化、团结乡友、重建邦家为发行旨趣。内容为绥远历史文化、山川地理、古迹名胜、民情风向、农工商渔、歌曲民谣、戏剧特产、革命史实、政治兴革、地方掌故、乡贤事迹、地方官吏以及保乡卫民等重要史实。还有关于绥远现代人物描述、传记回忆、研究和平统一后重建桑梓等各个方面。

此刊得到海峡两岸人民的赞赏，更为“台湾绥远同乡会”人士之厚爱。席老不仅是该刊发行人，也是撰稿人。他的《筹组台湾医疗请问团返乡访问纪要》一文就发表在《绥远文献》。

“中华伦理教育学会”，创立于1973年。该组织宗旨是：贯穿中华伦理思想，弘扬中华伦理文化，同时协助政府举办伦理教育活动，重振社会伦理之传统美德，推展两岸有关交流活动，促进国家统一。1988年，席先生被推选为该组织副会长兼秘书长。从此，席瑜先生便开始了他与大陆交流文化的有关活动。

祭祖活动

陕西祭黄帝陵活动

从1991年4月至1999年，中华理论教育学会组织进行祭奠黄帝陵活动共8次，由席瑜先生任团长，每次组团人数达30—58人，受到当地各界代表关切给所有会友留下深刻的印象。

至韩城、新郑、涿鹿、绍兴祭祖活动

包括韩城祭“史圣”司马迁活动，新郑纪念黄帝诞辰活动，涿鹿祭黄帝活动，绍兴祭大禹活动。同时也参加当地文化节。以“学会”名誉举办书画展、学术研讨、躬寻遗址古迹，深受当地各界人士之热烈欢迎。

祭孔活动

1990年，席老筹划组团56人，赴山东祭孔；同时在济南出席“欢迎黄埔同学茶会”，至此，该会开启了祭孔之门。

1991年，席瑜先生任团长，带领团员72人至鲁祭孔。是该会最大的祭孔团，给山东各界参与人士留下极深刻印象。

1996年，席瑜先生任副团长，同团员42人，至曲阜祭孔。且至曲阜师大参加学术座谈，决定“孔孟之乡孔子研究访问团”去台访问。同时，进一步研究如何共同推展“孔子与儒家思想”影视集交流活动。

两岸文化交流活动

1996年9月，至山东祭孔时，在曲阜举办祭孔书画联展。展品有三百余件，均具有伦理意义。展出时观众踊跃且反应良好。

1991年4月，席先生在西安市祭黄陵时，举办祭祖书画展七天，参观者约八千人。开幕时陕西省人大、政协、民革等单位四位副主席莅临剪彩。同年10月6日，席先生等多人赴河南新郑参加炎黄文化和中原文化研讨会，且发表演讲。

1992年4月，席老组织举办的“祭祖伦理书画展”，在西安展出七天，在韩城司马迁庙展出十天，为当地人所感佩。

1993年10月8日，席先生率团于巩义市参加“炎黄与河洛文明国际学术研讨会”，会期9天，并发表论文。同年10月20日，席先生参加南京金秋第二届儒学会议，且被南京大学聘为名誉教授。

从1994—1999年，连续六年，席先生也同样亲自率团，分别至陕西、山东进行祭祖、祭孔。尤其是1999年，台湾省遭受强烈地震后，他不顾家处危难，不负大陆邀请之所望，仍率团至西安市祭祖。

席老曾协助呼市防疫站，解决医治黄河沿岸百姓因砷毒而引发的乌脚病，曾奔波咨询于台湾医学界，且邀请台湾大学医学院三名教授来呼实地考察，也请呼市防疫站的同志赴台研讨。双方签订协议，共同研究，以寻求解决此难题的办法与措施，并设想发动台湾有关慈善集团捐赠款项，救助受难之百姓，改善饮水来源。就此，他专门撰写了《筹组台

湾医疗访问团返乡访问纪要》一文。

文史专家刘映元

刘映元

刘映元（1918年4月27日—1991年11月28日）先生出生于山西省左云县一旅蒙商人家庭。

在小学读书时，学习刻苦，记忆力超群，深得师长器重。14岁那年从左云县第一高小17班毕业，来到归绥市考入官费绥远省农科职业学校。在校期间爱好文学，发表许多诗歌，抒发自己热爱祖国、热爱边疆的赤子之情，积极推动绥远省新文化运动的开展。

1936年冬从农科职业学校毕业。由教育厅统一分配，到绥选县傅作义主席主办的"乡村建设委员会"（乡建会）工作，先后任政治处训练员，萨拉齐县乡建会助理干事。抗日战争时期，刘映元投身于抗日洪流中，在傅作义部队第三旅任少校参谋，随军转战抗日。后被傅派往陕北抗日军政大学学习。1940年参加了收复失地的"五原战役"。

1941年，刘映元调入傅部机关报《奋斗日报》，开始长达9年的新闻生涯，先后任《奋斗日报》记者、采访主任，并被聘为《南京中央日报》、上海《申报》驻绥特约记者。在《奋斗日报》工作期间，与内蒙古西部区第一女记者韩云琴女士结婚。

中华人民共和国成立后，刘映元先生曾一度被判刑入狱，后提前释放，被聘为呼和浩特市政协委员，内蒙古自治区文史馆馆员。

1959年，内蒙古政协为了贯彻周恩来总理"开展文史资料研究工作"会议精神，委托刘映元先生进行文史资料的抢救、整理和研究工作。1983年到1985年，受内蒙古人民出版社委托，参加了校勘150卷的《绥远通志稿》，并核实、查证，摘录了大量的笔记。

从此，刘映元先生进入文史资料研究工作这一领域。撰写的文史资料著述，分别供给北京、山西、河北、山东等地和港台地区及内蒙古自治区内各级文史资料研究机构及有关单位。

刘映元在文史研究领域取得的成绩，和他生活了30余年的呼和浩特市原郊区农村什拉门更和五路村是分不开的。这里不仅使他在三年困难时期得以温饱，“文化大革命”中得到保护，30多年来，始终保障先生有充实的时间坚持文史研究。“文化大革命”前，他驰骋无羁，外出调查，采集文史资料，“文化大革命”中，他安心读书、攻史，度过一生最美好的时光。在五路村落户居住的16年，他充分利用田头、地畔、炕边访问老农的机会，写出了《五路村史》初稿15万余字，还有《五路的龙王社》《三和渠史话》等，均被《郊区文史资料》刊物发表。

刘映元著作

刘映元去世后，由内蒙古人民出版社出版了五百余万字的《刘映元文集》。

正骨名医李家父子

呼和浩特市赛罕区后三富村的李氏一家，祖传正骨，至今已有八代人近300年的历史。

正骨李蔫祖籍山西省祁县陶石堡村。李家当时是富贵人家。相传一年冬天，有一过路人气息奄奄，躺在李家大门口。李家人将其扶回家中，精心调养，次年春天此人病体痊愈。临行前将其祖传正骨秘方馈赠李家，以谢救命之恩。并留下训言：“接骨行医，为民治确痛，莫收重金。”从此，李家有了正骨术，且代代相传。这毕竟是传说。而李家的正骨术和接骨药的延续、发展和完善，是李家世代人经过长期总结和研制的结果。

李家的先人后来由山西迁归绥城郊三空（后三富）村以农为主，兼营接骨，人们习惯称李家人为“接骨匠”。李家最有建树者，当数著名正骨专家李枝老先生了。

李枝的父亲李浩元出生在咸丰年间。同治时，年仅20岁的李浩元已是一位颇具盛名的接骨匠了。

李浩元有6个儿子：长子

李仙、次子少亡、三子李瑞、四子李枝、五子李兰、六子李祥。

李仙从小随父李浩元练习接骨术。后来，他的接骨术胜过了父亲李浩元，能砸骨再接。李枝兄弟的接骨术都是由长兄李仙直接传授的。

李枝15岁开始为人接骨治病，成功率极高。18岁时已小有名气。从此，李仙隐退务农再不接骨。不管多亲近的人来请，概不伸手，均由李枝医治。这为李枝后来成为正骨专家奠定了良好的基础。

李枝

1922年，25岁的李枝离开家乡，进归化城正式以接骨为业，这是李枝从半农半医走向专业正骨的开始。

1947年，国民党归绥市市长王志斌胫腓骨中段骨折，省立医院和公教医院已用X光诊断清楚要动手术，他不同意，就找李枝看病。李枝用手触摸，诊断出的骨折部位、骨头荐子的朝向与X光照片完全一致。李枝用手功法给他把骨头接好，用夹板固定，而后用药。没几天王志斌的骨头长好了，而且没留下任何残疾，这一奇迹轰动了归化城，传遍了土默川。这以后，王志斌给他领了“行医执照”。从此，李枝结束了黑医生活。

1959年，他被调到回民区医院任副院长。

1963年，自治区主席乌兰夫指示成立呼市骨科医院。李枝亲自主持基建工作，四处奔走筹款。不久呼和浩特中医骨科医院建成，李枝任副院长。医院设病床50张，实际住院人数经常在90人以上。区内外的骨科病人慕名而来请李枝治病，因此李枝处理了大量疑难病症。新华社还向16个国家发了有关他的消息。李枝被选为市政协委、市人大代表。

李枝曾被赶回农村，停发工资，还不准行医。人民需要他，他不得不又当起了“黑医”。

1982年，85岁的李枝光荣地加入了中国共产党。1995年，88岁的李枝老先生与世长辞。他行医整整70年，亲手治愈的骨伤患者达三四十万。为人民立下了不朽的功绩。

乌兰夫生前十分关心和重视李氏一家的正骨医术。1988年乌老为李枝独子李秉文亲笔题词并送匾：“正骨世家”，这是对李家正骨术的高度评价。

文化名人贾勋

贾勋，1938年生于呼和浩特市，先后就读于内蒙古师大文学研究班、中央戏剧学院戏剧创作研究班。曾任呼和浩特市文联副主席兼秘书长，系中国作家协会、中国戏剧家协会会员。

贾勋

贾勋从小爱好文学。一首《河畔童年随处觅》见诸报端，从此崭露头角，先后在国家级刊物《人民日报》《人民文学》《诗刊》及《草原》《山丹》《鹿鸣》《燕山》《花溪》《西湖》和《星星》等区内外40多家刊物上发表诗作，他的诗日臻成熟，并获得文学大奖。其中一首《让孩子们去幻想》发表在1980年9期《诗刊》，此后获得1957—1980年内蒙古自治区文学奖。

1986年，由内蒙古人民出版社出版了他的《敕勒草》诗集，1995年，由远方出版社出版了《天似穹庐》诗集，均获得自治区“五个一工程”奖。受到巴·布林贝赫、贾漫、旭宇、郭超、陈弘志等诗人或诗评家的好评。

2003年在《北京晚报》《诗刊》联合举办的诗歌征集活动中，《北京、一月的雪》《谭派情结》《北京，六月的选择》均入选。前二首又获“中华散文网”2014征文一等奖。

贾勋等三人创作改编的大型晋剧《三娘子》被搬上了舞台。全剧真实地再现了阿勒坦汗和三娘子的历史功绩。当年，《三娘子》获自治区首届“萨日娜”文学艺术创作一等奖。

1987年，在党的十三大召开之际，由贾勋等三人创作改编的歌舞剧《塞上昭君》先后在内蒙古、北京等地演出，均受到社会各界的好评，曾获得“全国少数民族题材剧本团结奖”。文化部、国家民委和呼和浩特政府对剧本进行了嘉奖。时任中国剧协主席、著名戏剧家曹禺同志看完演出后，有感而发：“全国大约20余个昭君剧本，就我看过的来说，现在的《塞上昭君》是最好的一个……”

除了以上诗集、剧本以外，2012年贾勋先生又出版了《青城风物过眼录》文化散文集，书中收录77篇散文，是贾勋先生多年来的辛勤结晶，此年作者74岁。散文集出版后，引起较大的社会反响。迄今为止，发表在区内外的评价文章数十篇。该书荣获当年呼和浩特市委宣传部“五个一工程”奖。

通志馆长邢野

邢野，1950年12月，出生于北京市，祖籍辽宁朝阳。系内蒙古地方志办公室原年鉴编辑部主任，编审。2001年退休后，创办内蒙古通志馆。邢野系内蒙古第十届政协委员，呼和浩特市政协第十、十一、十二届特约委员。系“九三”学社内蒙古自治区社员，内蒙古文史馆馆员、内蒙古文化遗产保护与发展协会会长、内蒙古通志馆馆长，内蒙古敕勒川文化研究会副会长，内蒙古二人台学会副会长兼秘书长，内蒙古史志年鉴研究会副会长，内蒙古大盛魁文化研究会副会长。系中国民研会会员，内蒙古作家协会会员，内蒙古音乐家协会会员，内蒙古戏剧家协会会员。

邢野在文史、方志界很有成就，名气很大。被人们称为塞上“太史公”。他个人创办的内蒙古通志馆就在赛罕区境内。

音乐作品

邢野创作的歌曲有《我们是革命知识青年》《我们在塞上巡逻》《天安门颂歌》等140余首；交响乐有《塞外狂想曲》《走西口》2部，由呼和浩特市文工团演奏。歌剧有《法庭内外》《第六双脚印》等10部，音乐配器有《洪湖赤卫队》《刘三姐》等15部。

史志作品

他主编的史志作品有《内蒙古自然灾害通志》《内蒙古国土资源通志》《内蒙古知识青年通志》《内蒙古旅游资源通志》《呼和浩特通志》《绥远通志》《内蒙古通志》和《旅蒙商通览》等35部。

文学艺术专著

《吹拉弹唱》《内蒙古史志资料选编·内蒙古艺术志专辑》《二

邢野

自治区志·商业志》《内蒙古自治区志·水产志》《内蒙古自治区志·铁路志》《内蒙古自治区志·民用航空志》《内蒙古自治区志·人事志》《内蒙古自治区志·畜牧志》《内蒙古自治区志·煤矿工业志》《内蒙古自治区志·地质矿产志》《内蒙古自治区志·邮电志》《内蒙古自治区志·农业志》《内蒙古自治区志·政府志》和《内蒙古自治区志·公路水运交通志》等十几部。

参与总纂的市县级专志有《呼和浩特地税志》《呼和浩特文化志》《呼和浩特大事记》和《呼和浩特巧报镇志》等9部。

担任顾问并参与编纂的旗县志与文史资料有《鄂托克旗志》《鄂托克前旗志》《杭锦旗志》《突泉县志》《扎赉特旗志》和《牙克石市志》等十几部。

参加评审、验收的旗县志有《凉城县志》《和林格尔县志》《宁城县志》《镶黄旗志》《武川县志》《林西县志》《阿鲁科尔沁旗志》《克什克腾旗志》和《锡林郭勒市志》等20多部。

人台传统剧目集成》《内蒙古艺术史料选编》和《东路二人台艺术集成》等16部。

论文、散文、游记

《旅蒙商的反思》《“文化大革命”的反思》《二人台概论》《契丹音乐考》和《蒙古族曲艺》等800余篇文章，约60万字。

参与编撰的各级方志

他参与编撰《内蒙古自治区志》分志《内蒙古自治区志·大事记》《内蒙古自治区志·电力工业志》《内蒙古自治区志·粮食志》《内蒙古

自治区原主席巴特尔向邢野颁发聘书

他受聘为呼和浩特市民委《蒙古文化与民族古籍》特约副主编，已出版第五、六、七、八、十、十二、十三、十四、十五、十六、十七集资料丛书，计240万字。

作为特约编辑、供稿人的有《中国百科全书》《中国音乐词典》《内蒙古大词典》和《内蒙古通史》等书。

邢野参加工作40年来，足迹遍布内蒙古自治区各盟市旗县，以及与内蒙古接壤的晋、陕、冀、宁、黑、吉、辽各省区，从事民俗风情、地方文献与民间艺术的搜集整理与调查研究，收集地方文献12万册（卷、件），照片1万多帧。被评为“内蒙古首届十大藏书家”“民间收藏大师”“内蒙古玲王”。

二人台名角亢文彬

亢文彬生于赛罕区巧报镇前巧报村，祖籍是山西省崞县，“走西口”来到归化城（当时无绥远城）定居，亢文彬是第十三代人。

亢文彬自幼喜欢二人台，是家乡社火、村剧团演出的积极分子，也去市内参加演出活动。1951年，十七岁的他参加了“归绥市民艺剧社”。呼和浩特市民间歌剧团成立后，他先后担任了演员队队长、艺术工作室主任、艺术委员会主席、业务副团长等职务。担任的社会职务有：全国剧协会员、内蒙古文联委员、内蒙古剧协理事、呼市文联副主席，

亢文彬

亢文彬对二人台彩旦、老旦的表演艺术精益求精，大胆革新，勇于突破程式，独具匠心创作，形成自己独树一帜的“亢派”表演艺术风格。

最深入观众心中的是小戏《探病》中的刘干妈和《借冠子》中的王嫂。在多场大戏中他表演的《梅玉配》也让观众越看越上瘾。

亢文彬多次带团赴全国各地参加演出，不仅受到华北地区和西北地区观众的喜爱，也受到东北、山东、华中和华南的观众力捧，有些方言虽然不通，但他的诙谐幽默的表演常常令观众开怀大笑，捧腹喝彩。

亢文彬曾去过朝鲜慰问抗美援朝志愿军，进入中南海为毛主席、周恩来等中央领导演出，也参加全国性的戏曲会演和赛事，但他仍不忘在百忙中抽出时间下乡演出，还深入到企业厂矿和边防哨所为工农兵演出。他的许多节目还被灌成唱片制成录音录像带，正式公开出版发行。

曾是内蒙古第五届人大代表、呼市第八届人大代表和呼市第七届政协委员。亢文彬多次荣获内蒙古、呼市两级先进工作者和劳动模范称号。

亢文彬是享誉全国的二人台艺术名家。他集编导演于一身，尤以彩旦、老旦的表演见长，他表演的剧目有《借冠子》《借冠子后传》《探病》《闹元宵》《摘花椒》《小姑贤》《夫妻识字》《小女婿》《柳树井》《梅玉配》等；编剧有《顶灯》《新打樱桃》《红花朝阳开》（与吕烈合编），《两个管家》等；导演的剧目有《方四娘》《茶瓶计》《探病》《顶灯》《游春缘》《一只羊》《后院》《王满囤卖鸡》等。

1957 年他演出《借冠子》获自治区音乐舞蹈戏剧观摩一等奖；1979 年他导演的《七尺毛哔叽》

亢文彬剧照

荣获自治区专业文艺会演导演奖；1989 年他演出的《借冠子后传》获优秀表演奖；《后院》《游春缘》《狐仙小翠》《顶灯》等在历届“昭君杯”上获导演奖。

1980 年中国唱片公司录制《闹元宵》盒带、内蒙古音像公司录制《借冠子》《梅玉配》等盒带在全国发行。

旅游观光

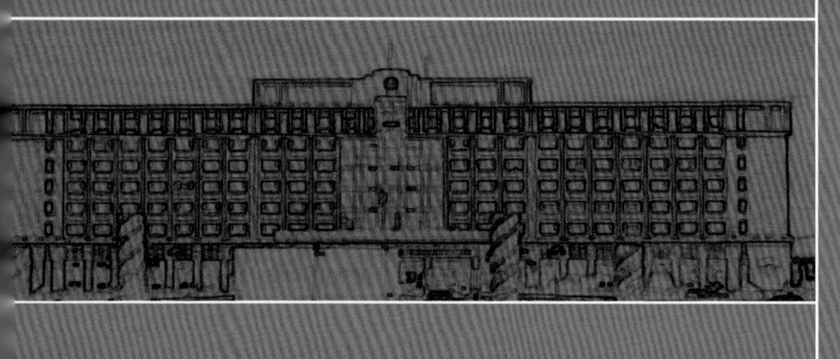

HUASHUONEIMENGGUsaihanqu

青山起舞黑河唱，
美丽赛罕好风光。
山美水美人更美，
古城新韵换容妆。
白塔耸立入云端，
游人盘顶远眺望。
蛮汗山下石人湾，
辽代古墓年久长。
烈士陵园苏木沁，
纪念时节来瞻仰。
环城水系景观带，
都市农业蔬菜旺。
山庄园区农家乐，
传统饭菜瓜果香。
休闲庄园玩不够，
赞不绝口齐夸奖。

旅 游 观 光

LVYOUGUANGUANG

"赛罕"蒙古语意为美丽。青山似屏、黑河如带。古城新韵，容颜大变。自然景观、人文景观，吸引着无数的国内外游客……

辽代万部华严经塔

"白塔耸光"是呼和浩特市旧八景之一，说的就是辽代万部华严经塔。它坐落在赛罕区境内古丰州城遗址西北，是呼和浩特市历史文化旅游景点。

每当火车进入赛罕区境内的大青山段，人们就会不由自主地隔窗向南瞭望，看到一座耸入云端的白塔，惊呼：快看白塔！

这是一座存放佛教经卷的古塔，故称"万部华严经塔"，俗称"白塔"。

万部华严经塔（白塔）

白塔由塔座、塔身、塔刹（塔顶）组成，塔高55米。塔座由砖石砌成，上面砌有三层莲花瓣型砖雕，塔身以木为骨架，再用桐油浸泡过的大砖砌成。每块砖重5公斤，共用100多万块砌成，塔形八角，共7层。塔刹上置"相轮""宝盖"和"宝瓶"。相轮是由13个大铜圈组成，代表着佛教的13佛天，是佛祖修行的圣地；宝盖寓意佛法无边，福祉天上人间；宝瓶象征佛法无量，功德圆满。

塔身每层都悬挂风铃，风吹铃动，铃声悦耳。塔身砌有各种砖雕，雕像有佛 、菩萨、金刚、力士、蟠龙、花卉、海牙、祥鸟、瑞云等。

专家测算，塔重约15万吨，基础仅是一层4米厚的夯土层。经多年风吹土掩，底座和第一层曾被掩

未修葺前的白塔

女真、八思巴、蒙、藏文写成。

1970年，农民在耕作时发现了6件元代古瓷器。其中的钧窑香炉，天青釉色，高42.7厘米，口径25.5厘米，两侧有长方形提耳和兽形耳各一。颈部、腹部有贴图雕刻的麒麟、兽面、铺首等纹饰。底部有3只兽足环底，鼎力稳当。香炉正面的两个麒麟之间，有一块方形的题记："己酉年为元武宗至大二年（公元1309年）"，它已成为内蒙古博物馆的镇馆之宝。

1982年，在塔内出土了一张元代的纸币"中统元宝交钞"。这张纸钞是迄今为止世界上发现的最早的纸币实物。纸币长16.3厘米、宽9.2厘米，为丝绵质纸，木版印刷。钞面虽有破损，但面佳。"壹拾文"的字迹仍清晰可辨。纸币的正反面均印有汉文"中统元宝交钞"六个字。上版居中印有"壹拾文"钞额和纵列的扣板铜钱图案。两旁有竖写的9叠篆文："中统元宝，诸路通行"。朱印两方，上为"提举诸路通行宝钞印"，下为"宝钞总库之印"。下版有10行竖写的文字，中间字迹

埋，后经修复面世，并重修了塔刹。塔内设有楼梯，一层和二层是单向楼梯，二层到顶层为双向楼梯，既不相连也不相通，盘旋而上，登者上下可以不同路。每层都有一扇小窗和一个小门，登者可凭窗远眺。设计者把单数层的南北门做成真山，东西门砌成假山，而双数层则相反，这样一来就平衡了塔身，使塔身坚固耐久。塔中心有一堵圆形的墙，墙壁上题记很多，分别用汉、契丹、

大，两旁字迹小，共84字。大字为“伪造者斩赏银8锭仍给犯人家产”，意为伪造假币者斩首，检举告发者赏银8锭并将犯人家产收归检举告发人。

辽代万部华严经塔是国家级文物保护单位，“十三五”规划中内蒙古、呼市两级政府要在这里建设“丰州遗址公园”，要打造呼市东郊最大的历史文化旅游景观区。

呼和浩特市丰州历史文化研究会也应时而成立，展开相应的调研考查工作。在距白塔西北不足两华里的舍必崖村还有一座重建的佛庙——“金云寺”。此庙每年7月举办庙会，庙会上喇嘛念经，人们烧香拜佛、供奉佛祖、搭台唱戏。三村五里的人们集结于此，甚是红火热闹。有的游人观赏完白塔后还要到金云寺游览。

苏木沁烈士陵园

苏木沁烈士陵园位于榆林镇苏木沁村西南的红土梁上。坐西向东，昼迎旭日，夜赏星辰。陵园脚下大黑河水潺潺流过，百亩果园花香鸟语，果香四溢，现已成为呼和浩特市的红色旅游地。

陵园占地面积7200平方米，建筑面积3650平方米。整个陵园布局由牌坊、石阶、小广场、烈士纪念碑、烈士陵墓、碑文6部分组成。

牌坊由两根主柱、两根附柱和一个牌匾组成。主柱高4米，牌匾长4米，上书“苏木沁烈士陵园”7个镏金大字。

牌坊正面，依坡势建起72级石阶，瞻仰者可拾级入园，步入陵园小广场。广场中央耸立着烈士纪念碑。纪念碑高8米，琉璃盖顶，“革命烈士永垂不朽”8个大字镌刻在大理石上。碑座正面黑色大理石上刻有为革命烈士敬立的碑文：

神州大地　东方欲晓

解放战争　众志成城

苏木沁烈士陵园

贺龙挥师 平绥战役
抗战成果 岂容丧失
绥东绥南 一举收复
进入决战 运筹帷幄
辽沈战役 事关全局
主席指令 出兵绥远
将军成武 率部西进
察绥战役 意在遏敌
东北解放 平津战役
姚喆指挥 城东奋战
潮岱榆林 白塔丰州
除夕枪声 全歼顽敌
北平解放 绥远起义
革命烈士 长眠青山
英灵不朽 弘扬爱国
立碑永志 祭奠忠魂

中共呼和浩特市郊区委员会
呼和浩特市郊区人民政府
敬立

陵园山前设置黑色大理石的标志碑，上刻“爱国主义教育基地”。

陵园内种植青松翠柏，象征革命烈士永垂不朽，精神长存。

这是一座解放战争烈士陵园，纪念在归绥城东战斗（1948 年 11 月 27 日—1949 年 1 月 29 日）中牺牲的烈士。

1949 年 1 月 16 日，晋绥军区、绥蒙军区为配合和支援平津战役，孤立北平守军，防止西逃，并迫使归绥 20 余万守军退回归绥城，打响了归绥东郊战斗。

战斗在陶卜齐、榆林、潮岱等地区打响，苏木沁村设立后方医院，供前线受伤战士治疗休养，牺牲者掩埋在战场。

1982 年，曾担任苏木沁后方医院指导员的霍建（中华人民共和国成立后任军委后勤部陆军医院主任）重游故地，专访苏木沁，向当地党委政府提出建设烈士陵园的建议。当年即为寻找回来的烈士遗骨选好安息的陵园墓地，成立筹建领导小组，开工建设陵园。

1998 年，由郊区区委宣传部、文明办组织编写出版了《苏木沁烈士陵园》一书。

聂荣臻指挥所遗址

抗战胜利后，中国人民迫切需要一个和平安定的环境，休养生息，

第一次绥包战役中的聂荣臻

三道沟指挥部旧址

重建家园。但是国民党统治集团为维持一党专政，企图抢夺胜利果实。

1945年8月12日—22日，傅作义部调集军队6万多人，先占领了归绥，后将绥东、绥中、绥南等重要城镇抢占。

面对国民党军队的内战挑衅，8月30日，中共中央军委发出“力争绥察热全境”的指示，9月11日，中央军委电示晋察冀野战军司令员聂荣臻、晋绥军区司令员贺龙：集中所辖部队发动绥远战役，收复归绥，解放绥远。并决定绥远战役由贺龙、聂荣臻指挥。“绥远战役”就此拉开了序幕。贺龙、聂荣臻两野战军同时出动步兵、骑兵协同作战，在强大的攻势下，傅作义部节节败退。贺、聂两司令员分别在城西乌素图和城东三道沟坐镇指挥。

第一次绥远战役从1945年10月18日开始至12月4日结束，历时48天，主要目的是收复归绥和包头，因而又称“绥包战役”“平绥战役”。

绥远战役虽然没有完成解放绥包的任务，但给了傅作义军以沉重打击，共歼敌1.2万多人，缴获大量武器、弹药、马匹和军用物资，粉碎了国民党破坏和平、发动内战、制造“热察绥防共隔绝地带”的阴谋。此役收复和扩大了绥南、绥东解放区，减轻了敌人对晋察冀解放区的威胁。

在这次战役中，聂荣臻指挥所秘密设在三道沟村。三道沟村南北环山，东西山路崎岖，自然形成沟

壑纵深的头道沟、二道沟、三道沟，三道沟是三条沟的交汇处，地处一洼开阔地。站在开阔地，眺望四野一览无余。村民依阳而居，常住十几户人家，人口不足50人。山上白桦、绿树成荫，胡荆、野草丛生，山峦连绵，山势险峻，是个易守难攻、视野开阔、利于隐藏的绝佳之地。聂荣臻指挥所秘密借居村边一座四合头大院的民宅中，大院为土木结构，坐北朝南，当时有正房、东房、南房，双层院墙足有一人高。聂荣臻指挥所全部隐藏在此指挥作战。院门向南，砖砌圆形门洞，上有岗哨，架有机枪。东墙外为南北街道，如遇危险情况，即可通西墙角两个防空洞，十分隐蔽，内设暗道通向西山上的炮台，山周围还建有防御战壕，再向西便可进入安全地带。现因年久塌陷，防空洞一个洞口被土掩埋，另一洞口只剩锅口大，至今全貌尚在。

在西山坡上还建有岗楼，筑有一人多深的战壕。在指挥所东南方向的山峰上有一老爷庙，庙内设有瞭望点，可监视四面八方的动向。

当时，指挥所内的发电机昼夜发电。每到下午，聂荣臻常在场面散步，由两个警卫护卫，还和老乡交谈三言两语。指挥所内、外设流动岗哨，有时大清早他和部下步行进入深山老林，傍晚回来，有时晚上在离指挥所南二三里的猴山窑洞（原大青山游击队黄厚等住过）里过夜。

目前，民宅已翻修，遗址留存，防空洞、战壕仍清晰可辨。现已成为赛罕区的革命教育基地。

湿地公园海子湾

湿地公园海子湾，位于赛罕区黄合少镇石人湾、东、西五十家三村交汇处，统称“石人湾自然保护区”。1999年，被批准为县级自然保护区。保护区面积为3000公顷。

湿地公园海子湾

飞鸟嬉戏

保护区内有被内蒙古自治区政府命名为自治区重点文物保护单位的“石人湾古墓”。

石人湾保护区三面环山，大黑河主流流经村西，其支流大榆树沟的泉水流入海子湾，这里地势低洼，形成一处天然的湿地。植被茂盛，数不清的泉眼不断喷涌，条条小溪，清澈见底，时有鱼儿游动，常有天鹅、鸿雁等珍贵野生动物栖身。一条横贯东西的黄榆公路绕行而过，交通便利，成为一处难得的风水宝地。每到夏季，池塘芦苇，风景如画，游客可先参观“石人湾古墓”，了解赛罕区的历史文化、领略依山傍水的民俗风情、体验蒙古族餐饮文化魅力，更能捕捉到山清水秀的田园风光。

2016年，石人湾保护区又被规划为“石人湾水利风景区”，总投资30亿元，现已开工建设。

草原丝绸之路文化公园

呼和浩特市草原丝绸之路主题公园坐落于赛罕区境内。东临东二环路，南至银河北街，西邻丁香路，北接新华大街；南北跨度5.5公里、东西平均宽约340米，南端最宽处为740米，北起最宽处为95米，占地面积146公顷。公园以草原丝绸之路文化为主线，以呼和浩特历代盛景为载体。从古代的云中时期到现今的盛世青城，共分为云中风云、盛乐长歌、蒙元盛世、库库和屯胜景和盛世青城五大景观区段。每个区段公园有着不同的主题，公园内的小景观更是文化气息浓郁。文化

公园展示了一个城市的历史文化，处处景色如画。在蓝天白云的映衬下，绿意盎然的树木、花草，活灵活现的雕塑、小品，崭新的亭台楼阁，无一不吸引人们的眼球。

公园原是一条高压线南北走廊，高压线入地后，便利用这片宽敞的土地建设了带有历史文化特点的公园。该公园较为特殊，不仅南北跨度大，且占地面积也广，栽种树木种类丰富，花草品种多样，文化气息浓郁，是一个集以人为本、生态优先、文化传承为一体的综合性主题公园。游客可在公园中领略呼和浩特市从古至今的风采，所以称其为草原丝绸之路文化公园。

草原丝绸之路文化公园

盛世青城景观区体现呼和浩特兼容并蓄、蓬勃发展的草原都市新气象。

库库和屯胜景景观区以明清时代的草原丝绸文化为主线，通过车马、三市、青城三娘子、古城新韵、茗茶清苑等景观节点，与园林绿化相映，形成集生态、休闲、文化为一体的特色文化公园。重现明清时代的盛世。

蒙元盛世景观区以展现游牧文明与中原文化的结合为主，以那达慕广场为主要节点，在蓝天白云的背景下，绿树流水之上飘扬着丝绸，蒙古族人民欢歌笑语围坐在一起庆祝传统节日。蒙元广场描绘的是蒙古族人民的生活情景。

盛乐长歌景观区集中表现了北魏时期的经济文化和自然风貌，南段是北魏时期盛乐文化的重要展示区，以雕塑、小品、景墙等组成，集中展示了该时期民族初融下的大繁荣；北段主要表现了北魏民歌“敕勒歌”中描绘的苍茫草原的游牧民族逐水草而居的生活风貌。

云中风云景观区以秦汉时期草

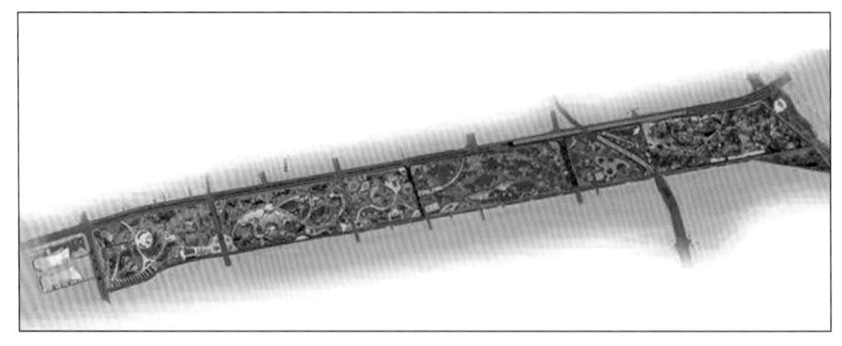

草原丝绸之路文化公园 总平面图

原丝绸之路的云中文化为主体，由绿地、广场、道路组成。云中记忆广场的雕塑、小品展现出公园浓厚的人文气息。展示车马文化，展现了人们对云中时期历史文化的记忆。

当你沿着东二环路向南或向北行，不同时期呼和浩特的盛景就会展现在你面前。到此游，不仅是身体的放松，更是一次心灵的旅行。

大小黑河景观带

2016年，呼和浩特市委、市政府决定对大黑河城区河段进行综合整治，该工程是呼和浩特市“十三五”时期着力打造的五道生态绿化景观带之一，是呼和浩特市委、市政府在自治区成立70周年之际，向全市人民献上的一份大礼。工程总投资42亿元。

大黑河城区段综合整治范围是：科尔沁大桥上游1000米至蒙牛大桥下游260米之间河道堤防及堤脚外景观绿化。分为河道工程、堤防工程和景观工程三部分。

景观工程建设方面：大黑河沿岸设置3米的滨河步道，右岸东西贯穿滩地，左岸局部设置，沿步道每隔1千米设置停留驿站，供游人临时休憩。兴安南路桥湖中设置亲水栈道，可以近距离亲水体验。同时设置3处码头，满足市民畅游大黑河的梦想。生态岛屿兴安南路桥附近岛屿南侧布置一处2米宽、800米长的亲水木栈道，为市民营造一处集垂钓、赏水、休闲的木栈道景

大黑河景观效果图

小黑河（东河）环城水系

观，形成亲水空间。堤内景观设计总面积为33.6公顷（约504亩），其中滨河步道铺装面积为9.15公顷（约137.25亩）。堤顶及边坡绿化面积为24.45公顷（约366.75亩）。景观工程设计3米宽滨河步道22.74千米、2.1米宽滨河步道9.24千米、标准化休闲场地2种类型共计14个、码头3个，分别布置在石化桥及兴安南路桥附近。阳光沙滩一处，面积约3.7公顷，长约385米，宽100米。码头采用浮动码头，并且能够随水位变化而变化。堤顶行道树采用旱柳和河北杨树两个品种，绿化品种选用石竹、景天、早熟苗等品种。

大黑河综合整治工程将为呼和浩特市筑起一道城市防洪安全新防线，打造一条城市靓丽风景线，将使大黑河城区段防洪标准达到百年一遇。该工程建成后，大黑河河道将利用再生水形成碧波荡漾的景观水面，不仅创造出良好的水面景观，而且将实现水资源的循环利用，同时通过堤内景观建设，打造滨水生态廊道、提升河道空间活力，给游客及当地市民提供优美的休憩、娱乐场所。

小黑河是大黑河的主要支流，小黑河赛罕区段位于呼和浩特市东南部，是连接金桥开发区与以自治区党政办公区为中心的首府行政中心的重要景观带。整体治理工程总投资近30亿元。景观治理面积181万平方米，涵盖四个方面，包括河道建设，两岸景观建设、配套公共设施建设、配套滨河路建设。

小黑河赛罕区段

整体工程完工后，绿地面积将达到126万平方米,连续水面长度8.4公里，将形成一个碧水环绕，城市景观与文化有机结合，人与自然和谐统一的休闲、娱乐、生态、园林景观为一体的景观带。人工栽植的各种松柏、草木、花卉，将以其坚忍不拔之态，纷繁花草之艳，彰显人类改造自然的伟力。景区内处处可见清泉喷涌,水光十色,每到夜晚,彩灯闪烁，俏丽多姿，风光旖旎。

两岸已开工建设的乒乓球馆面积达3600平方米、羽毛球馆面积达1600平方米等，这些体育文化场馆的建设，将填补城区东南体育文化场馆设施的空白，成为这一地区广大市民的旅游、休闲、健身、文化中心。

环城水系景观带，将是人的创造力和自然美相结合的杰作，是改革开放惠风带来的幸福指数的提升，昔日的荒渠沙滩终将成为多姿多彩的亮丽景观。

市区满都海公园

满都海公园位于呼和浩特市乌兰察布西路，呼市中心地段。是首府呼和浩特市一处颇具魅力的休闲佳境。

满都海源于“满都海彻辰夫人”的名字，蒙译为“兴旺发达”。满都海彻辰夫人是成吉思汗嫡系远孙巴图蒙古达延汗的夫人。她为蒙古的统一做出了卓越贡献，是一位杰出的政治家。为了纪念她，公园取名为“满都海”。公园占地18公顷，水面6公顷，1973年建成，2003年9月免费开放，2004年改扩建。

满都海雕塑

当满都海公园沐浴在晨露中，三三两两的人便络绎不绝地从四面八方汇聚到这里来，有散步的、环路跑的、打太极拳的、扭秧歌的、打羽毛球的、挥剑起舞的，也有唱戏、写生的……如此多彩的流动画面，构成了满都海公园生机盎然、包容活泼的独特景象。

园内培植花树2万余株，有20世纪50年代保留下来的5000余株高大杨柳，300余株油松、柏树，还有3000余株丁香、榆叶梅、红玫瑰、黄刺梅……公园开辟水面6公顷，上岸台阶4处，打水源井2眼，构成了湖溪相连的双环水系。湖畔可以垂钓，湖面可以泛舟，也可乘快艇飞行。园内的装饰灯有环湖灯、

满都海公园一角

云石灯、七彩灯、高杆灯等。每到夜晚，灿若繁星，清光照人。路灯下备有靠椅，可以稍作憩息。湖面上修筑了小桥8座，还有庭廊3处，供你信步游览。还有蒙古包和花展馆，满目鲜花，争奇斗艳，增进你的美感，陶冶你的情操。

当你信步走来，便可观赏独具匠心的16处景区：藕塘烟雨、敕勒天苍、上下泉影、广群园芳、古丰轩阁、五味鳞鲤、松竹、梅苑、杉松共响、怡红春坞、天光云影、碧波长鹅、曲径通幽、别有洞天、孤岛慧仙。每一个名字都有诗情，每一个景区都有画意。那些桥，亦各有其名，云中、望青、五丰、飞虹、七胜、惠仙、方壶，每一座桥，连着路，每一条路，通着景区，步移景换，令人流连忘返。

人常说：江南园林处处显示出刻意与考究，而满都海公园不但在传统的造园艺术上有所创新，而且力争向精巧和高雅迈进。满都海公园不仅有蒙古高原峰峦叠翠的磅礴大气，也有南国园林的清幽淡雅。

1981年，公园开放初期，中日友好参观团一行7人，在园内栽植

满都海运动场

了18株树，为了永久纪念，特安装石灯照映，上书“中日友好万古长青”。

1985年，澳大利亚代表团也来园内参观，种植了一株桧柏树，留作纪念。这些树，都传递着深厚的国际友谊。

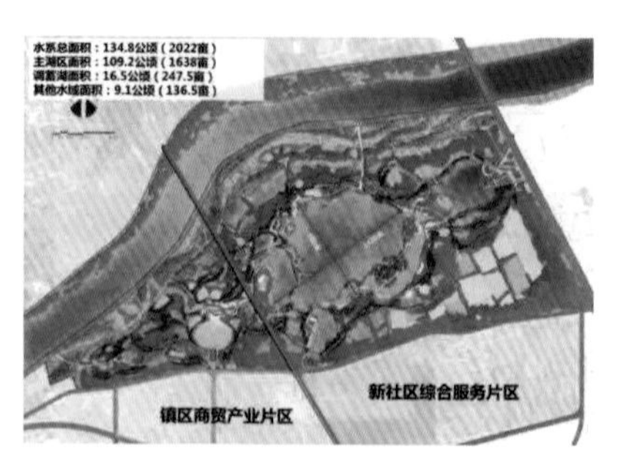

八拜湖公园效果图

八拜湖湿地公园

八拜湖公园是在原八拜湖的基础上兴建的一个大型湿地公园。该项目于2016年开始扩建。2017年4月初全面开工建设。公园位于金河镇格尔图村以东，东临科尔沁路，南至八拜村北，北接大黑河，距市区中心约十公里。总投资528726.98万元，占地面积11100.78亩，其中

八拜湖

八拜湖公园全面开工剪彩仪式

八拜湖公园效果图展示

水面积2022亩，2018年工程全部完工。公园包括文化活动区、环湖滨水区、滨河景观区、湿地科普区、自然休闲区和健身娱乐区。八拜湖公园建成后将成为首府东南部净化空气的天然绿肺，会成为呼和浩特市人民和外来游客观光、游览、度假休闲之地。

赛罕区综合展览馆

赛罕区综合展览馆是目前呼和浩特市唯一的一所区县级综合展览馆，于2010年正式建成，总建筑面积近10000平方米，展示面积7500平方米，共分为四层。一层为民俗展厅，展示赛罕的风土人情；二层和三层为综合展区；四层为可容纳

700人的多功能会议厅。是一座展示赛罕区历史、地理、经济、社会发展成就的综合场馆。

赛罕区综合展览馆通过梳理赛罕的历史脉络，采用丰州古城的历史牵出赛罕的现状。展厅按照第一、第二、第三产业的发展、城市基础设施和民生部分进行合理布展。首先展示赛罕区的概况，包括地理位置、行政区划、人口、城区面积及驻区的企事业单位，赛罕区的财政收入等相关统计数字。然后承接赛罕的历史沿革部分，展示赛罕的历史变迁，综合介绍内蒙古自治区、呼和浩特市、赛罕区的战略规划，展示赛罕新区的发展前景。农业部分通过生态农业和休闲观光农业体现赛罕区现代设施农业和观光农业的进程。工业部分重点突出赛罕区的重点工业基地——光伏产业基地、石油化工基地和装备制造基地，同时对高新技术产业开发区——金桥开发区做了相关介绍。服务业部分通过辖区内的有代表性的金融和商贸项目包括金融商贸文化圈的内容做了较为详尽的介绍。城市基础设施建设的内容有物流园区、房屋改造、路网建设、环卫工作和生态公园等。民生部分综合了社会保障、

参观

赛罕区综合展览馆沙盘模型

呼和浩特赛罕区综合展览馆

教育、医疗、食品药品卫生、文化和体育等，囊括了赛罕区的各项社会事业的发展情况。最后一部分还包括赛罕区下辖的生态镇区和街道建设的情况。

赛罕区综合展览馆运用了目前最为先进的技术，将声光电广泛的运用在布展中，既包括传统的固定板面、沙盘、壁挂模型的展示，还包括大量的高科技成像技术，如LED高清显示屏、3D影院、多点触控显示屏、全息影像、触点飞屏等，采用影片与沙盘互动的方式，使展陈的效果达到最佳。

展览馆是面向全体社会成员的展示窗口。通过对赛罕区综合展览馆的参观，不但可以了解赛罕区的发展未来，同时还能够对赛罕区的历史有更加充分的理解，特别是展示赛罕区内大事记的历史老照片部分，有很深的历史教育意义。

乃莫板文化大院

当人们走进塞外古村榆林镇的乃莫板村时，一定会被“和盛文化大院”所吸引，大院内有清乾隆年间敬建的龙王庙，还有农耕博物馆，使你不由地驻足欣赏，让你不禁浮想联翩，沉浸其中……

乃莫板村龙王庙，是呼市东郊“文革”后保存下来为数不多的古庙之一，因其建造年代较早、留存年代较长而被人们特别关注。

龙王庙因年久失修，2008年由本村韩金文捐资修缮一新。

正殿门柱两侧上刻：敬天地合人神惠及众生，调风雨汇财源昌盛社稷。

山门庙柱两侧上刻：诸神默佑恩光大，众神显扶福泽长。

在庙院上位对称的左右两侧，矗立两块纯白色大理石碑。左侧一块阳面为“乃莫板修庙功德碑”。

龙王庙

文化大院牌楼

右侧一块阳面为“乃莫板修庙碑记”，阴面刻有“北寺概况”。石碑上所刻文字为白底红字，隶书字体。

乃莫板修庙碑记：

中华传统　融入民间
草原文化　传承塞外
土默平川　炊烟袅袅
板申相连　村庙相依
敬香礼拜　祭祀龙王
祈盼风调　雨润禾苗
此俗源远　延绵不断
乃莫板申　村建明代
蒙语意称　八顶房子
北靠阴山　南邻金河
西接丰州　东依脑包
对面坡址　古石器厂
大窑文化　饮誉海内
极目西眺　白塔耸光
古有官道　畅通村北
民风淳朴　蒙汉和睦
地灵人杰　风水宝地
雍正年间　敬建此庙
民国初始　乡民重葺
庙改山门　北移正殿
岁月流逝　颓废不堪
今有志士　韩家金文
捐资修缮　增其旧刹
神塑诸尊　草原壁画
旧貌回春　扩建钟楼
新筑戏台　文化大院
浩路乡村　恢弘国粹
功用一体　方展异彩
此举不俗　村民欢颜
各界赞赏　善哉善哉
敬天畏地　先祖遗风
三界和合　大道圣境
天人合一　生态文明
积善明德　圣教长存
神灵护佑　苍生康宁
立碑铭记　以寄故情

金保年谨撰

韩金文偕同仁敬立

公元二〇〇九年八月九日

在龙王庙修缮一新后，韩金文

在庙前的闲置空地上兴建了“和盛文化大院”。2008年8月动工，2009年8月投入使用。占地面积3880平方米，建筑面积1308平方米。其图书室、书画室、活动室、多功能厅（戏园）、室外健身场、篮球场等设施齐全。并确立“修行明德，博学积善”八字为大院宗旨。当年被市委、市政府评为“十佳时代新事”之一。

民俗博物馆

和盛文化大院餐厅

在文化大院西侧还建有“内蒙古和盛农耕博物馆”，于2013年7月25日正式接待参观者。

博物馆占地面积4500平方米，建筑面积2470平方米，展厅面积2160平方米。上下两层分七个展厅，展出了古代锅具、农耕工具、木工制品、元代马具、照明灯具、古代兵器，同时还展出了“孝文化”和“本土作家作品展”。所藏展品，从元代到近代，基本上是一幅千年农耕文明的真实画卷。

自文化大院兴建至今，连年举办文化庙会。庙会非常热闹，唱大戏、猜谜语、下象棋、赶交流。庙会正日，十里八村的乡民，成群结队赶来，车水马龙，人头攒动，场面壮观，盛况空前。每年的农历6月24日，已成约定俗成的庙会日。庙会活动项目有所增减，内容大同小异。每届庙会都拟一个主题，中心是扬正气、促和谐。

乃莫板和盛文化大院，蕴涵了古朴文化气息与现代文明相融合的多元文化，构成了一道亮丽别样的景观，成为四面八方游人们的娱乐、休闲、浏览胜地。

金杏山庄农家乐

金杏山庄农家乐位于赛罕区大青山前坡榆林镇榆林村海令沟（101国道474公里处）路北的山坡上，以“新旅游、新体验、新风尚”为理念，以放松身心、贴近自然、融于自然的农家乐旅游为主题，推出吃农家饭、住农家院、果树认养、自主采摘、休闲垂钓、天文科普、书法绘画等特色服务内容，是亲近大自然、领略原生态、尽享绿氧吧的好去处。

金杏山庄门楼

每年的7月15日被定为金杏山庄的“金杏节”，届时人流云集、摩肩接踵，人们尽情品尝着甜美的金杏。

金杏山庄是由呼和浩特市富川生态园林有限公司投资建设的农家乐示范区。为内蒙古自治区“五星级”农家乐。山庄有蓝莓、大杏、李子等经济果林200余亩，年产大杏5万多公斤。此外还建有绿色养殖场，年出栏肥羊2000余只、生猪1000多口、散养鸡鸭等近万只。农家乐餐厅面积1000多平方米，日接待能力500余人。山庄还开辟了天文科普、星空观测和书画研究基地以及影视剧本创作基地（以赛罕区为主的本土作者创作出《沙圪梁》《高凤英传奇》《静山》《多松年》《奶姐》《古堡村的故事》等10多部影视剧本初稿）。

采摘

都市农业示范园

位于102省道金河镇舍必崖村，占地约190亩，项目总投资1.6亿元。是集旅游观光、技术展示、科普教育于一体的高科技农业精品主题公园。

公园分5大展馆，由水立方农业园、生态餐饮、外围绿化景观（北方果蔬采摘园）、废水循环利用生态鱼塘、太阳能光伏发电组成。其中水立方农业园展馆占地22亩。由农耕博览、农科奇观、水耕蔬园、

现代农业园区门楼

缤纷花苑、南国风情、热带雨林6个园区组成。12米高的方形热带雨林温室，展顶可鸟瞰周边3万亩设施农业大棚；生态餐饮展馆占地20亩，由蒙王府、汉王府等院落组成，同时可容纳400—500人就餐，满足不同人群的需要；北方果园可让大家任意采摘到桃、杏、山楂、苹果、海红、黄太平等北方果类；废水利用生态鱼塘可满足人们四季垂钓的需求。成为市民假日休闲、参观学习、实践体验、观光旅游的好去处。

百岁果蔬种植园

百岁果蔬种植园位于赛罕区金河镇设施农业发展核心区，种植面积1380亩，以特色瓜果为主打产品，主要种植台湾小西瓜、绿茄等品种。百岁果蔬的产品，全部采用有机种植，原始管理，产品安全、健康、新鲜，让您体验儿时“记忆中的味道”。

该园由百岁果蔬种植专业合作社投资建设。专业合作社成立于2012年，由内蒙古农业大学毕业生王明创办。园区建在金河镇前白庙村设施农业基地内。自有大棚75栋，吸收当地农户加盟种植大棚28栋。通过学习、引进了较多的新品种、新技术，种植的产品全部是绿色瓜

园区农庄

温室育苗

草莓种植

果蔬菜，现已形成集物流配送、采摘、观光、旅游、休闲农家乐于一体的设施农业园区。同时也成为果蔬采摘、土地认养、农家餐饮、大学生创业、中小学生社会实践基地。

每到双休，市民们举家前往观光采摘，品尝农家饭菜。

根堡同创科技园

呼和浩特市同创农业科技示范培训基地，位于赛罕区金河镇102省道14公里处根堡村蔬菜基地路北，总占地面积150亩，于2012年5月开工建设，2013年7月全部建成并投入使用。

该基地作为国家可持续发展实验区重点项目，由自治区科技厅、呼市科技局和赛罕区科技局三级科技部门共同打造，是赛罕区"2345"发展战略中都市现代农业示范园区建设的重要组成部分。是一个集技能培训、新品种示范、试验、推广、旅游观光休闲以及采摘、展示、病虫害防治、蔬菜检测、生产资料服务为一体的多功能数字化园区式基地。

基地分6大园区。有办公培训区，厚墙体日光温室蔬菜生产示范区，智能连栋温室蔬菜生产示范区，芳香花卉、药材生产示范区，大田作物、果树栽培示范区，休闲观光垂钓区，集产、学、研于一体。

独具特色的是智能连栋温室蔬菜生产示范区，占地面积10亩。这里种植的新品种名目繁多，有观赏型的瓜果蔬菜，一颗巨型南瓜，重达150多斤。试种的金橘瓜、飞碟瓜、皇冠瓜、玻璃球西瓜、天鹅葫芦等都是非常抢眼的观赏产品。还有观赏兼食用的瓜果蔬菜，水培番茄树、蛇瓜、红秋葵、黄秋葵，这些新品种都具有很高的观赏和食用价值，还有不多见的芝麻菜、苦菊、甜瓜、绿香瓜、日本网纹西瓜、香蕉瓜、巴西蕉、大番茄、小番茄等，试验示范后通过育苗培训，可逐步推广。

在芳香花卉、药材生产示范区，还有从台湾引进的16种花色艳丽、花朵硕大、花姿优美的蝴蝶兰，好似蝴蝶列队飞舞，特别引人注目，

基地、园区竣工仪式

温室

有“洋兰皇后”的美誉，为我国近年来畅销的年节花卉。还从山东引进具有独特的药用价值的铁皮石斛，是我国最珍贵的中药材之一。

乾亨农业生态园

乾亨农业生态园，由呼和浩特市乾亨农牧科技专业合作社建成。位于赛罕区大美路10.8公里处东把栅村，总占地面积100亩，是一个集果蔬种植、花卉观赏、农业科技示范、自由采摘、农家餐饮、休闲垂钓、娱乐休闲以及生态养殖、DIY农场体验、田园观光等为一体的绿色休闲农业田园。园区内拥有18栋观光温室、4栋农业科技示范大棚和30多亩露地蔬菜及果树，农作物品种达七十多种，全部供生态园餐饮和游人自由采摘。独具特色的蒙古包塑料大棚内综合展示了立体栽培、无土栽培、高空栽培等多种现代农业新科技和新产品。在整体布局及功能定位上，园区以绿色生态为框架，以发展多功能的现代农业生产为模式，发展绿色环保、休闲娱乐的新型生态农业、观光农业、休闲农业和体验农业等功能。生态园餐饮全部采用园区生长的蔬菜瓜果及乡村土家禽等无公害绿色食品为原料，结合本地农家土菜烹制手法，原汁原味，独具特色。

自2011年开园以来，乾亨生态园先后建成了生态餐厅、生态茶吧、文化长廊、垂钓园、乡村大舞台、娱乐小广场等娱乐服务设施。

乾亨农业生态园以绿色、健康、休闲为宗旨，以生态模式进行观光农业的布局和生产，将农业活动、自然风光、科技示范、休闲娱乐、环境保护等融为一体，满足游客观

生态园门楼

种植区

（农业观赏）、尝（品尝农家饭）、娱（农业娱乐）、劳（劳作体验）、育（农业教育）、购（购买农副产品）等精神享受和物质享受，实现生态效益、经济效益与社会效益的统一，是具有现代气息的农业生态田园。

赛罕周边旅游点

在赛罕区周边以及呼和浩特市内，也有较多的旅游景点。

呼和浩特市区有大召寺、将军衙署、公主府、久久街、乌兰夫纪念馆、环城水系景观带、蒙元文化街、青城公园、满都海公园、仕奇公园、蒙古风情园、蒙古大营、大黑河湿地公园、小黑河湿地公园、成吉思汗公园、野生动物园、北郊公园、春渡公园、东二环主题文化公园……

城郊有大窑文化遗址、赵长城遗址、丰州城遗址、万部华严经塔（白塔）、昭君墓、大青山森林公园、乌素图召、圣水梁、小井沟、哈拉沁水库、料木山、老爷庙、披彩沟国家森林公园、大黑河景观带、哈素海、喇嘛洞、白石头沟、大青山步行道、三应窑清洁小流域……

周边有召河（希拉穆仁草原）、黄花沟（辉腾锡勒草原、风力发电）、武川哈达门、格根塔拉草原、和林南山公园、托县神泉、黄河葡萄湾、清水河老牛湾、喇嘛湾、薛家湾、五当召、美岱召、百灵庙、岱海、

辉腾锡勒草原旅游区

哈达门国家森林公园旅游区

永兴湖、库布其沙漠、响沙湾、成吉思汗陵、包头南湖公园等。

在呼和浩特市市区内开设的旅行社有175家之多，赛罕区境内有30余家。主要旅行社有中铁旅行社、中青旅行社、康辉旅行社、内蒙古旅行社、中国国际旅行社、五洲国际旅行社、蒙都国际旅行社、春秋国际旅行社等。

这些旅行社主推的周边游行程有沙漠1—3日游、草原1—4日游、市区1日游、郊区1—2日游、观光农业1日游……

风味特产

HUASHUONEIMENGGUsaihanqu

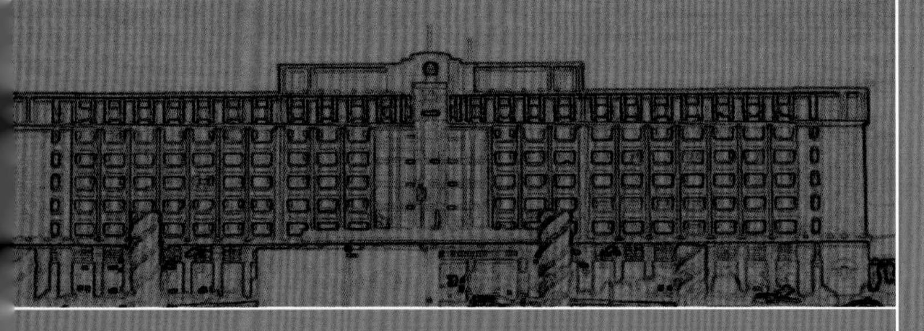

赛罕气候季分明，
糜麻五谷皆宜种。
山药莜面小杂粮，
瓜果梨桃年年丰。
平原蔬菜营养富，
山区羊肉嫩凌凌。
牛奶达标质量高，
高粱烧酒味道醇。
酸醋盐汤扎麻麻，
莜面筋来豆芽嫩。
荞面饸饹猪肉汤，
胡油炸糕软又筋。
倭瓜产在格此老，
沟口盛产李子杏。
豆腐粉条大烩菜，
饺子出锅香喷喷。

风 味 特 产

FENGWEITECHAN

糜麻五谷、营养丰富的小杂粮，嫩绿的蔬菜、浓香的鲜奶、是赛罕区之优质农副产品，莜面、饺子、大烩菜、油炸糕乃风味食品……

新鲜蔬菜四季青

赛罕区地处土默川平原，土地肥沃，水源充足，气候宜人，光照充足。路、林、田、渠配套合理，是一方得天独厚的蔬菜种植之地。

20世纪80年代以前，蔬菜种植结构单调。由于露地生产，一年只能种植一茬，因此栽培受到季节性限制，且品种单一，也就是种植一些普通的大路菜供应市民而已。如今，实施的保护地建设一年能种三至四茬，使蔬菜生产基本做到了“春提前、夏排开、秋延后、冬生产”的格局。淡季不淡，四季常青。产出的蔬菜品质优良，市民称之为“本地菜”。

赛罕区现有的蔬菜产业基地经过20多年的发展，实现了由传统农业向现代设施农业的转型。目前主要是提升发展层次和效益水平，全力打造绿色无公害设施蔬菜基地。在“增规模、增品种、上档次”上下功夫，提高蔬菜质量。

因本地菜要比外地菜好吃，营

本地蔬菜上市

品种多样

养丰富、鲜嫩味浓，市民争着买本地菜。本地菜主要有七大类，分别为根菜类：萝卜、胡萝卜、蔓菁、甘蓝、芥菜等；茎菜类：莴笋、芋头、马铃薯、球茎茴香等；叶菜类：大白菜、小白菜、圆白菜、油菜、叶用芥菜、结球甘蓝、菠菜、芹菜、香菜、茼蒿、蕹菜、生菜和稀特绿叶蔬菜等；花菜类：白菜花、绿菜花、朝鲜蓟菜等；果菜类：番茄（西红柿）、茄子、番椒、青椒、小辣椒、黄瓜、西葫芦、南瓜、冬瓜、丝瓜、苦瓜、西瓜、甜瓜、香瓜、倭瓜等；葱蒜类：韭菜、蒜、大葱、洋葱、韭葱、火葱、分葱、细香葱、藠头等；食用菌类：平菇、金针菇、香菇、双孢菇、猴头菇等。这些蔬菜深受消费者的喜爱。

浓浓鲜奶乳香飘

赛罕区大黑河的故道河滩有肥沃的土地，可种植优良牧草，现已成为放养奶牛的天然牧场。因而农户饲养的奶牛不仅产奶量高，且牛奶品质也高，营养丰富、奶鲜味浓。伊利、蒙牛两家企业曾一度抢着收购。尤其是八拜（金河镇）的鲜奶名声享誉土默川地区。呼和浩特市市民一提起八拜的牛奶便赞不绝口。特别是八拜牛奶熬出的奶茶、奶稀粥味道极浓，很受人们喜欢。做成的奶食品同样受到消费者的青睐。有的市民专门到赛罕区乡下购买鲜奶食用，或者常年让奶农定时送进城里。这一具有特色风味的鲜奶也

挤牛奶

鲜奶

成为赛罕区的品牌。鲜牛奶作为乳制品的原料名噪塞外。伊利、蒙牛雪糕、酸奶、奶茶粉等系列产品已在全国畅销，甚至远销国外。人们用刚挤下的牛奶熬的一锅浓浓的奶茶，沁香扑鼻，使人难忘。鲜奶中丰富的营养对儿童的成长和老年人的健康有着不可替代的作用。浓浓鲜奶、乳香飘飘。那叫个浓，那叫个香，简直是回味无穷。

格此老饸饹南地的糕

赛罕区农区地处大青山与蛮汗山脚下的土默川平原上，大黑河水灌溉滋润着万亩良田，一方水土，养育一方人。

逢年过节，赛罕区流传着这样的民谚：“格此老的饸饹南地的糕，方圆百里没得挑。”婚丧嫁娶、寿诞生辰、请客设宴时，就会压荞面饸饹炸黄米油糕来招待亲朋好友。

荞麦、黍子适合在沙土性质的土壤生长，它耐寒耐旱，结出的颗粒饱满鼓实，做出的食物香醇可口。位于蛮汗山麓的黄合少镇的农村出产的荞面和黄米是众口称赞的佳品。其中尤以格此老村和南地村著名，因而才有了民间流传的民谚。

格此老，蒙古语“格尔朝鲁”的音译，意为“像房子一样大的石头”，起因以村后原有一块巨石。耕地多为沙质土壤，适宜种植荞麦和豆类作物。

饸饹面是用饸饹床压制的圆荞面条。每逢村里办“事宴”，人多量大，需要吃夜宵（民间俗称“卯夜饭”）

饸饹面

压饸饹

和早点时，厨房里设特大号铁锅，锅上架起大饸饹床，一人放面剂，一人压床杆，一人在锅里煮捞，将煮好的饸饹浇上汤汁（俗称“臊子饸饹汤”），用条盘端到席桌上。汤汁是用豆腐、粉条、海带丝等熬制而成的。尤其是办事宴用的红烧肉汤熬的饸饹汤更有味道。仅次于饸饹的荞面剥面更是一绝。做法是用和好的荞面抉一块放在锅沿的案板上拍扁，两手握紧剥面用的特制刀，随切随用刀弹入锅里。剥面条一般十多厘米长，宽两厘米多，剥面的师傅要有一定的技艺，才能掌握好尺寸，保证薄厚一致、宽长均匀。捞出的面浇上汤，更美味可口。一些食客点名要吃（喝）格此老的饸饹和剥面。

再说南地的炸油糕。

南地村因清代的车马大店而得名，因它的北面也有一个“南店”村，故改为“南地”村。这里是黄合少镇政府所在地。

南地村的黄米面软而筋，筋而不黏，颜色金黄，看好吃香。周边的村民常用小麦、小米等来换这里的黄米。在呼和浩特市东部一说起南地的“糕”，人们便会赞不绝口。

黄米糕做法繁杂，常常是有经验的老师傅来拌糕面、蒸糕面和搋

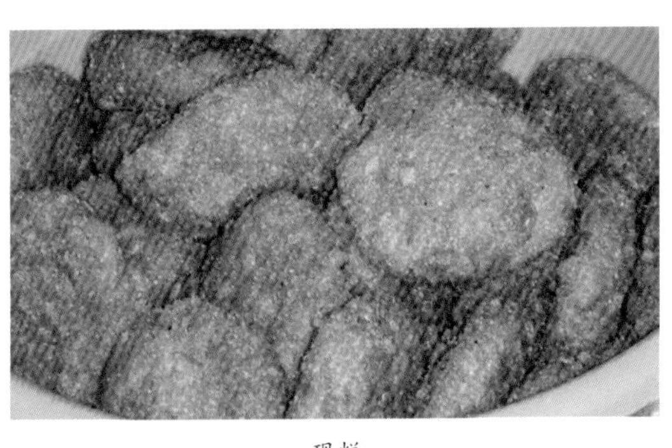

现糕

胡麻油炸糕

糕面。

黄米先要簸筛干净，再淘洗，晒后用石碾碾压成面，再用铜丝箩筛后，方可入厨操作。

拌糕面要在瓷盆里，拌成颗粒状，握成球而撒成粒，开水锅上放竹笼屉，笼屉再铺上透气的纱布，撒一层糕面，等糕面变成金黄色熟了后再撒一层，就这样一层一层地撒，一层一层熟，直至把拌好的生糕面撒完，熟透为止。

这时候，就要赶快把熟糕面倒在抹了素油的瓷盆或案板上。老师傅边蘸凉水边用拳头搋（“踩糕”），搋的时间越长越好。

搋好的糕搓成条掐成剂，把剂掐成圆皮儿，可包豆馅、菜馅、糖馅做成馅糕。也可以把圆皮儿直接放油锅炸，还有的不炸而食称为“素糕”。炸糕用的油是本地纯胡麻油。

油炸糕要现炸现吃，叫“现炸糕”，放进瓮里焖一焖叫“拖油糕”。还有一种吃法是素糕炖鸡、素糕肉勾鸡。麻糊糊素糕更加好吃。

吃黄米油糕不但盛兴于赛罕区，也盛兴于晋陕冀和青甘宁等地区。二人台有一出《压糕面》的小戏，是由生、旦、丑三角饰演的。陕北民歌《山丹丹开花红艳艳》《兰花花》以及河套民歌《夸河套》中，都有“油炸糕”美味名称的出现。

这两种风味小吃已成为赛罕区的土特产。

连威倭瓜不用挑

倭瓜学名南瓜，又称饭瓜、番瓜，当地老百姓叫“倭瓜”。

“连威倭瓜”主产地内蒙古呼和浩特市赛罕区黄合少镇格此老村，是由全国先进农村科普带头人、全区百佳农牧民、呼和浩特市劳动模范、农艺师、本村人士张连威经过近30年的精心培育推广种植的。该品种以口感好、微量元素含量高、绿色无公害等优势在区内外市场十分畅销，远近闻名。他栽培的倭瓜经内蒙古自治区农产品质量安全综合检测中心检测，所含各类营养物质都高于同类产品。近年来，“连威南瓜”的产销售量逐年上升，已成为赛罕区的一个拥有自主品牌的

连威倭瓜

特色农产品。

南瓜不但可以充饥，而且还有一定的食疗作用。后经研究还发现，南瓜能有效预防和治疗糖尿病、高血压以及肝脏的一些病变，南瓜所含的甘露醇有通便的作用。南瓜中含有丰富的果胶和微量元素，已被公认为特效保健食品。

目前，“连威南瓜”已被农业部农产品质量安全中心认定为无公害农产品；“连威倭瓜”产地——呼和浩特市赛罕区黄合少镇格此老村被自治区农牧业厅认定为无公害种植业产品产地。“连威牌”南瓜还被确定为农业部《世界农业》红榜展示推广品牌。

为畅通流通环节，切实保护农民种植利益，张连威于2008年3月牵头，正式注册了呼和浩特市连威种植农民专业合作社。主要培育、种植、经营、销售“连威牌”南瓜。

倭瓜丰收

格此老的“连威倭瓜”与荞面齐头并进，共享美誉。如今赛罕区的人们是这样说的：“格此老的饸饹，南地的糕，连威的倭瓜不用挑 。”

大紫李子

沟口李子海令沟的杏

源于蛮汗山区东的大榆树沟水向西出山汇入大黑河，出山口有个自然村叫“沟口子”。该村因水土适宜李子树生长，家家户户栽种李子树。经过培育引进的新品种大紫李子在城郊一带相当出名。呼和浩特市城西有毕克齐的李子，城东有沟口子的李子。两地盛产的李子个大味浓、香甜多汁，在当地十分畅销。有人曾编顺口溜说：“沟口子的李子二十家菜（灰子白大圆菜），种下多少也不够卖。”两村都用大榆树沟清水浇灌。沟口子村（上游）西面便是二十家子村（下游）。

秋李子

杏树

大青山前坡赛罕区段的榆林镇海令沟金杏山庄盛产的大杏，近年来名声大振。大杏个大肉厚、味道甜美。金杏山庄每年的7月中旬要举办一次“金杏节”。大杏的品质仅次于乌素图和坝口子的大杏。现已成为赛罕区榆林镇特产。海令沟是大黑河上游的一条小支流，沟内有伏流水溢出，可供浇灌树木。杏

大杏

树均嫁接成优质大杏品种，年产5万余公斤。

每年的杏熟季节游人不断，争相采摘、品尝、购买。海令沟所产大杏基本不用上市，就能原地消化。人们说：“海令沟的大杏黄又黄，又绵又甜又吃香。”

前山的莜面味道好

以大青山为界，山南为前山又称川底，山北为后山。

莜麦学名燕麦，又分为草燕麦和籽燕麦，当地称之为青莜麦和紫莜麦。青莜麦是喂骡马的饲草，而紫莜麦是供人食用的莜面美食。莜麦根据各地气候不同、生长期不同，又分为夏莜麦、秋莜麦、二不秋莜麦。前山大部分种植夏莜麦和二不秋莜麦。赛罕区大青山前的榆林镇东西干丈、头二道河、三什榡窑、头二三道沟和黄合少镇的石人湾、沟口子、后窑子、东西五十家等地种植生产的莜面不次于武川的莜面。

制作莜面美食讲究三生三熟和土金木水火五行。三生是指割莜麦、打莜麦、淘莜麦，三道程序都是“生”的；三熟是指炒莜麦、泼莜面、蒸莜面，三道加工程序都是“熟”的。五行是：种在土里，用镰刀（金）割莜麦，用连枷（柳条编的木）打莜面，用瓷盆（水）泼莜面，用竹笼（木）蒸莜面。还有用石板（土）搓莜面。五行之后还加了一个人的手艺技巧感情在里面。

前山的莜面是指在大青山前和蛮汗山区的田地里生长的莜麦制品。

制作莜面的工序很多，并且是接地气的原生态方法。首先是莜麦成熟后要用镰刀割，不能用手拔，爬山调有一首《割莜麦》，唱的就是割莜麦的劳动场景。

莜面窝窝

莜面饸饹

莜面要用滚沸的开水泼，泼莜面用瓷盆，先把莜面放在盆的一半，再把开水倒在另一半的地方，然后用泼面棍搅拌，再用拳头去搋(又叫“踩”)莜面。

搋好的莜面分成剂，可用饸饹床压，也可用青石板推窝窝，在案板上搓鱼鱼。还可制作饨饨、饺饺、刨杂杂、圪团、奎垒等花样食品。

割下的莜麦铺在场面上，要用连枷人工拍打，打莜麦的要两人对面站立，你一上我一下地拍打，他们还一边打一边唱民间小调：“莜麦开花摇铃铃，隔三岔五你来串门门；一对对蝴蝶上下飞，三哥哥爱上干妹妹。”

莜麦不能用碌碡碾压是因为麦粒太扁皮太薄，容易碾碎，另外莜麦秸要喂牲畜，碾压后牲畜不喜欢吃。

莜麦脱粒后要淘洗晾干，再到炒锅炒成半熟，如果是制炒面，就要炒熟(又叫“熟莜麦”“黄莜麦”)，制炒面的莜麦还可掺混上炒黄豆，制成“炒面”。

炒过的莜面要用石碾碾压，或用石磨磨。碾压的粉末要用马尾箩筛成面，没有筛下的话，余渣“圪糁”用来熬粥，叫“莜麦圪糁糊糊”(类似现在买的“燕麦片”)。

赛罕区的人都爱吃莜面。爱吃莜面的前川人还常用自产的黄米、小米去武川换莜面吃，以补自产莜麦之不足。

为什么前山后山人都爱吃莜面？因为它不但营养丰富，强筋健骨，使人精力充沛，而且还是耐饥抗饿的美食。民谚有：“三十里的莜面四十里的糕，十里的荞面饿断腰”之说。

在阴山山脉和黄土高原都有吃莜面的习俗。相传，清代康熙皇帝远征噶尔丹，在归化城吃过莜面后，给予了很高的评价。乾隆年间，莜面作为进贡皇帝的食品被送往京城。

无论是用凉汤、素汤冷调的莜面，还是以大烩菜，加土豆条的羊肉汤、猪肉汤热调的莜面，加上一些油炸辣椒面面，葱花点点，一两

碗下肚，大汗淋漓，真是痛快！

正如金保年在《土默川风情》中这样描述吃莜面，那才叫爽："冷调莜面捣烧酒，山珍海味都不如。一口莜面一口酒，香得人们口水流。"

饺子烩菜绿豆面

饺子

饺子在赛罕区也称得上是传统上档风味食品，过年过节吃、办事宴卯宴席吃、招待客人吃……农民自己种的小麦磨的面粉、自己喂的猪羊。面白肉嫩，包的饺子圆圪蛋蛋儿、肉圪包包儿、光圪嘟嘟儿、香圪喷喷儿。城里人下乡首先要选饺子饭。

饺子馅有羊肉、猪肉、牛肉，还有素馅。无论是什么馅儿，都是人们喜爱的食品。饺子、莜面、炸油糕三种食物是人们最爱的风味食品。

大烩菜就是把白菜、土豆、粉条、豆腐、猪肉等烩成一大锅菜，吃时一人盛一大碗，就着馒头蒸饼花卷，或是调上莜面鱼鱼、窝窝、刨杂。大烩菜也叫杂烩菜，人们常说中午馒头烩菜、晚上稀粥馒头。

赛罕区是呼市的蔬菜生产基地，巧报、大台、西把栅等乡镇农村多是菜农，过去的城里人也爱冬储大白菜、圆菜、土豆等蔬菜。这些，都是做"大烩菜"的主要原料。吃大烩菜也是赛罕区人的饮食习惯。

大烩菜

绿豆面

大烩菜还可分为素烩菜、肉烩菜。味美好吃的腊月杀猪菜宴更是隆重，人们用它来招待亲朋四邻。

做大烩菜，先是把原料洗净切好待用，大铁锅倒少许油，可用植物油(素油)，也可加上一些猪油(荤油)，油热后放入葱花、花椒、大料等，再依次放入白菜、土豆拦炒。加水煮开后放入豆腐、粉条等。肉烩菜是先将切好的肥肉下锅拦炒出油后再行炝和炒，再放入所需食材。

锅里烩着菜，锅上就可以放上蒸屉蒸馒头、蒸花卷，也可蒸莜面、蒸包子。

经过10到20分钟的烩菜蒸制，主副食都熟了，热腾腾地端上饭桌，一家人围桌而坐，主妇在炕上给每人舀上烩菜，吃了一碗，不够再盛上，真是妈妈的味道，家乡的滋味。

根据每个村镇的特产不同，大烩菜的成分和做法也略有不同。

蔬菜区的农家大烩菜多以现菜为主，并以大白菜、圆菜为主料，粉条、豆腐少许；粮食区的农家大烩菜则以土豆、粉条、豆腐为主料。冬天大烩菜要放腌制的酸白菜，夏天要放配制的咸猪肉。总之，因季制宜。还有人说，一家一味，一锅一味，百家烩菜百家味，让你尝了一家，想另一家，吃了一锅想另一锅。

大烩菜还有野味档，就是山区春季的蓿麻菜，它是用土豆丝、粉条、豆腐和蓿麻芽菜用猪油烩制成的。这种野味大烩菜调莜面真可谓是“三香美食”即猪油香、蓿麻香，还有莜面香。家家离不开的大烩菜，也是赛罕区人风味食品

沿大青山和蛮汗山地区盛产的绿豆，除了生豆芽外，还可以用它制成绿豆面条。绿豆面是以白面(小麦面)为主，加三成到四成的绿豆粉加工而成。

和豆面时，要加入水泡好的蒿籽，这样和好的面就筋道了。和的豆面要在瓷盆里盖苫布醒好，擀豆面先用小案小面杖，再用大案大面杖，如家里没有大面案，还得在炕上铺好油布净纸代替。

把豆面擀到薄如纸张，两面见光时，就要用利刀切成细条状的面条，下锅煮熟捞入碗后浇汤而食。此外，还有豌豆面。

豆面营养丰富，一般是给孕妇、老人和病人吃的。赛罕区农村大部分妇女生产坐月子期间，早上均吃

清汤豆面，这是多年来留传下来的习惯。豆面有营养，益于产妇恢复身体。家里来了贵客，也会给煮一碗豆面尝鲜。吃豆面要调制好卤汤，羊肉、牛肉、猪肉汤均可，再配以香菜，上档次的还要卧上两个荷包蛋。民间童谣唱道："闺女闺女不要馋，姥姥家里吃豆面。姥姥擀豆面，两头能看见。下到锅里鱼穿莲，捞到碗里莲花转。再给外孙子卧颗荷包蛋。闺女追着姥姥喊：姥姥，姥姥再给我盛碗绿豆面！"

糜麻五谷小杂粮

赛罕区阳光充足，日照充沛，空气无污染，气候、土壤和自然条件都十分适宜五谷杂粮的生长，五谷杂粮的种植遍及东郊广大地区。每到秋季，谷子、黍子、红豆、绿豆、芸豆、胡麻、玉米等都是市场的抢手货。

谷子 在充足的阳光照射下，绿绿的叶子，挺直的秸秆，沉甸甸的穗子，金秋十月，正是收割谷子的季节。谷子脱皮后变成小米。黄灿灿的小米含有丰富的氨基酸，无论煮饭、熬粥都易被人体消化吸收，所以是产妇、儿童、老人、病号们很好的滋补营养品，也是馈赠亲朋好友的礼品，有"食品小人参"之称。

谷子

小米既是主食也是副食，可煮可焖。过去一日三餐，早晚稀粥都有小米。农民调侃小米熬稀粥："油气糊糊沾嘴香，一日不喝想得慌。"

黄米 形如谷子的黍子，脱皮后称作黄米。黍子含蛋白质11.7%，脂肪3.3%，糖类64.2%，有较为丰富的维生素和胡萝卜素。用黄米磨成面，做成油炸糕，是北方人过节日、生满月和红白事宴中必备的美味佳品。送子参军、金榜题名、乔迁之喜人们习惯吃"油炸糕"来庆贺，其寓意为"人生之路步步高""日子如芝麻开花节节高"。

黄米

绿豆 其营养价值极高，磨成绿豆面更有味道，生出的豆芽是办席面的首道凉菜。绿豆可与小米相配，煮粥、焖饭、做豆馅，夏季煮成汤是消暑饮品，绿豆辅以面做成

绿豆

绿豆糕是一种风味小吃，甜酥可口，清香扑鼻。

红豆 有纯红色和杂色两种，红豆含淀粉较多，可与小米相配，

红豆

煮粥、焖饭、做豆馅。红豆清香味，有一定的药用价值，其性味甘平，具有温中下气、利肠胃、止呃逆等功效。

胡麻 赛罕区盛产胡麻，每到入秋，满山遍野的胡麻花蓝圪茵茵，

胡麻

实在是爱死个人。

胡麻榨成油，油质清澈，是一种高级食用油。胡麻里含有芝麻素，在用胡麻油炒制或烤制菜肴或食品时，其香味浓郁诱人。

玉米 形如马牙，色如黄金。玉米有多种吃法，对人体的健康极

玉米

为有利。玉米热量高，每100克玉米含热量196千卡。玉米可做饲料、酿酒原料，磨成面粉做发糕、蒸窝头、做糊糊、玉米淀粉，还可用于制药。

具有特色优质的小杂粮在赛罕区种植面积越来越少，成了稀缺产品。

赛罕区作为首府主城区，又是城区向东南拓展的规划发展空间。城区的扩大，乡村的消失，农民身份的转换，人们融入城市化进程的加快，原有的传统风味特产的产地，生产工艺、制作方法，以及人们的饮食习惯，都在悄然发生变化，但舌尖上的美食、家乡的味道，永远会给我们留下一份记忆中难忘的乡情。

高粱地

莜麦

小麦

黍子　　糜子

菜籽

玉米地

荞麦地

土豆

当代风姿

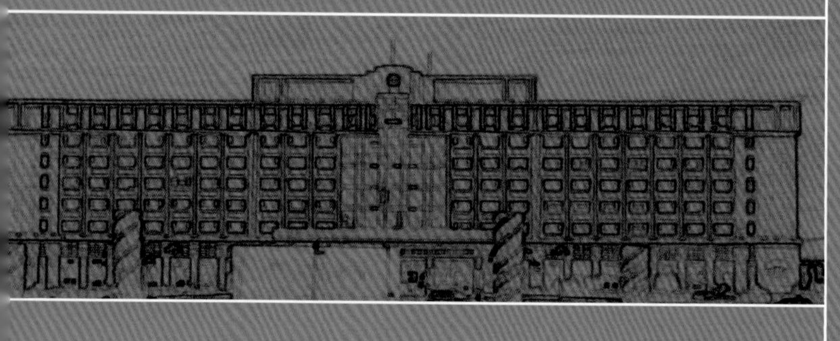

HUASHUONEIMENGGUsaihanqu

"2345"战略定，
经济发展思路清。
城市建设主战场，
赛罕当称排头兵。
乳都奶牛核心区，
蔬菜大棚遍乡村。
金桥工业开发区，
企业规模上水平。
高等学府驻区内，
金融商贸是中心。
四通八达交汇处，
铁路公路加航空。
赛罕人民干劲高，
敢想敢干敢创新。
精心描绘新蓝图，
早日实现中国梦。

当代风姿

DANGDAIFENGZI

风姿绰约的赛罕区如同她的名字一样美丽动人。蒙汉各族儿女团结奋进，开拓创新。两个文明建设走上了快速发展的道路。各项工作均达到了一流的水平……

各项工作创一流

年轻的赛罕区从区划更名以来，历届党政领导班子紧紧抓住经济建设这个中心不放。以发展是硬道理、富民强区为目的，稳固第一产业、发展第二产业、扩大第三产业，经济社会各项事业全面发展，各项工作均走在呼市乃至自治区的前列。2015年赛罕区入选全国百强县(区)，先后获得全国科技普及县（区）、全国先进文化县（区）、全国双拥模范城呼和浩特市的模范区、森林城市，是呼和浩特市绿化面积最大的区、财政收入过百亿的县（区）、乳都呼和浩特市的核心区、自治区首府的蔬菜副食基地、都市现代农业示范区、自治区级的经济开发区、现代服务业中心……赛罕区人均可支配收入在全市最高，被称为呼市第一区。天时、地利、人和使得赛罕区发展优势不减，后劲十足。人们愿意来赛罕区工作，来赛罕区购房居住，因为赛罕区具有较好的工作、学习、生活、居住环境。各项工作走在前、各项工作创一流，现已成为呼和浩特市一个新型的城区。

“2345”发展战略

推进二圈：按照打造综合服务区和服务业集聚区的定位，依托中心城区重要的路网节点，建设城区东部金融总部圈和中心城区商贸服务圈，形成现代服务业“二圈五个集聚区”的发展格局。

以呼伦南路为轴线，加快商业设施建设，增加特色餐饮、休闲娱乐功能，着力打造都市综合消费集聚区。

以昭乌达路为轴线，发挥高等学府教育科研优势，着力打造科教文卫集聚区。

以新华东街南侧为界，依托长安金座、维多利摩尔城、东影南路

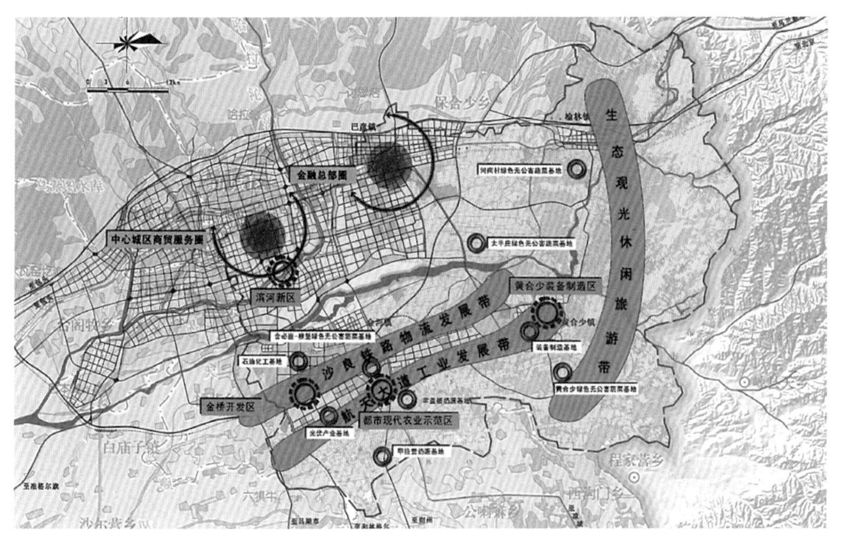

“2345”战略布局图

特色餐饮街、中银城市广场、万达广场，借助内蒙古博物院、乌兰恰特剧院，加快构筑服务业高地，打造高端商务娱乐集聚区。

以银河南北街为轴线，依托小黑河环城水系的优美环境，建设城市休闲、文化体验、生态居住等功能区，打造滨河新型商贸休闲集聚区。

以东二环东侧为界，依托自治区党政中心区优势，借助如意总部基地建设的契机，吸引 IT、金融、星级酒店、世界及国内 500 强企业等企业集团来赛罕区设立区域总部打造金融总部经济聚集区。

建设三带：立足长远发展，着力优化空间发展布局，加快打造新的经济增长值，建设“三带”。

航天大道沿线经济发展带 开工建设航天大道城市快速路，打通金桥开发区和黄合少装备制造园道路，在道路沿线合理摆布项目，以石化、光伏下游产业及装备制造配套产业为重点，延伸拉长产业链。

沿铁路三四线的物流带 依托铁路三四线、金盛路、呼朔高速，启动金桥沙良铁路货运物流园区、金桥石化物流园区规划建设，发展成品油、化工产品、农副产品的仓储、运输、集散、中转物流。积极发展国际物流、航空物流，重点优化农副产品物流等城市配送物流。

生态观光休闲旅游带 依托大型牧场、连片菜田、五大苗圃及榆林镇、黄合少镇自然风光，发展观光、休闲、旅游等产业。以开发榆林镇和黄合少镇生态旅游为重点，以建设农家采种园、农区生态观光旅游园为依托，做好丰州古城·白

塔旅游园和内蒙古植物园（八拜湖）的规划建设，逐步挖掘前乃莫板村东山坡旧石器晚期的石器制造场、石人湾墓葬等历史文化遗存和三道沟村聂荣臻元帅绥包战役指挥所遗迹等红色旅游资源，形成生态观光休闲旅游带。

强化四区：依托总体规划，根据发展需要，科学调整布局，不断加强基础设施建设完善功能，着力强化“四区”建设。

都市现代农业示范区 以舍必崖都市农业园和根堡现代农业观光园区为基础，大力发展设施果蔬产业园、现代化特色农业观光园、花卉产业园等。逐步构建以金河镇南部为主的都市现代农业示范园区。

金桥开发区 加大招商引资力度，以商招商、以企招商，延伸产业链条，打造光伏产业、石油化工两个产业园区，形成“一区两园”的格局。

黄合少装备制造区 在镇区规划中新增工业用地，规划设计装备制造核心区，打造民品装备制造园区和军品装备制造园区，形成“一区两园”的格局。

滨河新区 以加强基础设施建设为重点，不断加大城中村拆迁改造力度，高水平、高档次对这一区域进行统一规划设计，彰显特色、体现人文、完善功能，努力将该区域建设成为代表首府城市形象和水平的特色新区。

打造五个基地：

蔬菜基地 提高102省道沿线现有蔬菜基地利用率。重点在绕城高速公路以外以及榆林镇、黄合少镇区域开发新菜田。积极引进培育名优新品种，使全市蔬菜主要生产供应基地的地位和作用更加突出。

奶源基地 提高奶牛质量和单产水平、扩大优质饲料种植面积。在建成羊盖板万头牧场园区的基础上，建设甲拉营万头牧场，使赛罕区作为“中国乳都”奶源基地、奶牛核心区的优势地位得到进一步巩固。

石油化工基地 积极发展石油化工产业集群，建设自治区级石油化工产业基地。争取新上第二个500万吨炼油扩能改造项目。炼油总产能达到1000万吨，聚丙烯产能达到30万吨，乙烯产能达到100万吨。发展新型建材等一批下游产业，形成“油头—化身—轻纺尾”的石化产业链。

光伏产业基地 依托中环光伏和神舟硅业现有产业基础，利用电价和配煤优势，全力打造10平方公里的光伏产业基地；中环光伏单晶硅年产量达到1万吨，力争到2020年年产值达到2000亿元。逐步形成多晶硅→单晶硅→太阳能电池及半导体级芯片为主线的太阳能光伏电站等产业。

装备制造基地 依托航天六院技术、人才优势，以风电塔筒叶片、火电空冷发电机组、稀土下游产品加工等项目为基础，发展高新技术。

奶牛小区

乳都青城核心区

古代北方游牧民族食乳习惯年代已久，但赛罕区大规模地饲养奶牛还是从中华人民共和国成立后开始的。1965年至1967年，郊区先后引进奶牛903头。以后又从北京等地购回1068头奶牛（其中：黑白花牛165头）分散在原郊区所属的35个大队饲养。在各级政府的关怀下，奶牛业蓬勃发展起来。特别是自治区党政领导人对这一举措非常重视，曾先后深入郊区碾格图等大队视察指导工作，对原郊区奶牛养殖业的起步和发展都给予了大力支持。20世纪80年代初期，奶牛业发展较快，集体和个体并进，出现了不少养牛专业户，使牛奶产量逐年增长。

1982年，养牛专业户已达到324户，由原来的养牛村根堡、甲兰营、什不斜气、舍必崖、后白庙、旭泥板、东鼓楼、西黑炭板等村扩展到小黑河乡、桃花乡、太平庄乡等部分村庄。后来把集体饲养的奶牛也承包到户，产量大幅度增加，同时呼市的鲜奶供应也由限量供应转向开放供应。随着生产责任制的落实，农民养奶牛的积极性有了很大提高。1998年，原郊区的鲜奶供

羊盖板现代化牧场

万头奶牛牧场园区

应量已达到6057.1万公斤，奶牛已发展到2万多头，成为呼市地区的主要奶食品基地。2005年8月28日，呼和浩特被中国乳制品工业协会命名为“中国乳都”。

2015年，全区奶牛稳定在10万头左右，羊盖板奶牛牧场园区全面投产，整合提升中小型牧场24个，奶牛良种率、单产水平稳居呼市首位。奶源基地地位进一步巩固，奶牛养殖逐步走上了规模化、标准化发展道路。先后在金河镇、黄合少镇集中连片种植优质牧草，全区牧草基地种植规模达到1万亩。2015年整合提升中小型牧场8个，羊盖板万头奶牛牧场全面运营，全年自繁奶牛6200头，奶牛优质冻精使用率达到100%，奶牛单产水平达到7吨，规模化养殖水平持续提升。

蔬菜基地遍赛罕

赛罕区把开发新菜田、新建蔬菜繁育保护地当作农村实现“生产发展、生活宽裕、服务城市”的重要措施来抓，积极推进社会主义新农村建设。

区委、区委政府提出“要合理调整蔬菜种植区域，推进蔬菜种植向中远郊地区扩展。续建无公害蔬菜生产基地，开发新菜田，新建保护地，着力实现“农业增效，农民增收”的奋斗目标。

针对中远郊农村重点蔬菜发展

大棚

蔬菜基地

地区距离批发市场远、上市成本高的问题，在中远郊选址建设农副产品批发市场，以此来方便蔬菜上市交易。区蔬菜局专门安排了31名工作人员分组深入乡镇重点村协助所在乡镇进行新菜田开发和保护地建设，为各乡镇做出发展新菜田、新建保护地的规划，精选出HJ-914型、科目Ⅰ号等几种适合本地种植的日光温室结构为农民选用。区政府投入专项资金为农民免费发放蔬菜优良品种，落实了育苗场所，并专门选拔近年来在蔬菜生产中涌现出来的责任心强的种菜能手为当地农民育苗，按需无偿向农民提供蔬菜秧苗。几年内经过一系列的措施，菜田基地建设逐步扩大，现已大棚连成片，温室布满田，菜车跑满路。所产蔬菜基本满足了市民的需求。

现在的设施蔬菜农业生产效益明显，遍布赛罕区的蔬菜基地，已成为呼和浩特市主要产菜区。全区蔬菜种植面积已达到8万亩，厚墙体温室面积5.53万亩，百亩以上的菜地33个，千亩以上的基地18个。形成了102省道、呼凉路、河西路沿线的三大蔬菜种植带。蔬菜上市量达到38.2万吨。当地菜占到了市民所需量的60%。

生态建设绿两山

赛罕区境内的榆林镇、黄合少镇，分别位于东北的大青山脚下和东南的蛮汗山脚下。早年山上的植被常常遭遇人为的破坏，水土流失严重，人们称其为穷山恶水、荒山秃岭。

20世纪90年代末，国家发出大搞生态建设、绿化荒山的号令：“治

大青山前坡赛罕区段小流域治理区

理生态环境，再造秀美山川”。

赛罕区在呼市市委的领导下，从2000年开始，掀起搞生态建设的高潮。

大青山、蛮汗山两山的山地面积有30余万亩，树木少，植被差。为让荒山秃岭披上绿装，区委、区政府专门抽调人员组成“大青山前坡生态建设指挥部”，动员和组织全区干部、农民上山挖坑植树，原计划栽植绿化十万亩生态林，经过连续三年多的植树造林，超计划完成任务。实施了小流域治理、水土保持治理、退耕还林、三北防护林工程、天然林保护工程、种草等项目，投资近两亿元。在境内的大青山前坡（北山）、蛮汗山西坡、（南山），根据地形的不同，分别人工栽植了油松、章子松、侧柏、桧柏、松柏、山杏、果树、沙棘、柠条等乔灌林。同时，实施了禁牧、围封、护林防火、移民搬迁工程。如今，两山郁郁葱葱，放眼望去，绿树成荫，满目苍翠。水土再不见流失，秀美山川重现。

当人们乘车沿着110国道和京藏高速公路出行，进入赛罕境内时便可看到山清水秀的景象。美好的生态环境为赛罕的蒙汉人民发展生产提供了前提条件。沿山沟谷变成了旅游景点，休闲山庄、农家乐、果杏采摘园应运而生。

蛮汗山西坡人工栽植的松树林

榆林镇三应窑小流域综合治理项目被国家水利部命名为“十百千”小流域示范区。饮羊沟、海令沟等地成为呼市的“清洁小流域”。现今的赛罕区大青山绿了，蛮汗山翠了，蓝天白云、绿水青山，赛罕区人民乐了！

大青山脚下的大、小黑河，蛮汗山脚下的什拉乌素河，三条河流有水了，河道两旁也经过治理，栽上了树木。杨柳青青，河水潺潺，山川秀美，尽收眼底。

正如习近平总书记所说“看得见山，望得见水，记得住乡愁”。这是人民群众最美好的愿望。

城市绿化面积也在逐年增加，特别是大小黑河两岸绿树成荫，各个公园林草满园，鸟语花香。生态环境优美，不愧为“青色”之城、“赛罕”之区！

高新技术开发区

金桥经济开发区位于呼和浩特市城区东南部的赛罕区金河镇境内。规划面积13.6平方公里，是自治区级(省级)20家重点工业开发区之一，

炼油厂

也是自治区高新技术开发区。

开发区交通干线密集，纵横交错，形成四通八达的路网系统。北与市区连通，经110国道、209国道、109国道可抵达北京、天津、环渤海经济圈和长江三角洲地区。开发区内有运输量达200万吨的铁路专用线，与京兰铁路线相通，辐射全国各地。

开发区办公楼

开发区基础设施实现“七通一平”。共引进项目120多项，投资规模达到300亿元，是首府发展大工业、培育大企业、构筑大产业的载体。是集产、学、研、商贸、仓储、金融保险、信息咨询、娱乐休闲等多功能、综合性、现代化的新型开发区，已具备承载500—1000亿元大型项目建设的能力，发展潜力巨大，投资前景广阔。开发区服务健全，办事程序便捷，基础设施配套完善，生活区功能齐全，劳动力资源充足。开发区享受国家西部大开发优惠政策、民族自治区优惠政策、沿边城市优惠政策，享受内蒙古自治区、呼和浩特市两级人民政府的各项优惠政策。

近年来，赛罕区依托金桥开发区的优势，坚持走新型工业化道路。先后入区单位有：中国石油天然气集团、中国海洋石油总公司、中国航天科技集团、天津中环集团、红云红河集团、金桥热电厂、呼和浩特市炼油厂、内蒙古化肥厂等。形成了以石化、电力、硅业、光伏材料、烟草、印务为主的六大产业体系。

白塔国际航空港

白塔国际机场位于内蒙古自治区首府呼和浩特市的赛罕区。机场名称中的“白塔”得名于其附近的古迹万部华严经塔。白塔机场距呼和浩特市区东14.3公里，位于赛罕区境内，于1958年10月1日建成通航。1991年12月1日，国务院批准白塔机场为航空口岸机场，1992年3月31日正式对外开放。

白塔国际机场

是国家一类口岸机场和国际机场。现为国际4E级机场，可通航全国大部城市及部分国际航班。

白塔机场历史上历经1986年、1996年、2005年三次大规模扩建。2007年6月，再次扩建完成，飞行区等级升格为4E级，可满足当前最大机型A380等飞机的备降要求。为国内干线机场，首都机场的第一大备降机场，内蒙古第一大航空枢纽。

2007年，中国民用航空总局批准“呼和浩特白塔机场”正式更名为“呼和浩特白塔国际机场”。

2007年6月，白塔国际机场新建一座航站楼，面积54499平方米，可满足年吞吐旅客300万人次的使用要求。航站楼北侧建高架桥，南侧指廊安装11部登机廊桥。同时投入使用的新停机坪使用面积为37.4万平方米，可同时停放32架飞机，可降落波音747-400等大型客机，同时保证A380飞机备降。飞行区配套建设助航灯光、导航、气象、消防等设施。白塔机场因规模的扩大和地理因素，已成为首都机场的第一大备降机场。2008年5月30日，呼和浩特白塔机场的自助

起飞

白塔国际机场航站楼

办理乘机手续设备全面升级为国航奥运新版本。

2015年，呼和浩特白塔国际机场完成运输起降7.5万架次，同比增长13.4%；旅客吞吐量745万人次，同比增长15.1%，居中国第32位；货邮吞吐量3.6万吨，同比降低1.8%，居中国第40位。2016年，旅客吞吐量818.5万人次，年通航城市80个，年运输起降突破8万架次。

呼和浩特白塔国际机场依托硬件提升的平台，充分发挥地域优势，积极开拓国际航线，拉动航空需求，大力发展航空物流产业，努力提升机场运营品质与服务品质。白塔国际机场按照自治区“向北开放”战略部署，主动拓展了与俄、蒙合作的空间，极大地促进物流的快速集散。同时加强对外合作，繁荣口岸贸易，为内蒙古自治区经济社会的快速发展做出贡献。

铁路公路交汇地

路网纵横土默川，阡陌密布丰州滩。
交通便捷出行畅，四通八达全赛罕。

这就是呼和浩特市赛罕区交通状况的写照，赛罕区已成为交通枢纽和公铁交汇地。

从连绵起伏的大青山东部南麓鸟瞰，土沃水美的土默川平原的古丰州滩上，横贯东西的大黑河波光粼粼。在黑河两岸，东西长四十三公里，南北宽四十一公里，富庶而广袤的一千零二十五平方公里的赛罕区大地上——

呼和浩特火车东站

看铁路，京包铁路电气化复线，穿过榆林镇、巴彦街道的十个村庄，直达呼和浩特东客站。货运铁路，从榆林镇经黄合少镇、金河镇经呼市东南而过，故称绕城铁路。河西专用铁路、呼炼专用铁路顺着东南和西南两个方向伸向航天化工城和呼市炼化两厂，像腾飞的巨龙舒展着两翼。正在建设中的京张高速铁路，沿着京包线并行，一桥飞架，宛如一道绚丽的彩虹横空出世，装点了赛罕区秀美的山川。高铁开通后，人们乘坐高铁到北京，只需三个小时，一下拉近了我们与首都的距离！在一千多平方公里的土地上。铁路的建设里程，达到了二百多公里，是何等的密度！

看公路，京新高速，京藏高速、国道110、三条国道主干线并行穿越赛罕区境。呼朔高速、101省道、102省道、105省道，呼市至兴和运煤专线、金盛一级公路，河西专用公路等国省干线公路，为赛罕区铺就了密集的公路网。蜘蛛网式的乡村公路，像一条条毛细血管、遍

京藏高速公路

呼朔高速公路连接互通

布赛罕区的每一寸肌体，通到每一个神经末稍，使每一个村镇，每一户居民，都会感受到交通畅通带来的时代脉动！

看城区道路，纵横交错的路网，已勾勒出现代化都市的美丽画卷。纬线道路主干线由北向南：新华东街（机场路）、乌兰察布东（西）街、大学东（西）街、学苑东（西）街、鄂尔多斯大（东）街、南二环路（快速路）、包头大（东）街、银河南（北）街、乌海东街。经线竖向道路：科尔沁南路（快速路）、万通路、腾飞南路、东二环路、丁香南路、丰州南路、展览馆东路、东影南路、兴安南路、昭乌达路、呼伦贝尔南路、锡林郭勒南路与纬线道路织成网格化的道路格局。近百条支线小街巷密布其中，提供了便捷的城市交通。再有如意和大街、敕勒川大街、杭盖路、金龙路、世纪大街等新建道路、拓展了城市的空间。

回首过去，在赛罕区这片土地上，除了1901年修建1921年全线通车的单线平绥铁路，没有一条像样的公路。“驮道、马帮、步拉赶（即步行）”是主要的交通方式，路漫漫出行难，承载了多少人的苦难。曾几何时，出行难、出城难、过河难，交通“三难”困扰了青城居民多少年！

原呼市城东、城南出城口狭窄拥堵，且路况极差，城中道路管线交错、车人混行。外地人把城区戏称“嘎查”。城外道路全是土路，晴天尘土飞扬，雨天泥泞不堪。城

市东南下湿滩，一进雨季，更是“一米一个坑，一坑一米深”。出行难，难于上青天。再有横亘在土默川的大小黑河，更是天堑，人们想出行，冬天冰上行，夏天独木桥，胆战心惊。遇上雨季，更是几十公里绕行少数的几座过河桥，人们只能望河兴叹！

交通建设跨越了世纪，创造了奇迹。京藏高速由单向四车道变成了双向八车道。110国道四改八升级改造，城市道路管网入地，拓宽延伸，打通断头路，美化亮化。农村道路实现全部黑色硬化。小街小巷得到了硬化，大小黑河上桥梁飞架，几十座大桥气势磅礴，十几座互通立交桥，让人感到现代化的立体交通带来的便捷。

看如今，赛罕区的城区是现代化靓丽的都市，乡村是美丽富饶的乡村。人流物流信息畅通便捷，带动了产业升级和区域发展，提高了城乡人民的生活质量，实现了首府首区的目标！

随着环城快速路建成，京张高速铁路开通，地铁一、二号线开工，十个全覆盖路网工程落地。将描绘一副立体快速便捷的全新交通图。路畅带来速度，速度带来激情，时空的跨越不是梦。加速吧！奋进中腾飞的赛罕区！

物流园区上规模

随着城区延伸、人口增加、经济发展和社会进步，商品流通和商品仓储、商品配送便成为一项新的服务业。赛罕区的东南、西、西南、北各建有一个物流园区。

沙良铁路物流园区 沙良物流园位于赛罕区黄合少境内，因靠近金河镇沙良村而得名。

沙良物流园一经投入使用，其理念先进、区位优越、设施完备的全过程、全品类公铁联运物流服务，便突显强劲的“物流引力”，呼和浩特市是全国29个一级物流园布局和17个区域性物流节点城市之一。

国内第二大电商企业——京东集团，在这里首次建立内蒙古独立的仓配运营中心；服务近万家汽配生产厂、10万个经销商和20万家修理厂的诸葛修车网，在这里建立首家汽配西北集散中心；内蒙古当地最大的连锁便利企业——利客公司，在这里建立总部配送中心……

该园区是呼和浩特市紧扣国家“一带一路”战略和中国铁路总公司加快铁路向现代物流转型发展目标取得的又一重大成果。呼和浩特市在沙良物流园建设中，改变传统的物流园建设方式方法，突破常规，勇于创新，以节点布局、组织模式的转变和物流配套的完善，加速铁

沙良物流园区

路向现代物流转型发展，助力内蒙古经济社会快速发展。同时，沙良物流园立足内蒙古自治区首府和呼包鄂经济圈的区位优势，联动二连浩特国际口岸，成为内蒙古面向京津冀经济圈，辐射西北，连通蒙古国和俄罗斯的草原丝路新桥梁。

借助毗邻市区绕城高速公路、呼朔高速公路、主城区快速通道，与京包、包兰、呼准铁路衔接，距白塔机场15公里等便利条件，使沙良物流园形成“毗邻成熟公路交通体系、衔接通达铁路网”的独特区位优势。

园区的运输、储存、装卸、搬运、包装、流通等环节全部按照市场需求定位布局，智能停车场、司机之家、娱乐设施、加油加气站等辅助功能一次到位。

引入内蒙古德美多式联运有限公司、中海集装箱运输股份有限公司等运输企业，实现汽车与铁路直装直卸，形成多种交通运输的无缝衔接，顺畅物流运输。同时，园区依托“95306”网络平台，自主研发集物流公共信息平台、生产作业平台、综合服务平台功能于一体的物流信息系统，实现“车找货”与“货找车”的智能匹配，顺畅线上与线下信息互换。

2015年10月9日，沙良物流园正式投入使用。该物流园的仓储空间超过4万平方米，货运吞吐能力每年可达1500万吨，它的建设，不仅带动更多的人就业，还有利于推动呼和浩特市乃至内蒙古经济社

城发脑包物流园区

会快速发展。

城发脑包物流园区 城发脑包公路物流园因位于脑包村南而得名。他位于110国道以北、绕城高速路以西，京藏高速路南交汇处，距市区12公里。总占地面积1380亩，其中一期占地为621亩，计划年货物吞吐量约600万吨，项目于2012年开工，总投资约9.5亿元。建设标准化仓库2座、小仓库2座以及司机宾馆和服务楼。园区路网已贯通并完成硬化。供热管网、停车场照明、强弱电、给排水、消防等地下管风铺设完毕。消防水池、污水地、化粪池等配套设施建设完成。已具备使用功能。

信息大楼、信息大厅、汽修中心已装修完工。女神餐饮、申通快递、联众物流、守昌物流已入驻物流园区。并开展货物落地转运，城际配送、邮政快递、货物仓储餐饮等服务。

脑包（白塔）物流项目是呼和浩特城发公司投资建设的最大物流园区，不仅是呼市的重点项目，也是自治区的重大项目。目前，城发脑包（白塔）公路物流中心，已向国家交通部成功申报呼和浩特国家公路货运运输枢纽的核心站场。

金河物流园区 位于209国道与南三环交汇处的东南，赛罕区金河镇七圪台村西侧，由呼市隆聚园房地产开发公司以BT形式投资建设，占地面积450亩，项目一期总投资约5.98亿元。

包括司机宾馆，建设面积约为11673平方米；钢结构配载仓库，建筑面积3750平方米；4号、5号钢结构配送中心，面积均为4853平

方米，总面积为9706平方米；临时停车场10000平方米。

以上三个物流园区占地多、规模大、仓储吞吐量大，将会促进呼和浩特的经济发展。

金融商贸服务区

近年来，立足区位优势，赛罕区坚持把现代服务业作为主攻方向，壮大规模、打造品牌。城区东部金融总部圈和中心城区商贸服务圈逐步形成，服务自治区和首府的能力进一步提升，服务业对全区经济增长的贡献更加凸显。依托白塔国际机场、火车站东客站、绕城高速路、京藏高速路，形成了空港、铁路、公路多式联运的现代物流网络，同时积极引进建设了一批现代物流业重大项目，2014年开工建设了投资10.5亿元的沙良铁路物流园区。投资8亿元的南京金盛国际家居广场投入运营。投资20亿元的利丰汽车公园项目正在加快建设，集汽车销售、展览为一体的ASA奔驰、大众等6个4S店已经投入使用。

万达广场

光大银行

民生银行

赛罕区先后引进了光大银行、光大证券、包商银行、民生银行等金融机构进驻。华电内蒙古能源有限公司、内蒙古汇商广场等总部经济的集聚和带动作用充分发挥，万正集团、内蒙古电力公司、内蒙古东部电力公司和中国电信内蒙古分公司等总部经济项目正在加快建设进度，建成后对我区经济快速发展的拉动作用将进一步显现。法国家乐福超市、北京华联超市、宾悦、海德体闲、天和国际、东达假日、锦江国际等使我区的服务业业态功能更加丰富，东南部商业圈初具规模。

2014年，服务业投资269.1亿元，

锦江酒店

服务业增加值完成367亿元，同比增长8.5%。

建成小百花超市、联华超市等100多处社区便民市场。城区商业网点布局更为合理，形成了更为便捷的社区服务网络。建成占地448亩的保全庄蔬菜集贸市场。累计建成159家“万村千乡农家店”，农村商贸流通体系正在逐步健全。

城市综合体加快发展，大连万达广场、维多利摩尔城、凯德Mall、上海绿地中央广场、北京金隅时代城、中海锦绣城、东方君座、巨海城、恩和家园等一批集商贸、住宅、办公、休闲娱乐功能为一体的重点项目都已经投入使用。同时投资12亿元的金盛财富广场、投资20亿元的恒大名都，投资25亿元的中海蓝湾、投资90亿的永泰城，投资105亿元的上海鹏欣城市综合体等一批大型商业综合体项目正在加快建设，这些项目投入使用将使中心城区商务办公、酒店餐饮、休闲娱乐等商业业态功能更加完善，现代服务业水平进一步提升。

高等学府聚集地

赛罕区既有政治、经济、文化集中的城区，又有地域广阔、资源丰富的农区，处在呼和浩特市城市拓展的主方向上。内蒙古自治区党委、政府和自治区各部委办厅局机关多数驻在赛罕区。中国航天六院、内蒙古大学、内蒙古师范大学、内蒙古农业大学等国家、自治区、呼和浩特市教育科研单位聚集区内，成为首府呼和浩特市的行政中心区和科技、教育、文化聚集区。位于巴彦街道的自治区高职教育园区更是集中了内蒙古电子信息职业学院

内蒙古师范大学

内蒙古农业大学

内蒙古大学

等六大职业院校，为各大企业提供了充分的人力资源储备和技术支撑。同时，呼市也是“呼包银榆”经济区的中心城市，目前常住和流动人口已经达到290余万人，具有相当充足的技术型劳动力资源。

赛罕区本着优先发展、公平发展的原则，投巨资全面改善区内办学条件，扩大了优质资源覆盖面，基本实现了教育均衡全覆盖。与此同时，大力扶持贫困人群及地区的义务教育，使每一个孩子在受教育上都有公平的机会。截至目前，共有公办中小学、幼儿园37所，其中：中学12所，小学21所（中心校下设16教学点），幼儿园4所；民办办学机构117所，全区在校学生约8.8万人，其中自治区义务教育实验校2所，示范校4所，示范园3所，市级义务教育示范校8所，辖区还有内蒙古大学、内蒙古农业大学、内蒙古师范大学以及各类高职高专等院校17所，在校学生约15.2万人。

全国先进文化县（区）

赛罕区作为全国、自治区文化先进区，逐步建成了覆盖全区的三级公共文化服务体系，文化事业呈现出繁荣发展的新局面，为构建和谐赛罕做出了贡献。目前区综合展览馆、图书馆、文化馆、镇街文化站、农村社区文化室全部免费开放。赛罕区通过加强基层基础设施建设，现人均体育场地达到1.5平方米，各级社会体育指导员300多人。榆林镇文化站是自治区最早成立的文

文化宣传进社区

化站，培养了不少的文艺、美术、写作人才，内蒙古师范大学美术教授侯德、原内蒙古人民画报社美编云振宇、内蒙古师大的蔡树本、呼和浩特职业学院美术教授陈海根等，都是从赛罕区走出去的。更有一支在呼和浩特市很有名气的写作（创作）队伍，有刘世远、王继周、金保年、王才元、尹绍伊、张继华、刘文秀、杨福正、王忠民、禹荣珍、

赛罕区文化事业新局面

姬宝宝、张文正、张宇顺、富日升、杨永在、李樱桃、高雁萍、潘有仓、陈美荣、尚丽清、吕东红、李改鱼等。

民间文化、群众文化在赛罕区也十分丰富。榆林镇的炕围画、窗花、泥塑、木雕人才济济。早先原郊区文化馆就办有《群众文化》《大青山》等刊物。现文化局又主办了《赛罕城乡文化》期刊，为正式批准的出版物。区委宣传部还办有报纸《新赛罕》。

赛罕区的文体活动逐渐增多，每年由宣传文化系统组织举办群众广泛参加的文艺演出130多场，送戏、送电影1650多场。极大地丰富和活跃了广大人民群众的文化生活。

全民健身活动和全区群众体育普及和组织程度明显提高，经常参加体育活动的人数达到全区人口总数的42%以上，仅冬季文化节中的体育赛事，每年的参赛人数都过万人。

正因如此，赛罕区才获得“全国先进文化县（区）”的荣誉称号。赛罕区人民以此为荣。

医疗卫生大发展

赛罕区的卫生事业，以改革求发展，以均衡配资源，以健康促和谐，整合挖掘现有卫生资源，构建了城乡一体的卫生服务体系。本着“做人民的健康卫士”和“人人都有健康保健医生”的宗旨，形成了均衡性、可及性、惠民性、高效性和人性化的卫生服务新局面。目前，新型农村合作医疗参加率稳定在95%以上，国家基本药物制度得到有效落实，基本公共卫生服务能力和水平进一步提高。

辖区除配合内蒙古自治区人民医院（三甲级）改扩建外，还积极引进内蒙古医科大学第二附属医院（三甲级）及内蒙古国际蒙医院（三甲级）等一批自治区级具有民族特色的高端专业医疗机构。在建成各乡镇标准化卫生院，新建、扩建区内社区卫生服务中心的同时，还鼓励社会办医，依据自身特点，提供服务，满足群众多元化、个性化的医疗服务。通过几年的建设，赛罕区城乡医疗卫生三级服务网络体系基本健全。

在城市社区卫生工作方面，赛罕区创新了区医院、大学医院、企业医院与街道防保站联合转型创办模式，将以前单一的医疗服务，转变为集预防、保健、医疗、康复、

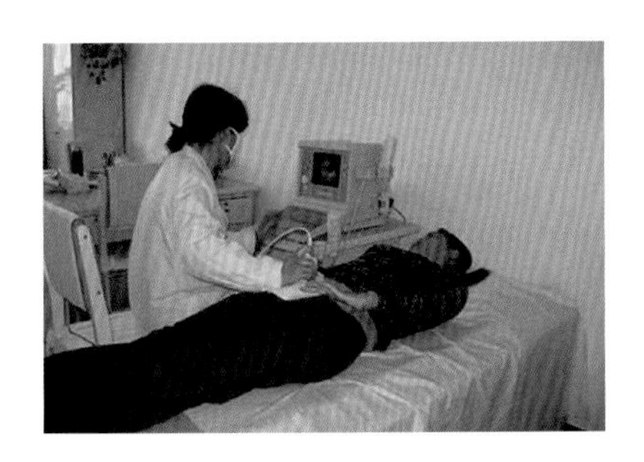

乡镇卫生院

健康教育和计划生育技术指导“六位一体”的多元化、综合性社区卫生服务中心，全区现设有6个社区卫生服务中心和52个社区卫生服务站，平均每6000居民拥有一个社区卫生服务机构，社区居民步行15分钟即可获得公共卫生和基本医疗服务，这就方便了群众就医，有效缓解了群众看病难、看病贵的问题。

在农村卫生工作方面。赛罕区以两所区医院（赛罕区第一医院、第二医院）为龙头，带动乡镇医院和119个村卫生室，构成了区、乡、村三级卫生服务网。榆林、黄合少、金河镇卫生院和敕勒川路街道、巴彦街道卫生院，总建设面积1.1万平方米。为了更好地服务群众，区政府还专门购置X光机、半自动化仪、多功能手术床、无影灯等医疗设备，改善了镇、街道卫生院条件，提高了卫生院诊断疾病的能力，切实解决基层就诊难问题。

精准扶贫惠民生

建设新农村、建设美丽乡村，扶贫工作是首要的任务。特别是习近平提出的“精准扶贫”选准要害，发展一村一品，实施整体推进移民工程，使赛罕区的扶贫工作走在了呼和浩特市乃至内蒙古自治区的前列。

2012实施了新农村建设（建设美丽乡村）工程。分年度彻底解决部分村庄的落后面貌，使他们摘掉了贫困的帽子。赛罕区党委、政府认真落实精准扶贫。选准目标、整合资金，根据各村不同的程度，梳理排除，分步实施。为此投入了大

赛罕区乡村新貌

榆林镇河南村鸟瞰图

量的财力、人力、物力。

赛罕区始终把建设美丽乡村工程作为农村工作的总抓手和主旋律，全力推动基础设施和基本公共服务逐步向农村延伸覆盖，累计完成投资约25.3亿元，实现新农村建设全覆盖目标，惠及农业人口12.4万人。

新增水源62处，改造水源9处，铺设管道483公里，村内街巷硬化470公里，完成危房土房改造6840户。安装了广播电视户户通设备，建成文化活动室36个，改造校舍9所，新改扩建标准化卫生室62个，新改扩建便民超市49个。农村常住人口养老医疗低保等社会保障工程全部实现应保尽保。全区农村基础设施迅速改善，公共服务水平显著提升，城乡差距明显缩小，环境面貌焕然一新。

大力改造城中村

随着城市建设、城乡一体化进程的加快，都市里的村庄已影响到城市拓展、城市规划和城市整洁。社会治安、环境卫生已不符合城市建设的要求。为建设好美丽的呼和浩特市城区，赛罕区加大了改造城中村力度，整村搬迁、弃平住楼、村民改居民有序展开。先后就将桥靠、东瓦窑、讨号板、小厂库伦等村改造完毕，村民们迁居住进新盖的配套设施齐全的楼房，行政村改成社区居委会。

近年来，按照呼和浩特市滨河新市区整体建设规划，赛罕区先后将近郊的大台什、小台什、前巧报、后巧报、前不塔气、后不塔气、西

城中村改造安居工程

大台什村民安置房

鼓楼、东鼓楼、西把栅、辛家营、如意河、合林、什兰岱等村列入城中村改造计划。大力度整村推进城中村改造。现已完成大台什、小台什、后巧报的改造任务，村民住宅楼已交付使用。其他村也在逐步拆迁和建楼。

大台什村城中村改造安置房项目 大台什村东区城中村改造安置房项目位于双台什街（原世纪四路）以南、规划路（18米）以北、东影南路以东、展西路以西，规划用地面积119亩，建设用地面积89.4亩，总建筑面积5.23万平方米，绿化率达30%，总投资3.75亿元。项目全部为高层住宅，设计理念坚持现代和传统相结合，计划建设安置住房1500套，4.97万平方米。同时还配套建设有幼儿园、社区综合服务中心、便民超市等公共服务设施。

大台什村西区城中村改造安置房项目位于东影南路以西、双台什街以南（原世纪四路）、兴安南路以东、包头大街（原世纪五路）以北。总投资11.3亿元，规划用地面积370.95亩，建设用地面积215.33亩，总建设面积46.15万平方米，绿化率达35%。项目分为3个区块，通过内部通道、各绿化节点为串联，合理布局高层住宅、社区服务中心、小学、幼儿园及附属商业设施，功能明确、配套完善。项目计划建设安置房4416套，43.67万平方米，并配套建设12.5万平方米大型地下停车场，可同时停放各类车辆近4400辆。同时项目建设有垃圾转运

站、便民超市等公共服务设施，建成后将成为集居住、教育、休闲为一体的大型居住小区。

小台什村城中村改造安置房项目 小台什村城中村改造安置房项目位于哈达路（原展西路南延伸段）以东、双台什街以南（原世纪四路东延伸段）、阿尔山路（展东路南延伸段）以西、包头东街（世纪五路东延伸段）以北。总投资27.22亿元，规划用地面积437.24亩，建设用地面积281.35亩，总建筑面积67.21万平方米，绿化率达35%。项目为高层住宅，整体外观简洁明快，计划建设安置房4512套50.1万平方米。配套建设了4.74万平方米酒店式公寓、商业设施、4000平方米幼儿园和社区服务中心等各类公共基础服务设施。

后巧报村城中村改造安置房项目 后巧报村城中村改造安置房项目位于后巧报路以东、双台什街以南（原世纪四路）、兴安南路以西、包头大街（原世纪五路）以北。总投资13.03亿元，规划用地面积183.95亩，建设用地面积128.39亩，总建筑面积32.18万平方米，绿化率达34%。环境整洁优美，计划建设安置房2612套，27.38万平方米。

民族团结花盛开

"五十六个星座，五十六只花，五十六个民族兄弟姐妹是一家……"

在赛罕区这片热土上，生活着蒙古、汉、回、满、壮、藏、朝鲜、达斡尔等35个民族，在这里，各族人民群众水乳交融，各项事业蓬勃发展。"赛罕"在蒙古语中是美丽富饶的意思，是首府市四区面积最大、唯一用蒙古语命名的城区。全区总人口82万，少数民族人口有10.5万人，其中蒙古族有8.8万人，是以蒙古族为主体、汉族居多数的多民族聚居区。

2012年，赛罕区荣获自治区第八次民族团结进步模范集体，2014年，赛罕区人民路街道办事处被国务院评为"全国民族团结进步模范集体"。近年来，赛罕区认真贯彻党和国家民族工作大政方针，始终把加强民族团结、民族进步，作为推动各民族共同繁荣发展的一项重大工作来抓，民族工作不断迈上新台阶，取得新成绩，走出了一条具有时代特征和区域特色的新路子。

在赛罕区发展的新时期新阶段，涌现出一批民族团结的典型，他们的事迹感人至深，一个个民族团结进步模范，就如一个个标杆，一面面旗帜，在各自的岗位上发挥着示范引领作用，在赛罕区掀起学习模范、争做模范的热潮。

民族团结成为赛罕区经济和社

民族团结表彰月活动

会发展的推动力。各民族诠释着“汉族离不开少数民族，少数民族离不开汉族，各民族谁也离不开谁”这一朴素的真理。

赛罕区把少数民族聚居村发展纳入经济社会发展总体规划中，下大力气抓好8个少数民族聚居村的发展。2010年以来，赛罕区争取上级资金653万元，实施了支持少数民族聚居村发展的36个项目。2007年起，区本级财政预算中安排少数民族发展资金20万元，并且每年递增20%以上，到2015年共支出504万元。进一步改善了少数民族群众的生产生活条件，从2015年起，赛罕区进一步加大了投入力度，每年安排少数民族发展资金500万元，重点扶持民族聚居村的产业发展。“精准扶贫”工程也重点优先向少数民族聚居村倾斜，加大对少数民族聚居村基础设施建设投入，挖掘各村不同的历史文化，突出民族元素和特色，力争打造各具特色的村落，成为生态文化旅游的亮点。

团结奋斗、共同繁荣发展是推动各项民族事业的永恒主题，民族政策春风化雨。近年来，赛罕区十分重视民族教育发展，从2009年开始，先后投入3亿多元，用于改善民族学校办学条件，整体改造了兴安路民族小学，建设了市蒙幼南园区，扩建了区民族中学、区民族小学和区民族幼儿园，民族教育基础设施建设走在了全市乃至自治区的前列。在区、镇（街道）两级成立了民族宗教工作领导小组，镇、街

道都配备了民族工作专兼职助理员，在少数民族聚居村还成立了民族事务管理小组……赛罕区的民族工作步入规范化、制度化、科学化、常态化的轨道，同时制定了《关于进一步加强民族工作的实施意见》《呼市赛罕区城市民族工作方案》《呼市赛罕区民族团结进步创建活动实施方案》《赛罕区社会市面蒙汉两种文字并用专项整治工作方案》。为了进一步推动民族团结工作，在不断完善民族工作各项制度的基础上，制定出台了民族工作信息化管理、民族工作责任追究等工作制度，设立了少数民族发展资金，把民族工作纳入到全区领导班子和干部实绩考核体系中……

在党的民族政策的光辉照耀下，赛罕区处处呈现经济繁荣、政治安定、文化发展、社会和谐、民族团结的喜人景象。民族团结进步事业蓬勃发展，各民族大团结日益巩固。

双拥城市模范区

2016年5月，呼和浩特市赛罕区再次被内蒙古自治区民政厅、内蒙古军区命名为“双拥模范城区”。自1992年以来，赛罕区八次获得“双拥模范区”的荣誉称号。呼和浩特市被全国双拥工作领导小组、国家民政部、解放军总政治部联名授予国家级荣誉称号。成为军地共同颁发的唯一国家级城市品牌，是城市的一项荣誉。赛罕区是呼和浩特市所辖的一个区，当然争创在先，不能落后。

赛罕区是呼和浩特市面积最大的城区。总面积1024.2平方公里，全区有驻区部队26家。其中团以上编制部队17家，部队干部休养所3家，有军烈属、残疾军人在乡老复

慰问驻区部队

员军人等重点优抚对象581人，现有退休退职无军籍职工221人。因此紧抓赛罕区拥军优属、拥政爱民工作十分必要，而赛罕区正是按照做好双拥工作的六条标准紧抓不放、坚持经常，才获得这项殊荣。

组织领导坚强有力 赛罕区区委、区政府和驻区部队领导对此项工作十分重视，始终把双拥工作摆在重要位置。双拥领导小组下设办公室，正式列编为正科级单位，配备专兼职工作人员5名并实行军地合署办公。全区各双拥工作成员单位、镇、街道、驻区部队和行政村都建立了双拥工作机构和服务组织。上下齐抓共管，确保了双拥工作的顺利开展。

国防教育广泛深入 国防宣传教育也纳入全民教育体系，利用“双拥活动日”“国防教育宣传月”，采取灵活多样的宣传教育形式，组织开展“军事日”活动，在中小学增设了国防教育课程。通过一系列的宣传教育活动，大大地增强了全民的国防观念和双拥意识。

双拥活动坚持经常 双拥工作已列入军地工作的重要议事日程，与经济工作同研究、同部署、同落实。编制了《呼和浩特市赛罕区双拥工作规划》，分年度制定了《呼和浩特市赛罕区双拥工作要点》。常抓不懈，坚持经常。领导小组经常协调指导、督促检查。形成了有计划、有目标、有成效的工作机制。

军民共建富有成效 驻区部队先后与赛罕区的街道社区、村镇、

学校等单位建立了军民共建关系。开展了“军民共建社区”“军民共建文明村”活动。紧紧围绕基层组织、基层服务、文化娱乐、环境卫生、社会治安、国防教育、献爱心等为军民共建的主要内容。均取得了好的效果。早在1984年，赛罕区榆林镇的口可板村和驻军原88团就被国家民政部、解放军总政治部命名为“军民共建的文明村”。通过共建活动，大部分驻区部队都获得了一些荣誉，受到了上级的表彰。

政策法规落到实处 优抚政策是落实双拥工作的准则。在积极化解“三难”，认真排忧解难上取得了好的效果。近年来区政府共投资130万元，解决“三难”问题，为260个优抚对象解决了生活、医疗、住房问题，对优抚对象全部、全额办理了城乡低保。义务兵优待金已增加到23000元。全部安置退役兵工作。以最低价给部队出让土地，全力支援部队建设。

现今军政、军民关系融洽、亲如鱼水。逢年过节，军地相互走访慰问，举办联谊活动，相互参与军地建设。最终成为“双拥城里的模范区”。

社会保障覆盖广

按照覆盖广、保基本、多层次、可持续的方针，以基本养老、基本医疗、城乡低保为重点，下大力气推进覆盖城乡的社会保障体系建设。2015年实现城镇新增就业7630人，其中下岗失业人员再就业1870人，就业困难人员就业1430人。重点项目吸纳就业1136人。农村劳动力转移就业8938人，其中6个月以上7200人。创业带动就业3800人。

2015年，全区社保参保人数61007人。共为20832名到龄人员按月足额发放了养老金4108.2万元。发放社保卡4.8万张，发卡率达到95%以上。截至目前，已有15628名居民通过社保卡领取养老金。2015年，全区城乡居民社会养老保险参缴费人数1.6万人，缴费金额917.3万。审批大龄下岗失业人员2280人，审批通过2051人，为1771人足额发放了救助金1089万元。

发放保障卡

赛罕区市民服务中心

2015年，为3760位80岁以上的无收入老年人发放高龄津贴443.3万元。黄合少敬老院投入使用，榆林敬老院等3所敬老院完成标准化改造。

新常态下绘蓝图

“十三五”期间，赛罕区将充分发挥首府经济发展和城市建设“三个主战场”作用，奋力打造都市现代农业、石油化工、光伏、新型装备制造、现代物流、电子商务“六大产业基地”，争当首府产业发展“三个排头兵”，在全市率先实现城镇、农村常住居民人均可支配收入“两个翻番”。

领取高龄补贴

经济保持中高速增长 到2020年，地区生产总值力争迈上1000亿元新台阶，年均增长7.5%以上。公共财政预算收入突破70亿元，年均增长9%。固定资产投资累计超过2500亿元，年均增长12%。社会消费品零售总额达到300亿元，年均增长10%。城镇常住居民人均可支配收入突破6万元，年均增长8%，农村常住居民人均可支配收入突破2.5万元，年均增长10%，“两个收入”比2010年末翻一番。

产业发展迈向中高端 完成产业升级行动计划。到2020年，菜田面积达到10万亩，设施蔬菜面积达到6万亩，奶牛规模化养殖达到100%。规模以上工业企业突破50家，工业增加值年均增长10%，战略性新兴产业占比超过30%。第三产业继续占据主导地位，旅游、金融、现

代物流、电子商务成为主导产业，三次产业比重优化为4：26：70。

城乡发展实现一体化 完成轨道交通1、2号线等一批重大工程、重点项目征拆任务。完成快速路两侧全部空地、渣土区域改造工作。实施棚户区、城乡危房及老旧小区改造6.8万户。积极推进城市综合管廊和“海绵城市”建设。完成滨河新区路网管网建设，打通辖区全部断头路，新建农村公路230公里以上。高标准完成“十个全覆盖”工程。完成农村土地确权登记颁证工作。加强“智慧赛罕”建设，大力推进城市百兆工程和宽带乡村工程。

生态环境实现明显改善 加大生态保护力度，进一步改善生态环境。到2020年，万元GDP能耗完成呼和浩特市下达的控规目标。主要污染物排放总量逐年减少，城市污水实现应收尽收，处理水质全部达到国家一级A以上标准。垃圾无害化处理率达到90%以上。启动红吉水库建设工程。完成大黑河两侧综合整治和景观绿化工程。人工造林6.5万亩，全区森林覆盖率达到23%以上，区绿化覆盖率达到38%以上，人均公园绿地面积提高到18平方米以上。

群众生活达到中上水平 全区所有贫困人口脱贫达小康，城乡居民可支配收入位居全市前列。城镇新增就业人数累计达到4万人以上，城镇登记失业率控制在3.8%以内。教育、卫生、文化、社会保障等城乡公共服务体系更加完善。“法治赛罕”基本建成，群众的合法权益得到有力保障。赛罕区社会文明程度显著提升，成功创建为全国文明城区。

民俗风情

HUASHUONEIMENGGUsaihanqu

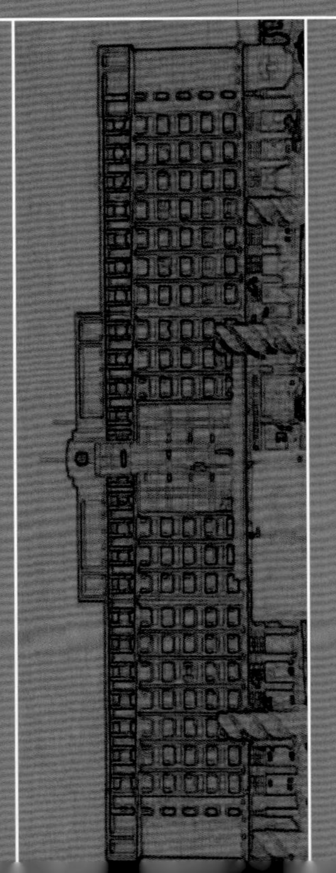

乡亲乡音乡愁心，
民风淳朴乡土情。
起房盖屋须上梁，
传统习俗留至今。
红红火火过大年，
熬年守岁端酒盅。
正月十五二月二，
端午必吃凉糕粽。
六月初六接姑姑，
闺女要回娘家门。
七月十五蒸面人，
八月十五烙月饼。
蒙汉均做腊八粥，
小年放炮送灶神。
正月麦收唱大戏，
庆贺一年好收成。

民 俗 风 情

M I N S U F E N G Q I N G

民俗风情作为一种文化，流行于民间。它是一个民族生命力的继承与延续。每个民族、每个地区的民风民俗，均会折射出一个地区的时代特征……

婚丧嫁娶习俗

（一）蒙古族婚嫁习俗

不同的民族、不同的地域、不同的历史阶段，其风俗习惯也呈现出风格迥异的景象。赛罕区的蒙古民族至今还保留着具有本民族特点的婚嫁习俗。

碰门羊：蒙古族青年男女订婚后，须选定良辰吉日举行婚礼。男方娶亲时，必须给女方家带去一只肥硕的“活”母羊（称之为碰门羊），赠送给女方父母，这是娶亲必备的重要礼物。

系腰带：当男方娶亲来到女方家后，在未娶走之前，要由女方的嫂子、弟媳、妹妹等给新郎系一条红绸或红布腰带，系时两头分别用劲拉紧，使新郎有气紧之感，据说这是耍笑新女婿的一种方式。

不上炕：新郎娶亲到达女方家后，坐席用餐时不得上炕坐正席（当头正面），只能坐在炕沿边或床边就餐。新娘到男方家也同样如此。而汉族的新郎、新娘则必须坐正席。

瞧三天：蒙古族婚娶不“回门”，但要“瞧三天”，亦称“认亲”。新娘被娶走之后，女方所有亲属要在第三天时集中看望新娘，因此叫“瞧三天”。待众亲戚到达男方家时，男方家要设宴款待，席面一定要向结婚典礼时的饭菜一样，甚至再多加几道菜，仿佛又办一次事宴。凡参加“瞧三天”的女方亲戚，意为日后与其继续交往。

送亲多：新娘出嫁时，女方家要有众多的亲属护送新娘到男方家，送亲的关系不像汉族那样过分讲究，送亲的人越多，越能显示出女方家乃名门望族。

住对月：蒙古族新娘婚后，不“住七住八”，他们的习惯是住“对月”，就是新娘从新婚之日算起，在男方（婆家）家住足整整一个月后，便返回父母家再住一个月，随后再回婆家。因此称“住对月”。

（二）汉族婚嫁习俗

1. 娶媳妇

相亲：随着社会的进步，现代的青年人娶亲择偶大多是自由恋爱，当男女双方到了谈婚论嫁的时候，一般是女方提出要去看看男方的家观境落，观门庭、访根底、看年庚、查属相、议定婚事，男方家长要请一个中间人或是媒人从中撮合搭桥，择日，女子由家人陪同来男方家相看，谓之相亲。

定亲：当相亲过后，父母同意，然后，男方给女方买一身衣服和一只手表（或一枚戒指）作为“定亲礼”。

彩礼：由女方向男方要彩礼。彩礼分回头（带回男方）和不回头（留在女方家）。50年代，彩礼是几身新衣服。60年代后是三转（手表、自行车、缝纫机）四身（四季衣服各一身）。70年代后期彩礼是三转、三十六条腿（家具）、四铺四盖和四身半（高档衣服）。有的女方还要钱，数量不等，90年代以后要“三金”、“五金”（金戒指、金项链、金手镯再加金手链、金坠子），现在流行要楼房，要汽车，女方陪嫁有重有轻，统称“彩礼钱”。

登记：男女双方在当地政府领取结婚证书，男方家设便宴招待。

翻身饼：新郎在迎亲的前一天晚上，要吃翻身饼，谓之此成家立业，当家做主了。

迎娶：男方提出迎娶日期，女方父母同意后，即通知男女各方的亲友。迎娶之日，过去常择逢3、6、9的日子，现在多为农闲或节假日操办。

迎娶时，男方准备离娘馍馍50个、4色礼一份送到女方家（过去离娘馍馍是女方带到男方，是娘怕女儿刚过门挨饿，而今相反）。4色礼是一块带有3根肋的猪肉，又叫“一刀肉”（迎娶走时，把肉留下，把骨头带走，叫“吃肉还骨”）；两瓶酒用红线系在一起，意为“双双对对不分离”；迎娶走时，把酒倒出来，女方父母请“全人”亲友——有父母、儿女的人，在瓶内装上绿豆，带根的葱，意为“栽根立后”；茶叶一块（或两桶）；红枣两包。还要给新娘做一件棉腰子，意为过日子厚沉，腰子内放“长命钱”，钱数与新娘的年龄相同，一岁一元。

如今，自由恋爱也有不要彩礼的，男方就给女方200—300元的“长命钱”或叫“离娘钱”。过去迎娶时，男骑马、女坐轿，50年代坐大马车，后骑自行车，现在坐小汽车。

男方娶亲要请“伴女婿”，一

般是姐夫来充当，并有一女娶亲，放炮人一个，押喜车（轿）者一人。女方送亲者也取单数，与男方人数相等(3—5人)。娶、送亲的避讳是“姑不娶，姨不送，姐姐送了妹妹的命。”

娶亲不走回头路，一般是逆时针绕路。一日数家娶亲，要赶早，谁早谁好。迎喜路上忌相遇，如遇上，两个新娘要蒙头而过，不便互看。

娶回家后，新娘由送亲的陪同先入别室，后入喜房，并坐在新被褥上。接着上糖水、糕点、果类、油炸糕。

和气面：新郎官和新娘坐定后，要吃“和气面”（面条）。讲究汤要宽阔，面要细长，新郎新娘互喂，意为日子过得宽宽裕裕，双方要和和气气。

洗脸：饭后，新娘下地换外衣（换装）前要洗脸，打洗脸水的差事是小姑子承担，新嫂嫂要给“净面钱”。

典礼：过去叫拜人，是在迎娶的第二天，现在改为当天。典礼由司仪主持（过去叫二宅先生）。先拜天地，二拜高堂，三拜宾公（介绍人），而后，按辈数轮拜亲戚。拜亲有里三堂（先拜男方亲戚），外三堂（后拜女方亲戚）和插花拜（按辈数年龄交替拜男女双方亲戚）。最后，夫妻互拜。

抓喜钱：典礼上，新娘新郎互换纪念品，而后抓喜钱（由姐夫操办）。抓喜钱结束后，就由姐夫、嫂嫂、弟妹们要笑新娘。待新娘进入洞房后，即由代东的招呼亲友入席开宴。

闹洞房：洞房花烛夜，长夜燃明灯，讲究闹洞房，闹洞房要笑“三天不分大小”，意为避冷清，增暖房，越闹越喜，子孙满堂。

2. 聘闺女

陪嫁妆：聘女的前一天，娘家要给闺女陪嫁妆，送至婆家。婆家要给送嫁妆人喜钱，又叫“送箱钱”。陪嫁妆有家具、梳妆台、挂钟、内衣、鞋、洗刷用具（两套）等。现时也有陪冰箱、彩电、洗衣机、地毯者。

翻身饼：新娘在迎娶的前一天晚上，要吃翻身饼，谓之从此成家立业，当家做主了。

新郎到新娘家迎娶时，上炕坐正席，不脱鞋、帽和衣服。伴郎在左首陪伴，席间有女方长辈亲友相陪，接着吃宴（也有稍坐不吃的）。宴毕起行，出门前，伴郎或放炮的人要把桌子上的糖果、糕点各装一把，桌下的竹筷一双、酒盅一只、鞋一双都装上（现时多不放鞋）。

回门：第二天，新郎新娘要回娘家，叫回门。女方家请亲戚设喜宴招待。

小送：当日或第三天新娘回婆家时，女方有人（哥嫂）陪送，叫

“小送”。

（三）丧葬习俗

在赛罕农村，丧葬习俗较为繁杂，80年代以后，虽然开始实行“火葬”，但人们从始丧到过百天依然按旧俗尽终尽善。

始丧：当亲人谢世后，开始洗刷遗体，更衣，停放木板上，头枕麻纸（碎头纸）。面部散麻纸（散面纸），手脚系麻辫（脚手绊），请二宅先生“批殃”，夜间烧纸（下炕纸），而后入棺（入殓）。停放在院内（大头向南向西或向北，忌向东）。搭棚遮阴（搭柩棚）。柩棚两侧对联为“三寸气在天般运，一旦无常万事休”，横批“驾鹤西游”。

讣告：入殓后，次日早晨请二宅先生用麻纸写明死者姓名、年龄、死亡时辰及儿孙姓名，叫“殃状”，贴在门外高处（男左女右），睡头纸、生铁、炭块、用麻辫拴好挂在门外。

报孝：死者之子穿重孝，拿戳丧棒去亲戚家进门先叩头，后通报死亡及安葬日期，叫“报孝”（男的表兄弟，女的姑舅两姨必须亲口报孝，不得托人转告）。

守柩：也叫守丧。柩前桌上放一衣饭钵子（瓷罐），一日添三次饭；照世灯（瓷碗糊麻纸，添麻油）儿孙轮流添油，终夜不灭；孝子盆（瓦盆），供儿孙烧纸用，一日三次；一碗小米捞饭，上插带白棉球筷子四支；瓦片，上用朱砂写明死者生年卒月日期，随柩葬之；死者枕头，放在棺材下。烧纸时，男孝子跪柩前，女孝子扶棺号哭（号丧）。

开光：三日之夜，孝男孝女俱全，开光，即打开棺盖，用新棉球蘸酒洗面（一个棉球只洗一次），余酒孝男孝女分喝（孝心酒），而后，到五道庙前烧纸（告庙）。

葬礼：葬日前一天黎明，孝女去扫墓（清扫墓底）；晚间，孝子们举灯列队号哭，鼓匠哀乐开道，沿途放路灯（锯末加油后点燃），行至村外即止，这一仪式叫“送行”。送行归来，鼓匠要吹奏一整夜（叫夜）。

破孝：送葬前一天由代东破孝（发孝服）。破差孝（发错）要吵孝帽子（与代东的争辩）。儿女穿重孝（孝服一身，孝帽，额前置一麻团，腰系麻辫）；孙男孝帽缝有红十字布条，孙女红桃，均身穿蓝衣白裤，腰系红布条；外甥孝帽缝有蓝十字布条，外甥女蓝桃；外孙男两蓝十字，外孙女两蓝桃；重孙男两红十字，重孙女两红桃；第四代孙男女（吕孙）身穿大红袍；与死者同辈臂佩孝章；其他乡亲只系一白布条。

起柩：葬埋之日叫“发引”。

一大早，孝子们均穿重孝，挂孝（肩披近亲送的幛子）送葬，女孝子收头（媳妇亲友送的幛子）送葬。长子背大头（背棺木大头），起棂（众人把棺木抬至院外大长凳上），烧大家纸（孝子们跪在棂前，将死者枕头、部分纸杂点燃），打孝子盆（长子将孝子盆置头顶，落地而碎）。起棂后，前有一人担着水和食物的桶（担浆水）引路，也有提前到坟地的，且不能与灵车撞见，大幡开道，鼓乐随后，孝子孝孙扛引魂幡号丧。上午沿道还为死者摆祭（全猪、羊及大贡，面食动物称小分儿）。

安葬：行到墓地，先烧纸杂，安放遗饭钵于墓穴内，而后入棺。引魂幡（柳枝）插棺木小头旁，把浆水浇到幡树根部。有一人左转三遭，右转三遭，用土封棺，孝子哭丧。“头枕大青山，脚踏雁门关”（因汉人故乡大都在晋，有怀乡之意）。

复三：葬后三日去扫祭叫“复三”，用三块砖搭墓门，“安锅灶”（用荞面或莜面捏成锅、笼、碗、筷、水缸等蒸熟后放在有盖的砂锅内，挖坑埋在墓门附近）。

祭七：每七天祭扫一次，共七次（尽七）。

百日：百日这天儿女们到坟墓上坟烧纸，中午招待亲友（也叫过百天），孝男孝女穿孝服。百日后，以灰黑布衣服和黑臂章代之（男左女右）。孝男百日不剃头，孝女百日不剪发，百日内不得清扫死者住过的屋子。

周年：死者逝世日这天过周年，死后第一年叫头周年，死后第二年叫二周年……均宴请亲友，场面较为隆重。三年内不糊红绿窗花，不贴红春联，可贴蓝窗花和蓝对联。

三年后，每年清明节、中元节、十月一日到墓地烧纸，春节除夕请容（亡灵），立死者棂牌，敬纸烧香直到正月初五日送容（烧掉棂牌），年年如此。如果在外地，不能上墓烧纸，可遥烧（在十字路口烧纸）。孝男娶亲之前要到祖墓烧纸，叫“上坟”，寡妇改嫁前要到前夫墓头“上坟”。

造房盖屋风俗

1949年以前，赛罕区农民普遍住的是“一出水”房。“一出水”房无脊，后高前低，形成斜坡，下雨只向院内排水。后来，如在沿榧再加一榧檐，组成密檐式，当地称作“插榧房”。这种房，屋内光线充足，白天暖和亮堂。房屋坐北朝南，向阳避风，多是土木结构，屋顶抹泥。窗户为木质，方、圆图案，用麻纸糊窗。只有富裕户才盖得起插榧檐瓦房（屋顶盖瓦）。逢年过节贴彩色窗花，有画有剪，以表喜庆。

建起的新房

每家每户都要垒院墙，安“二门子”，为迎街院门，左右两扇。富户则盖四合院，垒四拱儿大门。无论是大门还是二门，都讲究留正门或“巽”字门。巽字门是把门留在东南方向（八卦巽在东南，代表风，有通风之意），厕所留在院子的西南角（民间讲厕所可压邪）。

60年代后，住房改观不大，仍为土木结构，却家家表了仰层（顶棚），有的添置了红躺柜和板箱（成双成对），炕上铺席、炕围画画。有的还用砖铺了地，窗台、锅台表面都用砖砌。还有的将木窗户换成了大玻璃。大部分地区通了电，晚上电灯照明，彻底结束了“土炕无席、点灯用油”的历史。农民用歌谣形象地描绘当时农村的状况：“仰层房、砖墁地，四大玻璃、红躺柜。芦花席上铺上毡，油漆风景炕围画。圆拱大门儿四合院，砖砌窗台上卧公鸡……”

70年代后，农民住宅摆设日益讲究，新房砖瓦结构，旧房翻新上瓦，用砖卷边压檐。

80年代以后，农民起房盖屋彻底打破常规，与时俱进，创建新格局。盖新房宽3—4米，入深6—8米，多为一堂两室加厨房（一屋四间）。中间有玻璃隔扇，两屋内一室有炕、一室有床。父母睡炕，儿女睡床。样式也从“一出水”改为“马鞍型”“道士帽”。

改革开放30年来，农村起房盖屋几经变化，与城市接轨，尤其是赛罕区近郊，大部分都盖起了二层小楼，设计了洗漱间、卫生间，除了自家住，还对外租。住的宽敞明亮，摆的展悠活水，坐得沙发靠椅，看得彩色电视，真是“楼上楼下，电灯电话，坐在家里，便知天下”。

时光荏苒，物换星移，农村起房盖屋的风俗仍然延续，但好多细节被淡化了，好多程序被简化了，

原模原样保持下来的已不多见。然而，起房盖屋毕竟是大事，亲戚朋友们都要来帮忙，第一天叫“立架”，贴对联、放花炮，以示庆贺。午餐要吃点心（大馒头），叫“上梁馍馍”。第二天盖顶压栈，午餐吃油炸糕，叫“压栈糕”，现在更为隆重，要为来帮忙的人们设宴饮酒，以表回敬。

起居饮食遵常规

赛罕区的起居饮食基本随同北方地区，民族不同人们的起居饮食略有不同。

六七十年代，在起居饮食上，一日三餐，成了约定俗成的自然规律。农忙时人们早睡早起，天一亮就起身，太阳一落就收工，每到三伏天，中午要歇晌，吃完晚饭喂好牲畜就歇息。农闲时，人们自己掌握时间，冬天起得晚些，一天吃两顿饭。日常饮食主要有莜面、白面、荞面、玉米面、小米等加上随时碾打的新粮和山药，以莜面、白面、粗粮、山药为主，副食有各种蔬菜和肉、蛋、奶等。

一日三餐是“早晚稀粥炒面，中午三条腿腿走路”。意思是说早晚饭是小米、山药、稀粥拌炒面，几乎成了几代不变的老传统。炒面是用莜麦、高粱、黄豆炒熟混合加工而成，耐饿耐抓握。午餐是蒸莜面、二莜面（莜面和高粱面加工合成，色为黑红）、蒸窝头（玉米面）三样轮流换，很少能吃到白面馒头，那时候白面馒头是用来招待客人的，办事宴或请客才能吃到，过年过节还吃油炸糕，包饺子、烙油饼、烙馅饼等。

改革开放以后，人们的饮食起居发生了很大变化。农村土地实行了联产承包责任制，小块经营，自成一体，时间相对宽余，粮食产量大增，种植结构改善，农民的物质生活日益丰富。餐桌上的美味随着季节的变化而变化，一日三餐全是硬饭，老人孩子们喝清稀粥，粗谷杂粮算是改善，家家都是五谷丰登的好年景。

在赛罕区农村，每到秋季，家家都要腌一缸或一罐芥菜和酸菜。除此而外，还有时令菜，比如，黄瓜、茄子，豆角、韭菜、青菜、长菜，圆菜、葫芦、红、白、青萝卜等等，都是人们的家常菜。现在，随着大棚温室蔬菜的大面积种植，人们一年四季都能吃上新鲜的绿色蔬菜。

家畜有猪、羊、奶牛，家禽有鸡、鸭，家宠有狗、猫。在过去，家畜家禽都是农家的“摇钱树”，靠它们收入几个零用钱，以补贴家用。食用也是到了节日和过年的时候。现在，用老百姓的话说叫“天天过

年，月月过年”，时不时杀猪宰羊，炖骨头、包饺子、炒鸡蛋、脂油饼、炒肉菜，这些，早已成为人们的家常便饭，隔三岔五都要美餐一顿，餐桌上也要摆盘上酒。

“勤俭持家、省吃俭用”是赛罕区劳动人民长期以来传承的美德。粗茶淡饭、家常便饭，被视为家珍，既省钱又营养，是普通老百姓一直遵循的饮食习惯。在老百姓中普遍传颂着这样的俗语：“过日子不得不小气，请客不得不大气”“细水长流过日子，精打细算度年月”“在瓮沿上节省，不要在瓮底下节省”……这些日常俗语生动形象地道出赛罕人的生活态度和朴素品质。日出而作，日落而息，耕耘土地，珍惜粮食，世世代代，延续至今。

欢天喜地过大年

在众多的节中，唯有“年”是一个跨年度的节。一般地说，上年的最后一天和下年的第一天，这两天为过年，俗称过春节，人们干脆称为过大年。过大年接神，是最隆重的一个节点。在三四十年之前，一般都是在五更接神，正所谓“一夜连双岁，五更分两年”。近些年，人们是过了零点就接神，也可谓“一夜连双岁，零点分两年”。

大年前后，还有好多旧俗流传至今。

祭祖上坟

在岁末的最后一天，家里的男人们把事先准备好的烧纸、冥币、香烛、烟酒、瓜果等各种食物带全，到野外祖上的墓地去上坟，焚香、磕头、跪拜，住在城里的人也要赶回来上坟。相传，凡是祭祖上坟的人脸上盈光。

贴春联

春联大都用红纸书写。到了年三十，家家贴在门柱、门框、墙壁上，还可供人们欣赏联语内容。如：

五谷丰登农家乐；

四季增收岁月甜。

万方锦绣河山好；

一派繁荣气象新。

广开生财门路；

多辟致富财源。

现在，人们普遍贴的春联是印刷的，千篇一律，虽然看上去舒展，但失去了写春联、编春联的本真意义。

贴窗花

窗花一般有两种形式，一是民间画家或擅长书画的墨客根据北方窗户的规格，用彩笔在白纸上画上图案。二是剪纸花。其内容常有松竹梅兰、嫦娥奔月、花鸟鱼虫、牡丹盛开等，窗花运用点面、虚实等手法，构图简略，活灵活现，花花绿绿，富有强烈的生活气息和艺术

过年写春联

感染力。

贴年画

年画是贴在屋里的墙壁上。每到过年清扫完家，人们总要把买回的年画贴在墙上显要位置。旧时的年画内容大多是神话等，如《八仙图》《寿星图》《福禄寿三星图》《天官赐福》等。久而久之，人们不仅限于神话之类，渐渐把财神请到家里，进而在一些年画作品中产生了古典人物画，如三国人物画、水浒人物画；后来年画的创作越来越贴近生活，如《五谷丰登》《六畜兴旺》《迎春接福》等彩色年画，以满足人们美好的愿望。

贴福字

民间过春节，家家户户有张贴春联、福字的习俗。“福”字有的顺贴，有的倒贴。倒贴意味着“福到”，把“福”字倒贴，取其同音字“到”，来客一读“福到了！”

垒旺火、挂灯笼

到了年三十这天，家家大门口及院子里都要挂起大红灯笼，所有的房间都要点亮灯，当院架一高台，台上垒起了大炭旺火。有的人家用木材加大炭。旺火垒得越高，着得越旺，预示着家庭旺气通天。家里人全出屋，围烤旺火，为的是新一年兴旺发达，合家安康。若有“逢九”者，把提前备好的红布“腰子”或红背心，在旺火上烤烤，然而再穿在身上，能旺运、旺财、旺家。在旺火上烤几个点心（红点馍馍），

吃了还能消灾祛病。

安神、接神

除夕晚间，点放爆竹，说是“安神”。时值午夜，将旺火点燃，将事先备好的“旺气冲天”的旺火条幅随天燃烧。各家要燃放爆竹、二踢脚、小鞭炮，大小起火依次点放，以迎接“神”的到来，这就是“接神”。接神时全家老小全部出屋，站在旺火堆旁，据说烤烤旺火，一年大顺。接完神，将旺火灰烬铲一锹倒入灶内。有的人家还摆设“灶神”灵位、枣山等，一并摆放在灵位前，而后上香敬纸。接完“神”回家后，开始煮饺子、吃饺子。

吃饺子

当放完爆竹，接神后，家家户户都要煮饺子、吃饺子。在包饺子时，人们往往在某个饺子里，包上一个硬币，讲究谁吃着此饺，为有福之人，来年定会走鸿运。有的人家还要烙翻身饼子，翻饼时，丈夫问：“翻过了吗？”妻子答：“翻过了，可翻好了。”这叫接口气。

熬年、守岁

除夕时兴熬夜，也称作“熬年”或“守岁”。过去，熬夜忌讳串门，人们大都在自家熬夜，嫁出去的姑娘都要回婆家熬夜，特别忌讳在娘家过年。只要是结过婚的姑娘不论是离婚或其他原因暂无去处的在娘家过年，也要在“接神”时出外躲避一时，接神过后才能进家。这个习俗带有迷信色彩，虽不可取，但现今仍然沿袭。现今，有关除夕夜的传统习俗已不多见，看电视春节联欢晚会成了人们熬夜守岁的新内容。

压岁钱

旧俗，家庭中的晚辈要恭恭敬敬地向长辈问一声过年好，还要磕头叩拜，长辈会给孩子们压岁钱，勉励他们在新的一年里学习长进，好好做人。老人家认为这是孝贤门第的传承，是子孙后辈家业兴旺的好兆头，因此要给压岁钱。但无论农村城市，现在正儿八经地跪在地上叩头的习俗已经很少见了。

初一拜大年

大年初一上午，小辈要到长辈家拜大年，或是同辈互拜。此为当地一大习俗。不论老幼都感到其乐融融。

经过一代一代的演变，从拜大年走向了庆新春，从单独拜走向了家族大团拜，节庆的内容由简到繁，由繁到简，几番轮回，去粗取精。最终将尊老孝贤、文明和善的美德传承至今。

初二接“财神”，女儿回娘家

初二接财神，亦如初一夜放爆竹，接神一样，但略显稀疏。这天上午，嫁出去的女儿便带着丈夫、儿女回娘家。女儿回娘家，必备礼品由母亲分送给邻里乡亲。礼物虽薄，但真正是“礼轻情意重”。姑娘回到娘家中，若家中有侄儿，姑母必须再给压岁钱，这一习俗，是女儿只吃中午饭而已，必须在晚饭前赶回婆家。

初三迎“喜神”

各家把牲畜赶到东南或西南方向，敲锣打鼓，烧香敬纸，并让牲畜任意奔跑于野外，有的地方还要举行骑马比赛。让牲畜奔跑活动对其身体大有好处，以便春播时使用。

初五过破五

正月初五，当地俗称破五。“破”者，是对穷之原因的一种识破。既然识破了穷，也就创造了拯救的法，就是破五送穷。因此过“破五”，要黎明起床，将屋内打扫的尘土垃圾扫入箩筐内，上面放一纸人，一并送到门外焚烧时又点放爆竹。

初八游“八仙”

这天出门是最吉利的，称其“游八仙”。另外这一天举办婚礼的特别多，择这天结婚是极好的。

初十过实籽

正月初十为实籽节。家家中午吃莜面。在做莜面时，用莜面捏十二个小碗状的“钵钵”，将捏好的十二个“钵钵”按顺序排为环形，与莜面一同蒸熟后，看“钵钵”内水多少，以此推测各月份雨水大小，是否年内好收成。

初十这天也是老鼠娶亲日。有的人家到了晚间，还要在水缸、箱柜之间的旮旯里，放置用面捏成并装点素油的小灯，专为娶亲的老鼠照明。

这天妇女忌针。

二十小添仓

正月二十，民间老百姓把这天称为小添仓节，也有人理解为天仓，这添仓和天仓算是各有含意。在小添仓节前天的傍晚，村人用炉灰在自家院内围灰窨，围画直径不足一米的错落有致的圆形。每个圆形内再撒点儿不同的粮食，如糜、麻，麦、谷豆等。这些圆形象征着窖存粮食的粮窖，人们渴望在一年里五谷丰登、粮油满仓。

小添仓这天，村民们早晨熬面茶糊糊煮糕吃，中午要吃大烙饼，这大烙饼被称作盖窨饼。近年因为生活质量提高了，家家户户用馅饼替代了过去的烙饼。

二十五老添仓

正月二十五是老添仓节，这天早上还要进行类似正月二十的活动。早晨仍然是熬面茶糊糊煮糕吃，中午还要烙大饼，这是正月里最后的一个节了。这小、老添仓的讲究，也是一种古老的农耕文化的延伸。

小、老添仓这两个节日，上了年岁的人还记得，但已经不围灰窨了。而新一代农民更是知其然，不知其所以然了。

正月十五闹红火

正月十五是我国大年三十过后第一个较大的传统节日，是过“春节”的重要组成部分。人们习惯把这一天称为“元宵节”或“花灯节”，十五这天，处处闹红火，家家吃元宵，户户挂灯笼。人山人海，热闹非凡。正如民谚所说“红火不过个人看人，热闹不过个人挤人”。但最吸引人的还是那五彩缤纷的“花灯”、扮相各异的“表演队伍”、“火树银花不夜天”的焰火。

赛罕区的正月十五同样红火热闹，这天晚上各种各样的灯笼多彩多姿，竞相挂在道路两侧，过街排楼更是别致，使看红火的人们大饱眼福。灯笼的花样儿有：黄瓜灯、西瓜灯、白菜灯、茄子灯、韭菜灯、八卦灯、走马灯……二人台小戏《闹元宵》，就是以正月十五闹花灯为题材，描述了一对青年男女以观灯为名，来谈情说爱。

正月十五闹红火

正月十五的灯笼一般用竹木铁

丝等绑扎造型，再用纸糊或绢罩，精工细作，样式新颖。现今的一些灯会所挂的灯笼，已采用了现代化的电子手段，五光十色的电子灯又给传统灯会增添了色彩。

土默川上的赛罕区所辖村镇“过十五”更有特色，从正月十三开始就闹上“红火”，锣鼓喧天，直至正月十六。家家户户门前垒旺火，村村自发组织“闹红火”，而且活动名目繁多：踩高跷、扭秧歌、跑旱船、跑驴、跑竹马、大头宝宝、担花篮、小车灯、耍龙灯……还有“转阁”“抬阁”“迥阁”“担阁”“翻阁”等。秧歌队、高跷队、车子灯随鼓点起舞扭动；抬阁、迥阁、车子灯、船灯、龙灯等随唢呐声起舞扭动。社火活动人们自愿参加。据说是“扭一扭，一年顺”。

正月十五闹红火一般为四天。十三开始“踩街”，意为参加红火的人们先熟悉一下表演道具，仿佛是戏剧演出前的彩排；十四至十六为正式红火的日子。十五晚上最热闹，最后一天（十六）晚上还要燃放“焰火”。民间传统“焰火”。种类有：炮打花线城、猴尿尿、鹅下蛋、蚕吐丝、大小礼花、满树林儿、花椒树、大起火、彩花筒、连珠花、炮打轮圈……

有些村镇还要办“九曲”灯会，阵势为“九曲黄河阵”，虽没有龙灯人阵，但看“红火”的人们也总是在“九曲”内出出进进，来回游走，据说逛“九曲”，便可避难免灾，一年大顺。

过去，要“龙灯”按照传统习俗不是正月十五，而是二月二，现今人们提前了，但还有部分乡村仍保留。正月十五的红火队伍还要进城给政府和一些部门拜年表演。

二月初二龙灯节

“二月二，龙抬头”。民间传为祭祀龙神的节日。几百年来，蒙

汉人民共同生息、和睦相处，形成了共同的风俗习惯和龙文化。每年二月初二“龙抬头”节，人口众多的大村子都要举行龙灯会，舞龙灯，走九曲，办社火，放爆竹等活动。每个村都有红火的班套，各项费用都是自筹，这项活动不管刮风下雨，每年照办不误。通常从初一开始，举办三天时间，到二月初三午夜结束。项目包括上庙烧香敬纸、舞龙、鼓乐、转（游）九曲。

九曲又叫“九曲黄河龙门阵”“九曲河灯会”。多在元宵节和二月二龙抬头节进行。必有九曲阵和龙灯两项，缺一不可。

九曲龙门阵是由彩门（门楼）九曲灯阵、中心老杆三部分组成。

彩门搭成牌楼形状，上面彩绘龙凤吉祥图案，贴一副对联：九曲黄河实意周转百年通顺，千盏灯游真心回旋万事如意。横批是“九曲黄河龙门阵”。

九曲龙门阵作正方形排列，灯柱共365杆，每柱放一正一辅两个灯盏（即一绿一红），勾连灯柱，空出龙灯、秧歌、和观众的通道、通道成九曲连环状。

若无龙灯前边引路，一人独行犹如迷宫。

中心老杆，插一斗形，上有“帅”字旗。人游此处可环抱老杆祈福，并投掷钱物敬献龙王。游人可取灯回家，红灯生男，绿灯生女，如愿以偿，来年还愿连同灯盏和捐物一起敬献龙王庙。

九曲龙门阵热闹非凡。一是因为是在夜晚，夜幕降临给人以神秘感；二是出龙舞龙必有唢呐笙箫吹奏，鞭炮齐鸣、锣鼓喧天、男欢女笑、人声鼎沸，寂静的子夜乡村像开水锅一样沸腾；三是进入九曲，挨肩擦踵，陌者不陌，生者不生，而熟

者更熟，同行同游。

总之，九曲灯会是广受百姓欢迎的传统节日，在赛罕区的各村均有，较大的村庄更甚。

二月二这一传统节日在赛罕区广为盛行。比如陶卜齐、不塔气、苏木沁、黑沙兔、美岱、乃莫板、五路等大村都要在这一天出龙灯，但现在有的地方时间提前了，和正月十五闹红火合并起来。不过这一习俗，经过时间的推移，不断革故鼎新，以往活动中的那些迷信色彩在逐步淡化，甚至消失。

二月二除“出龙”外，这天早上人们争先到井上挑水，走时在水桶里放一枚铜钱，到了井边，先对井口跪拜，而后挑水回家。将水与桶内预放的铜钱一并倒入水瓮，称为“引钱龙”到家了。

这一天，把过年摆供的“枣山山”全家人分吃，或吃炒黄豆、炒大豆，叫“咬苍蝇头”，为了防止蛇蝎等小爬虫侵入房院住舍内毒害人。家家还要吃长豆面或白面面条，称为提龙须；中午要吃饺子，称为安龙眼；村民聚钱献牲，叫扶龙头。

这天傍晚，家家把房院用炉灰从外面围一圈，成为围灰舍。据说可防鬼怪进入房舍。到20世纪60年代以后，围灰舍的习俗基本消失。当日，男人都要理发，称为剃龙头。剃头、理发的习俗一直流传下来。

妇女这天忌针，否则会刺伤龙眼。

三月清明捏寒燕

清明，本是二十四节气之一，一般在公历4月6日（农历三月二十一前后），后来注入了寒食禁火、

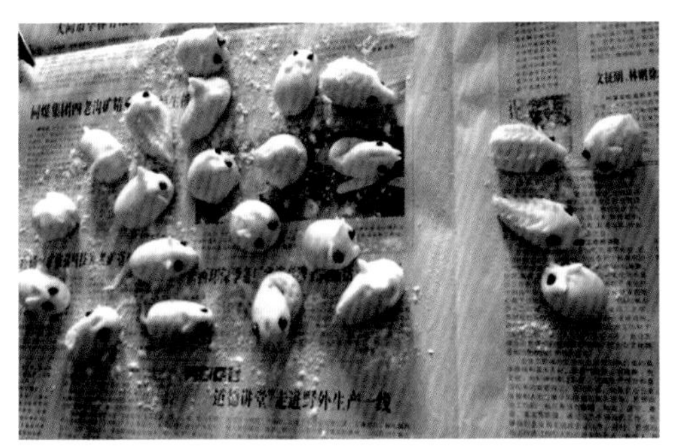

扫墓等习俗之后，才形成节。

江南的清明节，早已是风和日丽、温暖如春的时候了。在北方清明节，万物复苏，人们可以走出户外去往郊外踏青，享受大自然的美。但有时倒春寒，往往是“三月清明不见青”。在清明前后这十天半月的时间里，新草萌发正欲出土，羊已能闻到新草的芳香味，整日追寻新草欢蹦乱跳。

在清明节的前几天，普遍蒸寒燕（俗称寒燕燕），寒燕是用白面捏成一个个小巧的各种飞鸟或十二生肖形象，因鸟形似燕子，统称寒燕。多数人家捏寒燕时用软硬正好的发面，为捏时便于成形，用巧手捏成俏丽的小鸟、小燕等飞翔、俯卧、迎风的各种飘逸的形态，蒸熟后，点上红点、绿点，或用颜色染画嘴、眼、羽翼，形成鲜明的色泽对比。

这些精美的寒燕除了给晚辈小孩外，还作为家庭节日装饰品，或用线绳串起，一串串挂在显眼的位置，或插在二尺多高的“圪针”（沙棘苗）上。寒燕栩栩如生，各具形态，组成一幅群鸟聚树、鸟语花香的图景，寓意春意盎然的新气象。寒燕是民间面塑工艺的一种。在过去，因寒燕体态极小，所以易阴干而不霉变，整个春夏季节既供两三岁孩子玩耍观看，又可以代替干粮食用。现在赛罕区乡下已很少捏寒燕了。

清明节除了捏蒸寒燕，还是最敬重祭祖日，不论城市乡村，家家户户或结伴或自行，只要有条件，不分男女，不分远近，尽力要回到老家去上坟、烧纸、叩头，以祭祀祖宗，缅怀亲人。各中小学校都要

组织学生去往就近的烈士陵园，祭奠烈士英灵。

五月端午吃凉糕

农历五月初五，称为端午节或端阳节。

端午节是民间重要的传统节日，一致的说法是为了纪念著名爱国诗人屈原而流传下来的。

农历五月初五这一天，家家户户包粽子。传说屈原投江后，人们把竹筒盛满黍米一并投入江中，意为可供屈原的灵魂食之。后来人们考虑到：如果投下去的米食万一被蛟龙吃掉，岂不愧对屈原先生。他们想来想去，终于想出个好办法，于是用棕叶把黍米包好，再缠上蛟龙非常害怕的五色线。人们认为屈原聪明过人，他定会解开五色线，再剥开棕叶，吃上粽子的。另一说法，屈原投入汨罗江后，人们便划船速来打捞，并把食物扔进江里，让鱼鳖虾蟹等水族不要吃屈原的肉体。就此，逐年沿袭。后改包苇叶，也不再往江中投置，但粽子却成了一种颇有风味的传统食品一直流传下来。民间开始有了过端午、赛龙舟、包粽子的习俗。

过去赛罕区过端午节一般不做粽子，而是吃凉糕。凉糕是用黄米和江米分别熬制成粥状，摊在一个大盘内或摊在用茭箭箭（高粱头下一节杆）做下的拍拍上，待晾凉后用刀切方块状蘸白糖或红糖食用，

最好拌上糖稀，要比蘸糖好吃得多。凉糕既软又筋，吃在嘴里十分清爽可口，是一种很有特色的时令食品。做凉糕时还可放入红枣、葡萄干、玫瑰等。中午或晚上劳动收工归家后，先吃上几块凉糕，香甜清爽，很有味道。

端午节除了做凉糕吃凉糕外，中午还要吃饺子、炒菜、喝酒。赛罕区人们过端午还流传着用艾水沐浴的习俗，采回艾蒿编成辫，待干后泡开水擦洗身体可防蚊虫叮咬。晚间燃艾蒿可薰驱蚊子。人们还佩戴五色线。总之，过端午凉糕必吃，现今也包上了粽子，这一习俗沿袭至今。

六月初六接姑姑

六月六是天贶节，也称姑姑节。天贶意为赐赠，天贶节起源于宋真宗赵恒。天贶节的民俗活动，虽然已渐渐被人们遗忘，但有些民俗还至今延续。

民间有“六月六，请姑姑”的习俗，赛罕区也流行这一习俗。每逢这天，出嫁的女儿领着孩子，会同夫君，兴高采烈地回到娘家，和父母、姐妹兄弟团圆；娘家人也会拿出最好的食品，殷情招待。

老百姓都在六月六接回闺女，应个消愁解闷的吉祥。年长日久，相沿成习，流传至今，人们把这一天称之为“姑姑节”。“六月六，回娘家”，可以说是我国最悠久的“女儿节”了。

民谚有“六月六，西葫芦泡羊肉”的说法。中医认为：这个日子阳气充盛，应饮食清淡，因此在这个节气要吃西葫芦泡羊肉，极有营养，这对消灾祛病、增强体质有益。

六月六也为牛魂节，此前牛儿耙磨播种苦役劳作，极为辛苦，此日主人要为牛洗澡，让牛休息，喂各种好的饲料。

不过现在过六月六，“姑姑”接不接都无所谓了，出聘的姑娘随时可回娘家，这一习俗已逐渐淡出人们的生活。

七月十五蒸面人

农历七月十五与农历十月初一，是土默川地区民间的两个祭日。

七月十五，又称中元节。这一天，也是家家户户去坟地烧纸祭祖的日子。如果逝者的儿女们在外地，便在住处的十字路口或方便的地方烧纸，以示祭祖，但祭祖规模远不及清明节。七月十五这一天，一般人们不出远门，不洗衣，不动土，因为这天被视为鬼节。

在20世纪六七十年代，每年七月十五的前几天，赛罕区的人们家家都有蒸面人的习俗，作为亲朋好友互送的礼品。 最有趣的是捏面人

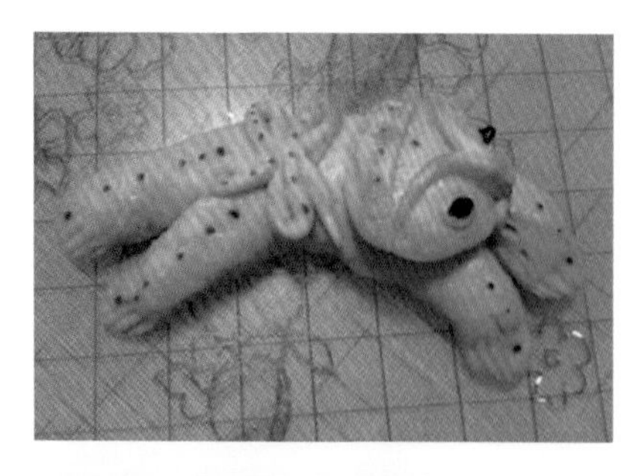

的场面。当然，提前发好的面要有韧性，碱要对的正好好。炕上坐着巧手的大娘、大嫂、大姐姐，女娃娃们愿意挨着巧手的妈妈坐。把面先揪成大小不等的“剂儿”，然后用擀面杖、小剪子、小梳子、小镊子、小刀子等工具，捏成面人的头发、眉毛、眼睛、嘴、耳、手、脚等部位，还要给面人戴耳环、脚镯、手镯、项链等装饰。面人造型有立、卧、仰、爬的各种形态，再用小黑豆给面人安上眼睛。无论大小，形体俱全，且配以头饰、衣饰以及象征吉祥如意的花卉图案，活灵活现。而后把捏好的的面人放入笼内蒸熟。出笼后再在面人的额头上点上红点、绿点，等待冷却后，放入通风处风干，既可以食用，也可摆放于家中的显眼位置，供人欣赏。

近年来，捏面人的风俗习惯逐渐淡化了。但七月十五中午，人们也要吃一顿水饺之类的讲究一点的食物，以示祭奠。

八月十五烙月饼

农历八月十五，称为中秋节。讲究“月儿圆人也圆”，所以又称为团圆节。老百姓则习惯直称为过八月十五。

每年八月，秋高气爽，满目金黄，瓜果飘香，正是不冷不热的时候。从农时的角度看，每年到了八月十五，大田作物基本收割完毕，农民一年之中最为繁重的劳作基本结束，很有必要放松筋骨，进行短暂的休整。

烙月饼便成为过中秋节的主要标志。

到了八月十二三，家家户户必备几斤红糖、白糖，用以烙制月饼。有的人家赶早从地里拉回新麦子，先碾一场。做月饼尽量用新面，新面味道新鲜，再用新素油，然后把配好料的月饼面和起，擀成饼状，称为月饼，再用月饼捏子在月饼上捏出一排有规律的花纹，并按上戳，

每个月饼抹上素油，放在锅里烙烤。

最后还要制作一个特大“月光”，用以敬供月亮神。烙制大月光时，先在擀好的大月饼上用瓷碗的碗沿倒扣出一个印迹，这印迹和整个月饼成同心圆。在印迹中写“月光”二字。烙月光时格外小心认真，不但不能碎，而且火候也要掌握得恰到好处。同时也为了丰富月饼的花样，有的人家还把月饼的外形捏成兔形、寿桃形及花篮形等。

过去，人们烙月饼的时间一般选择在八月十三四的下午，烙月饼时烧麦秸、胡麻秸，讲究柴禾烧起来随手，能自如地掌握月饼的火候。那时月饼的总体质量不如现在，一般是按一斤面二两油、二两糖配料，称这样的月饼为二油二糖式。也有生活困难的人家，月饼里并不配糖，而是用糖精代替糖。

八月十五傍晚，当圆圆的月亮从东边缓缓升起时，村民们先把自家的院落清扫整理干净，然后在院子里摆好桌子，桌上摆好月饼、“月光”、西瓜、水果等供品。有讲究的人家为了好看，还把西瓜一切两半，雕刻成莲花锯齿状。特别虔诚的人家摆好供品后，还要烧香敬月。

进入20世纪90年代以后，不论城乡，多数人家都不再自家烙月

饼了。刚进入八月，城内或农村各集镇上，都专门设有多处制作月饼的临时作坊。这些作坊既直接出售月饼，也承揽来料加工的业务。多数作坊用电热式烤箱烤制月饼，也有用特制的炭火烤炉烤制月饼的。

到八月初十以后的几天，各集镇和城内，沿街两侧各种卖瓜果的摊点一家接着一家，各种各样的瓜果应有尽有，各式各样包装精致的月饼年年翻新着花样。

每到中秋，瓜果、月饼、蛋肉的香味混杂在一起，组成了草原边城特有的八月十五风味。

如果说过去是“八月十五月儿圆，西瓜月饼供月仙”的话，改革开放以后的赛罕区人民则是“八月十五月儿圆，西瓜月饼庆丰年”。从“供月仙”到“庆丰年”，是当地人过节观念的大转变，也反映出时代在进步，社会在发展的和谐景象。

传统手法做月饼

正月、麦收唱大戏

赛罕区地处两山（大青山、蛮汗山）一川（土默川）之间，形成自己独特的小气候，又有大黑河、什拉乌素河的滋润灌溉，所以农业生产是村民经济收入的主要来源，盼望风调雨顺，农作物丰收是老百姓的心愿。一年辛辛苦苦终于盼来了好收成，能不高兴、能不欢喜?

高兴、欢喜，企盼做什么？唱大戏！什么时候唱，村里都有一个惯例，每年的正月十五（正月戏）和入秋小麦收割以后（麦收戏）各唱两次，每次五到九场不等。赛罕区村村有露天戏台，年年至少两场戏。这一习俗保留至今。

民间一首童谣，表达了这份心情：“风调雨顺好节气，粮满仓来米满柜，麦收时节交流会，姥姥门前唱大戏//头一出唱得是‘打金枝’，二一出唱得是‘茶瓶计’，三一出唱的是‘白蛇传’，四一出唱的是‘群英会’//接闺女，叫女婿，就是不让外孙孙去，急得外孙孙哭鼻涕，赤独马趴跑出去，

一跑跑出十里地，跑到姥姥家里诉委屈//姥姥听了发脾气，骂完闺女骂女婿，你们这些没头鬼，怎能不接娃娃来看戏。今晚就让你俩在外间间睡，孙孙你挨着姥姥在炕头上睡！”

赛罕区的农民多是“走西口”从山西、陕西迁来的移民。他们喜欢故乡的“晋剧”，把它们尊称为“大戏”。

过去，呼市地区有许多晋剧团，如郊区、玉泉区、托县、武川县，最出名的还是康翠玲、任翠凤带领的呼和浩特市晋剧总团和一团、二团。

除本地的晋剧团外，他们还去大同、宁武、临汾等地请山西省的晋剧团，深受赛罕区农村欢迎的还是山西省晋剧艺术院的名角有丁果仙、牛桂英、王爱爱等。

人们最爱看的戏码有：打金枝、算粮登殿、明公断（铡美案）、六月雪（窦娥冤）、金水桥、宋江杀楼、牧羊圈（朱砂记）、玉堂春、走雪山、茶瓶记等共十出，每天两出，五天演完。老百姓把经常演出传统戏编成“顺口溜”：打金枝、骂金殿，六郎斩子牧羊圈；金水桥、卖人鱼、走山、跑城、大登殿…

看戏

唱戏

除大戏外，还有二人台小戏、二人台剧团除村剧团打小班儿的，大多请呼和浩特市的民间歌剧团，名角有刘银威、班玉莲、亢文彬、刘全、任粉珍、宋振莲等。喜欢的剧目有：《走西口》《借冠子》《探病》《卖碗》《挑菜》《打连成》《打金钱》《压糕面》《打樱桃》《打秋千》等，还有《柳树井》《五姑娘》《梅玉配》等多场戏。

正月唱大戏一般都在十五前后，可与社火红火活动一并进行，白天红火，晚上唱戏，好不热闹。有的村更早一些，正月初八便请剧团开唱。有的村也选在“二月二”与“龙灯节”共同庆贺。

除正月唱大戏外，麦收时节唱大戏也是村里的一件大喜事、大好事。小麦成熟期短，种得早熟得早，属夏作物。七月中下旬便可收割，而秋作物因成熟期长还在继续生长，小麦割倒后，正好有一段空闲，再加上小麦丰收，便形成麦收唱大戏的习俗。

一般是由行政村下面的几个自然村先出代表，组成一个接大戏剧团的班子。还要选出负责人，有的村叫“会头”，有的村叫“会首”。

会首要组织人马兵分三路做筹备工作。一路人马集资钱，各家各户按人头收钱，也有的人家捐钱捐物，记账列单张榜公布；二路人马打扫庭院，搭建戏台，贴标语挂喜联，还要起火搭灶盖厨房；三路人马奔赴外地请戏班剧团，或去呼和浩特市、包头，或去托县、武川，或去

大同、太原……哪儿的戏好就请哪儿的。本地名角请任翠凤、康翠玲、陈改梅，外地名角请王爱爱、马玉楼、宋转转。有一些旗县名角咱们还不黑眼，如大梅梅、二梅梅和三梅梅，还有周亮亮、任三女和玉眼旦。

麦收时节唱的大戏，一定要是古色古香、排排场场的山西梆子晋剧团，生旦净末丑行行都要有。要先亮行头《打金枝》，再亮行当——生唱《十字坡》、旦唱《大登殿》、净唱《铡美案》、末唱《蒋干盗书》、丑唱《屠夫状元》，还有《窦娥冤》《白蛇传》《十五贯》《牧羊圈》……一出比一出更好看。一天演两场，九场就能演五天，头天开场只演一场夜戏。

在唱大戏的日子里，还伴有交流会，城镇里的商店字号买卖人，乡村里的肩挑车推的货郎担，还有炒瓜子、炸莲花豆、煮大粒丸提篮叫卖的小商贩，还有茶叶蛋、粽子凉糕、大杏李子海红果、冰糖葫芦、果丹皮等自产自销的土特产，还少不了炸糕莜面水煎包、稍麦馄饨饸饹面、奶茶炒米手扒肉等风味小吃。

麦收唱大戏也是十里八乡的庙会、聚会、联欢会和相亲会。大村子都有庙，尤其是龙王庙、土地庙、财神庙（即关帝庙），这些农神可都是农作物丰收的“大功臣”，人们要来敬香拜神以表感激之情。还有一些百姓来娘娘（王母、观音）庙求嗣子孙，祈福他们学业进步、功成名就、步步高升；一些村民来吕祖庙、药王庙拜祭神灵，保佑家人和自己消灾祛病、健康长寿；多时未见的亲戚朋友、师生校友、兄弟姐妹、闺蜜知己聚在一起叙旧聊天；还有保媒拉纤，少男少女相亲约会的；还有一些文体娱乐活动例如套圈射击、顶拐拐、摸鼻子、钓金鱼……

总之，这种习俗一年接一年，一代传一代，在呼和浩特市周边乡村，在赛罕区的山区平川，一乡唱完接一乡，一村唱完续一村，连轴转天天唱，老百姓就天天看。

这一下，可乐坏了戏班剧团，接戏的单子一单接一单，唱戏的台口一台连一台。这种唱大戏的乡俗村风，一直要到秋后天凉才作罢休。

蒙汉均做腊八粥

腊八节吃腊八粥，已经成为蒙汉民族家喻户晓的习俗。现在蒙汉聚居，和睦相处，不管蒙古族和汉族，不管谁家先做好腊八粥，先端上一碗送给邻居，腊八粥又成为互相馈赠的佳肴。

腊八粥也叫八宝粥。我国吃腊八粥的历史，已有一千多年的历史。

每逢农历腊月初八这天，婶子

大妈们不等头遍鸡叫，就摸黑起床，生火熬腊八粥。当太阳还未出山之前，家家户户都要吃上腊八粥，如果谁起晚了，会得“红眼病”。所以一大早，那香香的粥味就是无声的“起床号”。爸爸摇醒孩子：“快起来，吃腊八粥，妈妈给你做熟了！”学龄前的儿童不大懂得这些，迷迷瞪瞪睁不开眼，妈妈便一匙一匙地喂，孩子揉着睁不开的眼哭，妈妈就哄着说：“宝宝吃了妈妈的腊八粥，永远不得红眼病，百病吓得不挨身。”

就连吃奶的婴儿和卧床不起的病人、老人也都要尝尝这香味扑鼻的腊八粥呢！

所以腊八粥，不但是母亲给孩子们深深的母爱，而且是妻子给丈夫浓浓的情爱。

“腊八粥，腊八粥，一把一把来凑数，十二月一个月一把，初一到初八一天一把，最少也要二十样。”家庭主妇是这样说，也是这样做的。土默川农村庄户人家的腊八粥，比大城市的八宝粥好吃，养胃健脾，更有营养。你想想，都是当年现打的新粮、新果，小火慢煮，满屋飘香，别说吃，就是闻一闻，也会让人直流口水。

腊八粥的用料，基本上包括谷类和豆类两种。大米、小米、江米等谷类，红豆、绿豆、芸豆、豇豆等豆类，再搭配上红枣肉、花生仁、莲子、枸杞子、桂圆、葡萄干等干果同时熬。大约煮沸两三个小时，吃时再撒白糖、放玫瑰酱，真是色味俱佳、香甜可口。

腊八粥逗起了馋虫虫。娃娃们嚷着吃好的。于是妈妈又来哄他们：“娃娃娃娃不要馋，过了腊八就是年；杀猪羊磨白面，豆腐做下几大盘；漏粉条炸油糕，馍馍蒸上几笸篮；炖鸡肉煮鸡蛋，天天让你吃扁食蛋（肉饺子）。”

还有在这天腌制腊八蒜的习俗，腊八蒜即是用米醋泡的蒜，用紫皮蒜和米醋，将蒜皮去掉，浸入米醋中，装入小坛封口，放到一个较冷的地方。直到大年三十吃饺子时开启，此时蒜腌好变成绿色，那才叫：“羊肉饺子就蒜头，有滋有味吃不够。”

民间文化

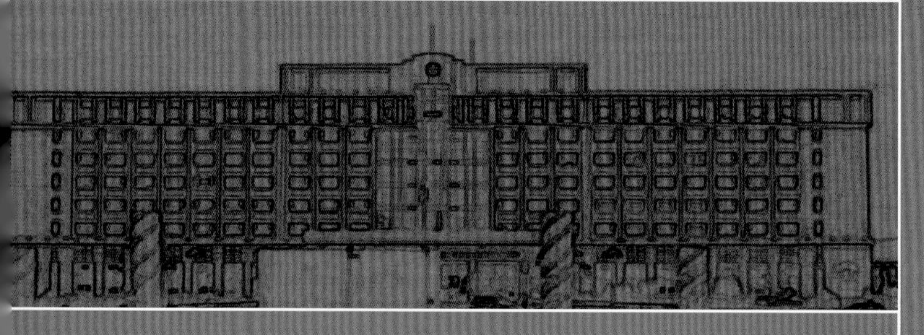

HUASHUONEIMENGGUsaihanqu

MINJIANWENHUA

民间文化内容多，
神话故事和传说。
地方小调二人台，
呱嘴酒令念喜歌。
代东说道有韵味，
方言土语逗人乐。
讲话爱用歇后语，
串话一说笑呵呵。
泥塑木雕炕围画，
艺人常从街头过。
诗歌流行爬山调，
山曲唱起众人和。
童谣儿歌趣味浓，
歌唱农民新生活。
非遗文化有传承，
民间艺术遍村落。

民间文化

MINJIANWENHUA

悠扬的爬山调，欢快的二人台，方言土话歇后语，童谣儿歌顺口溜，民间各种手工艺术，传承不断、后继有人……

龙王庙

神话传说创民神

一提起神仙，人们就想到道教、佛教等宗教。其实，在民间文学体裁里的神话、传说也创造了不少的神仙，人们习惯称之为“民间神仙”，简称为“民神”。

大家都知道千古流传至今的《山海经》和民间神话，如盘古开天辟地、女娲补天造物、后羿射日、嫦娥奔月、夸父追日、精卫填海、仓颉造字等。传说有愚公移山、孟姜女哭长城、牛郎织女鹊桥会、白娘子水漫金山寺、梁山伯与祝英台、八仙过海、牛没上牙、小麦长十个头、蝼蛄救刘秀等。还有十二生肖的传说，当地有白塔金鸡、金马驹的传说、王昭君的传说、石人湾的传说等等。

还有的民神是从《封神演义》《西游记》《三国演义》《聊斋志异》等小说中演变来的。

寺庙

财神

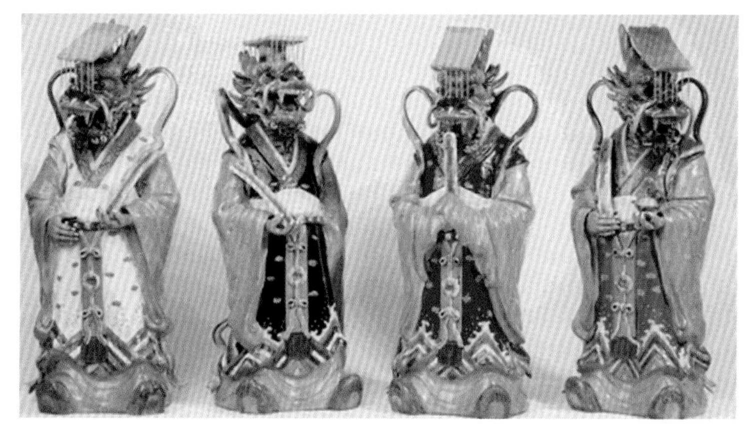

四大龙王

财神

民间就把这些神话、传说和小说人物择其优者创造成能保佑平安、消灾避难、扶困济贫、医病疗疾、化险为夷、风调雨顺、招财进宝、财运亨通等福祉之神仙。

辽金元明清时代，赛罕区地带以牧逐步转为半牧半农，民族成分也渐增多，牧场游猎游牧逐步转为定居于板申、村落。凡有板申、村落的地方必有寺庙供奉民神。

在赛罕区的社区农村中，供奉民神寺庙大体分为以下几类。

家神 供奉于家庭院落中，有灶神(灶王爷、灶王奶奶)、天地神(天地爷)、门神、喜神、财神、厨神、圈棚六畜之神、眼神(月光娘娘)、宅神、井神等。

农牧业神 供奉于街巷、村庄。有土地神(土地爷)、水神(龙王爷)谷神(农神)、畜神(马王、牛王、羊王)等。

社会神庙 有三官庙(天官赐福、地官赦罪、水官解厄)、财神庙、火神庙、城隍庙、五道庙、文昌庙等。还有春社、秋社的庙会活动。

行业庙 鲁班庙、药王庙、茶王庙、七十二行都把创始人尊为神而修庙祭祀。

人物庙 孔庙(孔子)、关帝庙、吕祖庙、杜甫堂、陆羽庙、张飞庙等。

道教神 玉皇阁、王母娘娘、济公、罗汉、二郎、观音菩萨、女娲、华山老母、圣母等均有寺庙供奉。

佛教神 释迦牟尼及各寺院坐化成佛的主持。

家族、宗教祖先 也有姓氏的祖先。

民神和道教多以庙命名。

自辽金元明清至民国，原郊区

观音菩萨

的民神庙宇盛行，有些村庄和街道至少一座，还有三座之多的。至今仍有以庙名为地名的地方。

方言成语此地话

赛罕区的方言成语有些是外地人听不懂的，它是各民族语言的混合共融，是吸收了古代和外来词语而形成的。

先说地名，有蒙古语、藏语和汉语的混合词，如陶卜齐（纽扣）、古力半乌素（三股泉水）、旭泥板（新房子）、沙尔沁（挤奶员）、把栅（护法神）、巧报（小路）、板（房）、忽洞（井）、不浪（泉）、忽吉（碱地）、添密（骆驼）等。然后加上汉语词便成地名如：前巧报、西把栅、添密梁、乌兰不浪（红色泉水）等。还有以人名、官名命名的，如三卜树是人名，甲兰、台吉是官名。

方言词汇必须解释才能懂，如日殃（奇怪）、克量（别扭）、客稀（可惜）、稀罕（少见）、跄蹭（慢慢地挪动）、生灾（得病）、不戏色（不舒服）等。

用方言组成的成语有些能听懂，有些也难理解，如二惑二信（半信半疑）、七抽八扯（不合群、不团结）、三锅两灶（吃不到一起）、土眉浑眼（不讲卫、没有洗脸梳头）、可卯对缝（正合适）等。

原郊区乡村教师霍征平从1984年开始收集整理方言成语，于1990年末脱稿成书，1995年付梓出版了《民间成语词典》，其中收录了呼和浩特市郊区的方言成语数千条目。

原郊区教师刘文秀耗费毕生心血，从青年到中年，收集整理编写出《呼和浩特市方言辨证》一书。

以上这些都可作为赛罕区非物质文化保护项目，加以传承和推广。

地方小戏二人台有一出戏叫《探病》，还有一出戏叫《借冠子》，其中的台词对话就是运用此地方言创作的，外地人听不懂，赛罕区的当地人就听得津津有味，百看不厌百听不烦。尤其是名角亢文彬（赛罕区前巧村人）扮演的刘干妈和王嫂更是深入人心，迷倒观众一大片。

呼和浩特晚报还开辟了一个广受读者喜爱的专栏《家乡话》。

这里举一个例子，两个农村妇女的对话。

甲：她二妗妗，多时没见，好稀罕，你可是“龙王庙的神神——二月二才能见一回！”

乙：呀咦呀，俄（我）不是“猴儿吃麻糖——撕撅不开”嘛！二后生的媳妇儿给俄生下个可喜的孙娃娃，俄不得去伺候月子。

甲：俄说咋来来，就像刚出笼的大白点心（馒头），把你吃得像唐僧肉呀似的，虚腾腾白凌凌就像

个玉观音……这月子伺候的，把媳妇儿饿瘦了，把你养肥了！

乙：不害（和）你灰说了（聊天），俄还得给媳妇儿去做晌午饭嘞！你是甩手掌柜闲夫人，明儿（明天）来俄家串门来哇，顺便眊眊（看看）俄那胖孙娃娃！

甲：俄看你那孙娃娃还没你肉实（健壮）呢！月子地你尽吃香喝辣荣获（享受）啦！

乙：你这张露风嘴，俄可说不过你！你捂住半拉嘴，都能说死诸葛亮！

甲：好啦，快去做饭哇，喂你的脑袋哇！可不要一人吃独食，给你那媳妇儿和孙娃娃也留个碗底底！

听过这番对话，是不是觉得她们就是《红楼梦》里的刘姥姥，语言多么诙谐幽默、生动有趣！

这就是赛罕区方言的魅力，里面有成语、歇后语和古典小说中的人物故事。

民间谚语传后人

赛罕区流行的谚语十分丰富，它是当地人们用朴实而凝练且通俗易懂的语言将千百年来人民群众劳动生产、生活经验予以高度概括而成的常用短句，是运用通俗、简练、上口的口头语言对当地风土人情、处事哲理、生活事理、农事耕作、气候时令等方面经验的总结。在语言风格上往往采用形象的比喻和夸张的手法。谚语的种类一般按照谚语的内容划分，可分为农谚（林牧农水、农时谚语）、风情谚语、事理谚语（成规谚语）。

农业谚语

农作物的适时播种和抢墒保苗是关键环节。 有农谚为例：“麦种前十墒，必定多打粮”“一年之计在于春，一日之计在于晨”“小麦高产，种早种浅；早种年年收，晚种碰年头”“小麦种在前十墒，根深叶茂颗粒壮”。下种必须掌握好气候，要按照本地的气候特点和季节变化，什么时候种什么，形成了一个规律，用此地人的话说，叫“死根儿”。

以上这些农谚意为小麦适时早播，由于春小麦生长期短，成熟得快，便得出“种在冰上，收在火上”的谚语。在赛罕区这块土地上，农民们根据多年的实践经验，又总结出春小麦务必在清明前后十墒下种。所谓前后十墒是指清明前十天和后十天，因此，在墒内播种小麦较为适时，但种在前十墒更好，如出墒种小麦在诸多方面不利生长。早种之道理是由于春季清明前土壤表层已开始解冻，但消融的较慢，土壤水分蒸发少，有利于小麦发芽、出

苗、生长。又如“小麦出了墒，施肥也不长”“春风早，谷雨迟，清明前后正当时”。沿大青山一带的旱作地区有这样的俗语：“春风过，麦始播”，这些都说明了早种小麦是增产的重要措施。

有关播种深浅度的农谚有：“二指浅，四指深，三指种麦正当心”“埋麻、露麦，窖黑豆，种深种浅看年头”。这是说根据墒情来掌握深浅。还有“豆种深，谷种浅，糜黍只盖半个脸”“麦芽软，谷芽硬，糜子芽芽顶破瓮”。除墒情外，还要考虑种子的软硬度。

再以秋作物为例，“立夏种胡麻，九股八个杈；小满种胡麻，至老也开花”。胡麻也是宜早不宜迟。又比如，“小满前后，点瓜种豆”等。

“庄稼一枝花，全靠粪当家”“种地不上粪，一年瞎胡混”“粪是庄稼宝，没它长不好”“地靠人来养，苗靠粪来长”“三追不如一底，年外不如年里”“底肥金，追肥银，肥多不如巧上粪”“水是铁，粪是钢，少了一样难打粮”“水是庄稼血，没它不能活”。还有“种地不倒茬，白废犁和铧”“高粱种重茬，重茬年年瞎”“茬口倒顺，等于上粪”等。

还有防治病虫害的农谚：“灭虫如治病，不治苗丧命；秋后雨水多，来年蝗虫稀；秋后不深耕，来年虫子生”。

田间管理方面的农谚：“糜锄点点谷锄针，高粱锄在出笼笼”“头遍浅，二遍深，三遍培土不伤根”。

还有说的是夏粮和大秋作物收割：“处暑不出头，割了喂老牛”“杏黄一时，麦收一晌，适时收获，龙口夺粮”。因为小麦成熟的较快，当看上去基本黄了，便开始收割。这是老农得出的经验。

“多种瓜和菜，能吃又能卖”“家种一亩菜，挣钱来得快”“有菜心不慌，能顶半年粮”，这些农谚是农民增产增收的经验总结。

植树造林的农谚有“山上栽了树，水土能保住，山上栽了树，等于修水库”。还有“山上种树草，水土流失少”“家有百棵树，不愁吃穿住”“栽下花果山，强似粮米川”。

另外，“桃三杏四梨五年，葡萄也得二三年，想吃苹果六七年”，这条谚语在全国范围内也普遍流行。

在农谚中，有关畜牧业方面流传的也不少，如买进牲畜时，什么样的有力气，什么样的好使唤。通过人们的眼力也能看出个八九不离十。如“长牛、短马、圆骡子”“牛要四蹄圆，猪要四蹄粗；母的下母的，二年下五个”。

气象谚语

气象谚语是反映当地天气变化

的谚语。比如："云往东，一场空；云往西，下大雨；云往南，水推船；云往北，打倒麻子带倒谷""雷声雨，三后晌""日落云里头，雨下半夜后""九九有风，伏伏有雨""黑云接日头，且不上放枕头""雹打一条线，雨下一大片""东南风下，西北风晴""蛤蟆叫唤水瓮津，狼眼母狗子打喷嚏""正月十五雪打灯，来年必定好收成""二月重河冻，米面憋破瓮""立夏东风摇，麦子水中捞""天上鲤鱼斑，麦子不用翻""川怕白露，山上处暑"……

风情谚语

例如："内蒙古三件宝，山药莜面大皮袄""一天能学个买卖人，一辈子学不了个庄户人""十年树木，百年树人""人到中年烦事多，人活七十古来稀""人老三不贵，贪财怕死不瞌睡""外来的和尚念经，当乡不养当乡人""靠山吃山，靠水吃水"……

例如："山不转水转，人不亲土亲""宁拆十座庙，不破一门亲""吃不吃留肚子，走不走留路子""犯病的不吃，犯法的不做""不吃苦中苦，难做人上人""只要功夫深，铁棒磨成针""话不要说死，事不要做绝""不听老人言，吃亏在眼前"……

呱嘴串话顺口溜

呱嘴串话顺口溜在赛罕区十分流行，广泛应用，这是一种有说有唱、形式多样的韵律文体。好听、好记、好说、好唱。顺口溜老百姓也叫"溜呱嘴""串儿话""调句儿"等。

"呱嘴""串话""顺口溜"中的比兴修辞方式，在蒙汉两种语言的谐音押韵上，几乎无所不在。这些来自日常生活中或身边的顺口溜，题材广泛、不拘形式，生动活泼，合辙押韵，急缓有度，字里行间蕴藏着许多的人生哲理和生产生活知识，不但给人以启迪和智慧，还给我们的日常生活增添了不少的生活情趣。

在民间流传过的"顺口溜"中，其中有褒有贬，听来幽默风趣，悦耳顺口，同时也反映了一些社会现象，群众心态。

中华人民共和国成立以后，农村的土地改革搞的轰轰烈烈，穷苦人民当家做主，过上幸福的生活，为此人们编出顺口溜："分了房、分了地，地下摆的红躺柜，砖墁地，仰层房，大花盖窝垛半墙。"在生产队吃"大锅饭"的年代里，讽刺队干部官僚主义严重的有："队长肥，会计胖，保管吃下个双脊梁，社员干吭吃不上""大队干部散披袄儿，头上戴的解放帽儿，嘴里叼的洋烟

卷儿，走的坐的哼曲儿曲儿，你看牛气儿不牛气儿。”

由于“三级所有，队为基础”的农村体制陈旧呆板，“大锅饭”盛行一时，在收益分配上搞绝对平均主义，干与不干一个样儿，造成人心涣散，调动不起农民群众的积极性，社员们出工不出力，致使集体经济发展停滞不前，农户的家庭经济收入几乎没有。大部分人家“倒开红”，其结果不难想象，他们的日子是何等的“稀荒”：“农家穷的叮嘣响，户户缺钱又缺粮；早起糊糊晌午饽儿，来了戚人才摊张花儿；大锅饭就是好，家家户户吃不饱；不管够不够，口粮三百六；大河里有水小河里满，大河里没水小河里干”。“大锅饭”最终的结局是：“集体空，社员穷，垒欠外债还不清，干部社员没精神，指望国家过光景”。

党的十一届三中全会后，农村推行了家庭联产承包责任制，一少部分思想守旧的队干部产生了消极思想，他们对党的政策理解不透，于是道出了：“辛辛苦苦几十年，一黑夜回到解放前。”以上这些说的是包产到户后，由于种种原因，集体财产确有损失。但是随着农村改革的不断深化，家庭联产承包责任制在促进农村经济发展上发挥了巨大的作用，农民大受实惠，上面提到的这些“顺口溜”就再没人说了。由于党的政策深入人心，极大调动了农民的生产积极性，彻底解放了农村生产力，不论男女老少齐上阵，那时人们说的是：土地回了家，合理又合法；包产到了户，家家有劲头；上至出气，下到七岁，不管大小，全部下地。女的帮楼男的种，娃娃们跟上打碌砘。

在现实生活中，确有一部分人，把宝贵的时间和精力耗费在吃喝玩乐上，人们对此十分反感。批评这些酒徒们：三杯过后豪言壮语，喝过半斤胡言乱语，再等片刻不言不语。喝酒三斤四斤不醉，打麻将三天四天不睡。打猎三天四天不累，跳舞三步四步都会。农村女青年找对象的时代特征：一工二干三军人，再没办法找农民；灯芯绒一身，红裤带一根，球鞋一蹬，到公社登记结婚。

形容老干部、老革命是：抗日战争上战场，解放战争扛过枪。抗美援朝渡过江，三年困难吃过糠。改革开放献力量，新老交替把病养。

改革开放后，人民的生活水平发生了翻天覆地的变化，农民朋友又编出了这样的顺口溜：“小米莜面家常饭，白面油肉拉不断，过时过节另改善，出门不用走，洗衣不用手，看戏坐炕头；吃细粮，盖新房，

游世界，买高档，剩下票票存银行。”

总之，顺口溜作为一种民间口头文学，各行各业无处不在，男女老少人人喜爱。

幽默风趣歇后语

歇后语是一种流传在民间并具有民族特色、地方特色的语言。是用生动活泼、幽默风趣的语言来引人发笑的一种语言艺术。它集中地运用比喻、双关、谐音等传统修辞手段，以“比喻—说明”的结构，或全部或部分说出，从而生动、形象地表达人们对这一事物的认识和评说。歇后语通俗、活泼、幽默、风趣、含蓄、深刻。它不仅在人们的口头交流中喜闻乐见，而且在作文撰稿中也为之增添了文学艺术色彩。

幽默风趣的歇后语分前后两部分，即前半截后半截。前半截的话是一种比喻，而后半截的话是前者比喻的揭晓。仿佛谜语中的谜面和谜底。它的前后两部分，全靠比喻与比喻的对象之间的某一个“点”来联系，例如“秋后的蚂蚱——蹦跶不了几天”。前半截是“秋后的蚂蚱”，是一种比喻，后半截是“蹦跶不了几天”也是比喻，是比喻所要表达的意思，对象之间关联的点就是“蚂蚱”，后半截是对前一比喻的揭晓。秋后紧接着是初冬，因“蚂蚱”这类昆虫受自然气候的制约，生命随着季节的变化而即将结束，这一点就联系到“蹦跶不了几天”。这个歇后语在赛罕区也普遍运用。用它来比喻某一事物的发展及将停滞或另有变化，比如，日本鬼子是“秋后的蚂蚱——蹦跶不了几天”。

在这些幽默风趣的歇后语里，有的是喻义歇后语，也的是谐音歇后语，在这些歇后语里，因不乏幽默风趣的意象，更有独特的风格和鲜活的民族色彩。它的产生和运用与蒙汉各族人民的社会生活有着密切的联系，特别是赛罕区的那些带有方言的歇后语，更富有深厚的生活气息。比如：

老鼠过日子——小打小闹；

肉包子打狗——有去无回；

狗咬狗——两嘴毛；

小黑河下豆面——碗大汤宽；

拉胡胡绝了弦——没了调；

山羊钻栅栅——露甚毛脸脸了；

麻袋上绣花——底子太差；

外母娘嫁女婿——有点扳辈；

炉坑里生豆芽——扎下些灰根；

大青山上瞭见玉泉井——远水解不了近渴；

旧城的巷子——圪料把弯；

白塔顶上栽跟头——艺高人胆大；

茶壶里煮饺子——有嘴道(倒)不出；

讨吃的油家具——穷说（刷）；

电线杆刻手章——大才（材）小用；

老和尚住窑洞——没事（没寺）；

坐上火车放鞭炮——想（响）得远。

红白事宴代东词

婚嫁说道词

不论是在城里，还是在乡下，代东的说道，都很讲究。城里人的说道总摆脱不了“主持词”的味道。而乡下人的那些说道虽然通俗，但读起来顺畅，听起来耳熟。概括起来说：有特点，有新义，有味道，不俗气。下面列举婚礼上的几段说道词。

各位亲朋、各位来宾：

今日这场婚礼由我来主持，

全权代表东家操持各种礼仪，

称不上什么总管、代东、司仪，

只是在婚礼上说道几句。

婚事要新办，改变旧习惯。

文明办喜事，红火又好看。

这是东家的心愿，

也是众亲朋们的企盼。

当新郎、新娘以及东家二人站到前面或台上时，代东的伴着抒情的乐曲说道：

各位亲朋往前看，

东家和新人在台上站，

老少两对喜盈盈，

披红挂彩英姿展。

新娘芳名□□□；

乘龙快婿□□□；

自由恋爱结秦晋，

二人共度好年华。

郎才女貌天仙配，

满脸绽开朵朵幸福花。

恭恭敬敬三鞠躬，

胜那万句感谢的话！

第一先给父母亲，

感谢二老养育恩。

二老面前把爸妈叫，

从此正式改名称。

此时，新人（或男或女）要高声叫一声爸和妈，因为以前均称呼姨姨或叔叔，婚日这天正式改口。父母双方在应声后还要赠送新娘或新郎一个大红包，当然里面是钱了。故称“改口钱”。待这一礼仪进行完毕，代东继续说：

第二鞠躬给至亲，

表表心意谢关心。

第三再给众亲朋；

感谢大家前来贺新婚。

鞠罢躬来行完礼，

新娘新郎回席位。

介绍完新人再说那东家父母亲，

乐队奏响赞歌来助兴。

爱的奉献谱真情，

父爱母爱实感人，

养育子女有功勋。

今儿个东家心情好，

面对来宾表表心。

现今有个习惯，婚礼上不怎么耍笑新婚夫妇，而大都愿意耍笑东家即双方父母。让他（她）们上台，讲话都是故意安排的。因为这个年龄段的人们，在结婚时很平淡，更谈不上红火热闹，所以他（她）们借儿女们的婚礼要耍笑大人。如此一来，代东的不得不把这一议程说道说道：

东家讲得很坦诚，

看来东家很欢欣。

谨请大家斟满酒，

一饮喜酒伴歌声。

东家有心把事宴办大，

也想让大家红红火火。

可是有党和国家的政策，

为树立榜样决不能出格，

宴席只安排了十桌。

饭菜普通，味道可不差，

希望大家尽情地吃喝。

席间还有节目穿插，

谨请来宾们踊跃参加，

为的是活跃气氛增添欢乐，

共同度过这美好的时节。

此时东家退场，亲朋们各就各位，一边听歌，一边用餐。代东的最后说：

代东的说道暂告一个段落，

下面请乐队主持人负责。

总之，赛罕区代东的说道词很有特点，它反映出了这一地区的人情风貌，又体现了民间口头文学的独到之处。

土默川大地海海漫漫，地域辽阔，在赛罕区境内事宴场中，代东者大都说道自如，现蒸热卖，即兴发挥，出口成章，应对如流，看到什么说什么，带动整个场面热烈的气氛，使宾客感到亲切愉快，心情舒畅。

随着时代的变迁，民间的一些婚嫁事宴代东词也在不断改进，把一些封建迷信、低级趣味的东西逐步淘汰，大都提倡移风易俗的新风尚。于是“代东的”所吆喝的语句也出现了一些新意，增添了文明健康和有益礼仪风尚的内容，同时也起到宣传党的政策的作用，可谓一举两得。

在“红事宴”（婚礼）中“代东”的说道就糅合进反映新时代、新风尚的内容。例如：新事要新办/改掉旧习惯//封建迷信不宣扬/移风易俗理应当//文明健康操办婚事/从俭节约多多提倡……大红公鸡红冠冠/自找对象心宽宽//新郎新娘喜盈盈儿/披红挂彩花蛋蛋儿//喜鹊鹊报喜双翅翅忽抖/婚姻自主新社会才有//这会儿的年轻人实在是嘣/全靠党的政策好……大红喜字家门上贴／改革开放过上好生活……

有的“事宴”中由于东家的子女们都是国家公职人员。婚礼不宜大操大办，因此安排的饭菜也一般普普通通。代东的就会结合一些有关政策方面的内容，并用解释性的语言说道一番：东家有心把事宴办大／因为子女在外面工作∥不是个干部就是个工人／考虑到影响不能出格……

又如：事宴操办的不算大／勤俭节约是古人的话∥大操大办不可取／铺张浪费更可怕∥不要为了一时红火／弄得家人少吃没喝∥再说也不符合国家的政策／不是东家小气∥只是政策的关系……

不难听出，因为党和政府提倡婚丧嫁娶等各种礼仪庆典不要大操大办，这也正符合我国的国情和民情，符合勤俭节约的优良传统。

经过“代东”的这么一说，可使亲戚们谅解，对东家的饭菜安排如何也不予讲究了。“代东”的能言善辩也就表现在这里。

丧葬说道词

在所有的事宴中，白事宴礼数最多，讲究最多，说道也最多。白事宴在安席（就餐）之前还有个“服孝”的说道。服孝亦称作“破孝”，这指的是所有参加葬礼的亲朋好友或重或轻，都要为丧者戴孝，东家要依据亲戚远近，把白布扯成各种规格的布条发送给他们佩戴。因此又叫作“破孝”。如果孝破的不对，很可能会埋怨东家，说穿了埋怨代东的，这一现象俗称“吵孝帽子”，这就引出了一个礼节问题。所以，在安席前、起棂前要讲明一下亲友们破孝的规格与自己所佩戴的孝条是否相符，又仿佛是举行“服孝”的仪式。当众孝子跪在棂前时，代东的手扶顶在大孝子头上的孝盘，面对亲朋等又开始吆喝：

服孝

众位亲朋，不要喊叫，
代东的现在开始服孝。
孝子孝孙，依次跪倒。
头戴麻冠，身披重孝。
手拄丧杖，哭泣哀悼。
头顶孝盘，盘中有孝，
孝盘里放着白布孝。
孝子们头顶头孝、腰系腰孝、脚扎底孝；
亲戚们根据属系都要破孝；
家下人自办陈孝；
村亲们来了给点掖孝。
孝不对重拉重破；
席不对重安重坐；
礼不对马上改过。
各位亲朋，你们知道：
亲家是你们的亲家；

礼节是代东的礼节；

你们也不说，东家也没道，

你说代东的咋能知道。

问一声亲朋们：孝破的对不对？

（此时有人答：对啦！）

孝对了就礼对，

孝子们磕头起——去！

经过这个“服孝”的程序，方可安席。安席时的说道是大范围的，较之以上小范围的说道要长得多，也可以说是在整个事宴中最精彩的部分。

安席

“破孝”的礼节有说道，而安席的礼节更有说道，比如亲家是“主席”家，应该坐在什么位子……同时还必须把他们请回首席，因此又俗称“请客”。这是一个十分讲究的礼仪习俗，如果在安席（座位）上出了差错，那么，主席家就会埋怨事宴中礼节不到，甚至与代东的打点儿小麻烦。因此代东者在安排操持礼仪上特别重视安席这一环节。

按照传统惯例，乡下的白事宴都讲究陪柩坐席。就是指起柩前要先请主席家和其他亲属们先坐一蓬子席，这时孝子们要在柩前哭丧；再奏起鼓乐，故而叫作陪柩坐席。

在安排亲友们入席就餐时，代东者再一次面对众孝子、众亲朋等说道起来：

各位亲朋，安席啦！

通知鼓乐，鸣锣张号，

听代东的向亲朋们开道：

棚里的向外伸，

棚外的往里请。

终寿的知喜，

吊孝的知礼。

不论你尊辈大小，

听代东的按礼排道。

家有千口，主事一人；

桌子千张，首席二张。

老东家黄金入柜，

少东家服孝在身。

他们不能侍应亲朋，

只有我代东的来给照应。

……

请客

紧接着代东的继续吆喝：

办事宴难免好中出差，

有遗漏的亲友与代东的答话。

代东的是个农民，胸无才能，

文化薄浅，礼仪欠通。

没经过世面，学礼不高，

十有八九检点不到。

说不定辜负了东家的心情；

有可能得罪了各路亲朋。

如有高人出来指点批评，

代东不仅感谢还双手欢迎。

凡是来吊孝的不是近亲，

就是个好友。

若有不到之处也不要吵闹，

有话坐下来慢慢儿开道。

若有吵闹，亲朋们定会耻笑！

交往上有点圪圪拗拗，

场合上也不能斤斤计较，

再说亲家之间咋能不交。

各位亲朋：

自己的亲的自己照；

谁还没到赶快叫。

自己的娃娃自己抱；

省得安席到处找。

要想礼周，话得先说；

话说在前，不会错差。

礼是个话，话是个礼；

话到礼周少是非。

众位亲朋，咱们闲话少说，

代东的年老体弱，

还有点儿舌干口渴。

开始通知鼓乐，

打鼓鸣号请客

……

人们便伴随着鼓声开始就餐。

起棂

待一蓬席坐完后，便开始起棂。这是代东的最后一次说道，起棂说道更富有诗意。

孝子孝孙棂前跪，

掩材起棂揣“富贵”。

唢呐吹起《苦伶仃》，

众位孝子哭涕涕。

长孙脑上“引魂幡”，

长子要把大头背。

女婿手撒“引路钱”，

金钱相伴魂归西。

“衣饭钵子”同“浆水”，

一并担到坟园里。

花圈纸扎搬出院，

要与枕头烧成灰。

地上摔碎“孝子盆”，

灵车“杠头”齐准备。

至亲花钱来“起棺”，

孝心献至“黄金柜”。

人而虽死魂还在，

也知亲人敬孝意。

棺材架置木凳上，

孝子拄杖跪在地。

鼓乐改奏“起棺曲”，

红红火火送灵归。

起棺之后绕街转，

“收头挂孝”后跟随。

待棂送至村口外，

摘取布孝才返回。

孝子护棂到坟地，

远送亲人把家离。

若有“村亲”拦鼓乐，

街头停顿方可吹。

人死不能再生还，

一生只有这一回。

生死离别人人遇，

九泉之下安息睡。

您老若是想人间，

来世转生等下辈。

架材！

这一首《起棂歌》把整个起棂、起棺、送葬、安葬的过程表述得清清楚楚，且包罗了诸多的有关内容，既安排了有关事宜，又悼念了逝者的亡灵。这不能不说是赛罕区民间习俗、民间文化、风土人情的又一大特色。

在此期间，“代东”的还要招呼一下各执其事的帮忙人员（服务人员）。语言精练地吆喝道：帮忙的，马上就要安席了/大二厨房做饭的/提酒倒水端盘的/烧锅炉的套碗的/甚不甚把炊餐用具清洗干净/千万不要带上细菌以免生病/端盘的要拿好带手（抹布）/提酒的要准备好酒壶先下盅筷/后上凉菜/酒过三巡/再上热菜。

同时还要紧让一下亲朋中有无吃素不吃荤者。各位亲朋：吃素不吃荤/提前要作声/告诉大厨房/炒鸡蛋烙油饼/再打个罐头/顶菜就酒/下菜了。

同时要求端盘人员必须是：文明端盘，礼貌待戚，来回搭照，注意礼节。

随之又喊道：东家安顿了□□个盘，各位亲朋请就餐。

乡下流传念喜歌

在赛罕区农村，乡下办事宴常见念喜歌。这种民间习俗至今流传。旧时，不论是红白喜事，还是生日满月、起房盖屋，据说都要请回一位能说会道的念喜人，面对东家等众人，出口念道一通祝贺之语和吉利之言。后来这一“职业”逐渐被一些讨吃要饭之人所取代。凡是讨吃要饭皆为穷人，为了好张口多讨要，适逢办事宴的场面，便前来念道几句，故称“念喜歌”，亦称“贺喜歌”。“念喜”的多则四五个，少则也有一两个，念喜者大都口才好，现蒸热卖，即兴发挥，出口成章，应对如流，看到什么念什么，给整个场面增添了欢乐的气氛。其目的一是为东家祝福庆贺，二是多能要上几个钱，以少换多，故称“喜钱”。还能饱饱地吃喝一顿。念喜歌的人不乏文化品位，实属民间一种口头文学。

一般念喜的右手高举并攥着几块、几十块、上百块的崭新票子，进得院门，边走边念，走一步站两步，拿腔拿调，极有韵味。内容是看到什么念什么，有时还要现编。看，念喜的来了！走进院门便会听到：

大代东，二代东，
念喜的临门贺新婚。
东家正在喜宴中，
引来我这个念喜的人。
大家不要小看我，
念喜的人儿也是人。
贺喜不把行当分，

讨吃要饭理常情。

七十二行皆有我，

出口成章念喜声。

无奈家穷吃此饭

念喜祝贺进你门。

老东家为小东家办婚事，

院中站满贺喜的人，

东家为人肯定好，

能请亲朋满门庭。

……

声音洪亮，朗朗上口，悦耳动听。继续念道：

东家是个有钱人，

房屋院落出一崭新。

一看大门高又宽，

东家必定财气生。

二看院落方又正，

东家必定好门风。

三看正房砖瓦盖，

东家必定是个手艺人。

此时看到二位新人，便念道：

左看少东家，

满脸喜盈盈。

右瞧新媳妇，

人才长得俊。

祝贺二新人，

百年结秦晋。

白头直到老，

相爱到终身。

郎才女貌好婚姻，

典礼拜人鞠躬忙。

新郎新娘披红彩，

红喜门中红宴开。

亲朋好友贺红喜，

满堂喜气红运来。

大红喜字门上贴，

新人又将红花戴。

炕上一垛红铺盖，

红火热闹好气派。

接下来又念道：

念喜念到此，

也算贺新喜。

哪位是代东，

请你快言声。

多给喜钱打发我，

好让念喜的走出门。

念喜的嘴，

嘴念喜歌声不住。

念喜的手，

手举喜钱往前行。

到此，还要夸赞性地念道几句：

东家给我一百整，

当年就能抱孙孙。

东家给我一百三，

辈辈儿孙作高官。

东家给我一百五，

下代能出大干部。

东家给我二百元，

东家发财挣大钱。

此时代东或是东家，要上前接住念喜人手中的钱，再从自己身上掏出多于几倍或几十倍的钱交其手

中，这就是“以少换多”。

念喜人接过钱后，又来两句：

感谢东家给不少，

念喜到此结束了。

新人典礼我吃饭，

快给我端来酒肉糕……

随后，东家给他端上酒肉糕，他在院内大口大口地吃喝完毕，高高兴兴地离开这个红火热闹的场面，还要再最后念道两句，留下美好的祝愿：

这会儿的年轻人实在是嬲，

全靠党的政策好。

和和气气过日子，

恩恩爱爱永不分。

随着时代的进步，这一口头文学逐渐被淘汰。因经济社会的发展，人民生活水平的提高，讨吃要饭越来越少，只在乡下农村偶尔还能见到。念喜歌来自民间，最早是出在高雅人群中，后传到要饭之人，再转成代东祝词。

中堂对联玻璃画

有一则民间谜语，谜面是：姐妹二人一般长，身穿新衣放红光，待到大年三十儿到，迎客站立门两旁。谜底：春联。就是春节贴的对联。

赛罕区的民间对联除春联外，还有各种各样的联。如喜联（结婚、庆典用）、寿诞联、宅第联、行业店铺联、风景名胜联、中堂联等。

满面中堂

春联：

一夜连双岁，五更分两年。

春降千门福，花开万户欢。

天赐一门吉庆，春来二字平安。

喜联：

四季花常好，百年月永圆。

一门喜庆三春暖，

两姓欣成百世缘。

开市大吉财如海，

生意兴隆宝似山。

寿诞联：

福如东海长水流，

寿比南山不老松。

年高喜赏登高节，

秋老还添不老春。

三祝筵开歌寿考，

九如诗颂乐嘉宾。

宅第联：

家种吉祥菜，宅开幸福门。

门迎春夏秋冬福，

条屏对联

户纳东西南北祥。

择居仁里和为贵，

喜与人同德有邻。

行业店铺联：

三尺柜台传暖意，

一张笑脸带春风。

一点公心平似水，

十分生意稳如山。

但愿世间人益健，

不愁屉中药生尘。

风景名胜联：

丽日和风春淡荡，

花香鸟语物昭苏。

两来锁钥无双地，

万里长城第一关。

夜月桥边留画舫，

春风陌上引香车。

中堂联与中堂画，盛行与中华人民共和国成立初期至“文革”时。现不多见。

有一首民歌是这样描写民宅老房的：

四大眼玻璃大正房，

大红躺柜摆中堂；

手绘油布顺山炕，

炕围画百鸟朝凤凰；

缎面盖地（被褥）一崭新，

四季盆花窗台放……

一进家门，正面地上摆着大红躺柜，躺柜上摆着梳妆台、穿衣镜，正墙上挂着中堂。

中堂是由玻璃画和玻璃对联、横联组成。玻璃画内容是吉祥如意、福寿双全、凤凰牡丹、松鹤寿星等

中堂

玻璃画

民俗画，还有的是桃园结义、待月西厢、嫦娥奔月、天女下凡等神话、传说、故事。

玻璃对联的内容要与玻璃画的内容相辅相成，也可以将祝训家规书于对联上。

这里略举六例。

其一，福禄光明使君寿考，吉善长久宜我子孙。

其二，松风高驻千年鹤，玉露长滋五色芝。

其三，蔷薇香送清和月，芍药祥开吉庆花。

其四，春庭草香和烟暖，午夜书声带月寒。

其五，博学深思增智慧，更新除旧见精神。

其六，勤能补拙才偏敏，廉不沽名品益高。

此外，一些有闺房、客厅的宽敞房屋还要在墙上挂一些字画扇屏，有四扇屏、六扇屏和八扇屏。

呼和浩特市原郊区文化馆（今赛罕区文化馆）每年都要举办三种培训班，一种是文学创作班，一种是戏曲表演班，一种是美术创作班。

在美术创作班上辅导学员学习民间美术，如炕围画、中堂画、扇屏画等，还有泥塑、剪纸等民间工艺。

因此，呼和浩特市赛罕区便形成一支民间美术、工艺的创作队伍。其中的代表人物有侯德、云振宇、陈海根、郭羊换、王玉柱、乔月南、苏生元、何计锁、银积成、孙喜荣等。他们都能画炕围画和中堂画、扇屏画（其中有的还成为教授）。

玻璃镜

划拳行令酒文化

赛罕区地处呼和浩特市东南，与乌兰察布的凉城县、卓资县打交界，又与呼和浩特市南郊的和林县、北郊的武川县相邻。农区多、城乡结合部多，因此，民间盛行婚丧嫁娶的宴请和聚众会友的“打平伙”（大家平摊份子钱，实行AA制）的场合就多。

酒宴和打平伙就成了休闲娱乐的一种场合，大家不仅仅是喝酒吃菜以饱口福，还要划拳行令、猜谜打诨、说绕口令：念出酒令同时出手伸指，二人所伸指数合加正中一人口喊之数便赢，输者喝酒。此拳俗称“快拳”。

划拳酒令喊的都是吉祥数。

一字拳酒令：宝、好、三、鸿、魁、顺、巧、发、快、满，代表1至10的数字，即代表宝贝、好友、三星、鸿运、魁首、顺利、巧妙、发财、快速、满意之吉祥意。

两字拳酒令：一宝、俩好、三星（三阳）、四喜、五魁（魁首）、六顺、乞巧、发发、喝酒、全到（满意）。

三字拳酒令：一殿殿（意为殿试状元）、哥俩好、三星照（意为福、禄、寿三星）、四鸿喜（意为“久旱逢甘霖、他乡遇故知、洞房花烛夜、金榜题名时”）、五魁首、五登科（古代窦禹钧的五个儿子相继及第“五子登科”）、六大顺（指：君义、臣行、父慈、子孝、兄爱、弟敬）、乞巧巧（指：农历七月七日乞巧节）、八匹马（传说周穆王驾八骏赴瑶池宴会、唐王八骏、成吉思汗八骏、徐悲鸿画《奔》《八骏图》）、九重阳、满堂红。

四字拳酒令：一位高升、双喜临门、三阳开泰、四季来财、五子登科、六六大顺（六个六是《易经》六不顺利挂象，划“六六大顺”是化厄为顺，化险为夷之意愿。）、北斗七星、八仙过海、重阳登高（或“请您喝酒”）、十全十美。

还有唱拳。唱拳可唱亦可念。蛤蟆拳、苏州拳、蚂蚱拳、住娘家拳等。

例一：一个蛤蟆一张嘴，两只眼睛四条腿。扑通一声跳下水，五魁首呀跳下水。

例二：一条扁担颤悠悠，担上黄米下杭州。杭州不吃黄米糕，邀上美女游西湖。西湖有个雷峰塔，白蛇娘娘压黑头。多会儿救出白娘子，从此不再把罪受，六六六呀罪不受……

不过，现今猜拳行令已不多见，在农村也只偶尔见到。

剪纸刺绣画窗花

清代，大青山前后实行放、垦、戍边政策，由晋陕冀迁来的移民多为农民。这样一来，就打破了牧畜与农耕的界限，使农牧得以融合，也使得草原文化与黄河文化得以交流，发展成为多元素的土默川文化。

在赛罕区的农村名称中有许多是移民元素，如三应窑（山阴县移民）、阳曲窑（阳曲县移民）、由汉姓农民建村的帅家营、郭家营、腾家营、辛家营、罗家营、郑家沙梁、徐家沙梁等，还有开荒种田的三犋窑、什犋窑、六犋牛、老丈窑等，还有商号保全庄和匠人东瓦窑。

这些移民也把他们家乡的民间文化艺术带到这里，那就是剪纸、刺绣、窗花。这些文化艺术经过数百年的传承发展，融合了蒙、满、回等民族的风格，形成赛罕区独特的艺术特性。

赛罕区的民间剪纸，使用的是单色红纸，用剪刀来剪，有无样盲剪和有样套剪两种手法，还有留底纸多或少的阳剪和阴剪及二者结合的混合剪法。

现在还有剪和刀合用的、彩绘着色的、先画出样稿再照稿剪的，还有画、剪、刻、贴并用的，手法愈加多样的的剪纸的艺术。

赛罕区地区民间的剪纸法，还是在人们用油灯照明的时代，他们把底样放在一张白纸上，用水喷湿在一块木板上，再在油灯上用油烟熏，等干后，白纸上便留下底样。

把底样纸和红纸叠加在一起，用麻纸搓成的纸捻儿钉在一起，然后把不需要部分剪掉，就留下剪纸

作品了，一般情况下一次可剪出十几件作品。

还有一种折叠式的剪纸法，把红纸对叠或数叠，只剪其中一叠的图案。便可获得连续、拉不断、团花、多角的剪纸图案来。

民间剪纸用来做鞋上、帽上、衣上的花样，也作墙上装饰画用于喜庆婚宴、寿诞和春节。

刺绣要有花样（多为剪纸）、要有绣绒、绣布、绷子（竹圈绷紧绣布），刺绣时可用绣架把绷子放在上面，也可拿在手中绣。

过去，人们多用自己的刺绣品来作家居装饰，如门帘、窗帘、苫被褥的布、枕头面、电视机罩、沙发罩、圆桌罩等。人们还给孩子们刺绣虎头帽、虎头鞋、裹肚、围嘴、给大人刺绣腰子、荷包、烟袋等。

找对象相亲时，男方要看女方的刺绣品（民间称“扒花儿”），女儿出嫁要为自己刺绣嫁妆，给婆家刺绣礼品，还有布置新房的刺绣品。

年年过春节都要打扫粉刷房屋，纸糊的格子窗上贴窗花，窗花有两

种，一种是彩绘窗花，一种是剪纸窗花。彩绘的要到地摊集市买，剪纸的几乎家家都能自己剪，有时还送给左邻右舍。

赛罕区的剪纸刺绣彩绘窗花的民间艺人，几乎村村都有，有的已被评为非物质文化遗产传承人，有的被乡亲公认为巧手手。如大台的杨爱枫，不单会剪纸刺绣画窗花，还会十字绣、折纸艺、布贴画、编织，还会作诗写文章，她于2015年出版了诗集《枫叶集》。

过去人们都住平房，窗户上要糊白麻纸，再刷一层亮油。每逢春节，家家户户都要买民间画匠手绘的窗花，贴在窗户上，给家里带来新春的气氛。

窗花是用矿物质颜料或植物性颜色绘制而成，这些颜料画的窗花不掉色，不怕风吹日晒、雨雪的侵袭，从今年的春节到来年的春节，能保持一年十二个月鲜亮如初。

过去的窗框都有固定的规格尺寸，人们到集市地摊选择合适的窗花，也有请摊主当场亲绘所需窗花。

窗花的图案多为花鸟鱼虫，但也很有讲究，寓意吉祥。如牡丹寓意富贵，菊花寓意长寿，鲤鱼寓意富裕（年年有余），石榴寓意多子多福，蝙蝠、梅花鹿、松柏、喜鹊寓意“福禄寿禧”等。

窗户的四个角的窗花要对称，画成四方连续或祥云的图案，也有把喜鹊、玉兔、金蟾、蝙蝠、蝴蝶、百合、荷花、梅花等吉祥的动植物花卉画在窗户四角。

民间窗花是非物质文化遗产项目，过去的民间画匠会画炕围、照壁、中堂、寺庙壁画，也会画窗花。每到腊月过大年时，就要赶画一批窗花到集市上摆地摊，或走乡串村、上门入户兜售窗花。

赛罕区榆林镇古力半乌素村的苏生元被授予区（县）级手绘窗花

非物质文化遗产传承人。他手绘的窗花种类多达上百种，此外还手绘春节的门神、五月端午的“端午鸡”、“端午虎”和《春牛图》。

泥塑木雕炕围画

过去是有村必有庙。什么庙？龙王庙、土地庙、关帝庙（财神庙），还有观音娘娘庙。有些村把诸神合一盖“三官庙”（天官、水官、地官）。

有庙必有神，神像是由泥塑或木雕而成。因此，民间的盖庙匠人很吃香。匠人们组班搭伙才能完成任务。有泥瓦匠、木匠、泥塑匠、木雕匠和庙画匠。

如果没有盖庙任务，他们就散伙单干，在民间承揽盖房建屋、割柜制橱、捏泥人雕木哨等玩具和画炕画。

民间统称他们为手艺人，尊称他们为“师傅”。

大青山、蛮汗山盛产红胶泥，黏性大、可塑性强，再配以纸浆，做成泥塑用的专用泥，泥塑泥要多次甩打揉搓才会不破不裂，还要把泥阴干揉熟，如面如饴，如胶似漆。

泥塑分为手捏刀刻和模具套扣。如果量小就用前者手艺，如果量大就用后者模具。

每逢民间传统节日、社火庙会，手艺人就忙碌起来，男红女绿的泥娃娃，莺歌燕鸣的鸟哨哨（木哨哨），还有泥塑观音菩萨、木雕如来弥勒佛等，还有手绘的鬼脸（脸谱）、木制的刀、剑、枪、矛。这些都是大人家供的神像和娃娃们最喜欢的玩具。

画匠们还木刻成版画如灶王奶奶灶王爷、赵公元帅财神爷、端午

鸡鸡黄老虎、秦琼尉迟守门神……这些木版画为传统节日增加了神话色彩和节日的气氛。

民间有养儿盖房娶媳妇的习俗。娶媳妇前要盖房、盖好新房要画炕围。这就为绘画庙的手艺人开辟了一条生意门路。

炕围画画的是三面墙，最长的墙叫“正炕”，短的叫“侧炕”。正炕主池画，侧炕副池画（辅助）。

主池画主题有古戏曲、神话传说、历史故事、人物轶事、山水风景、花鸟鱼虫、动物等等。

一旦定下主画内容，即在主池两侧延伸，直至侧炕池里的辅助画内容。

以三国演义为例，主池要画三顾茅庐，延伸池要有草船借箭、借东风、火烧赤壁、空城计、战马超、收姜维、六出祁山等。这些故事都是围绕诸葛孔明的，还可以是五虎上将的、三国主君的。

这类炕围画以暖色调为主。

如以山水风景或以北京颐和园为主池画，展开北京天坛、八达岭等风景画；或以杭州西湖为主池画，展开苏州园林、无锡太湖等江南风景。

这类炕围画以冷色调为主。

此外还要在灶台、神龛、中堂、天地阁绘以壁画。

除池子作画，四周还要走边，用二方连续或盘肠、寿字、蝙蝠等造型图案走边把三面墙有机地天衣无缝地连在一起，构成一个整体。

赛罕区的泥塑木雕画艺人很多，他们又分南北两派，南派以清水河、和林、托县为主；北派以赛罕区、玉泉区为主。

榆林公社（今榆林镇）文化站是呼和浩特市第一个文化站，由呼和浩特市郊区文化馆（今赛罕区文化馆）通过办培训班、创作班培养了一批民间艺术家，还在榆林、陶卜齐、潮岱、苏木沁等村试行炕围画改革、画新炕围画。涌现出侯德、陈海根、王玉柱、郭羊换等一批民间画家，由内蒙古人民出版社出版了《榆林炕围画》一书和《新炕围画贴纸》。榆林即被誉为“远学户县、近学榆林”的“农民画之乡”。侯德、陈海根入大学深造后，成为大学美术教授，郭羊换成为赛罕区文化馆美术辅导老师。

榆林镇的银积成、苏生元、孙喜荣等是远近闻名的泥塑木雕炕围画的农民艺术师。

民歌吟唱爬山调

在大青山、蛮汗山区域内的黄河两岸流行着信天游、漫瀚调、道情、蒙古长调和爬山调等民歌，当地人还把它们叫作“山曲儿”或“民间小调”。

爬山调，顾名思义就是流行在山区的一种民歌，两句为一首，上句为起兴（比兴）句，下句抒情或叙事。

这是一种口头民间文艺，作者就是普通的老百姓。他们在生产劳动和生活中，如耕田、播种、锄草、浇地、秋收、打场、放羊时，以及洗衣、做饭、磨面、剪纸、刺绣时触景（起兴）或借景（比兴）演唱的。前者如：雾沉沉天气看不见个村，孤苦伶仃我一个放羊的人；后者如：二岁岁马驹驹跑冰滩，揽长工的营生难上难。这是旧时的爬山调。

除生产劳动和生活家务的爬山调外，还有一大批爱情爬山调，如：朝阳阳开花朝阳婆，二妹妹爱着三哥哥；满天的星星一颗颗明，满村村挑中哥哥一个人。再如：麻阴阴天气濛森森雨，尔（放）下个枕头想起个你？前半夜想你睡不着个觉，后半夜想你拧不起个调！

在二人台小戏中还有用爬山调为唱词的剧目，有人把它们称为《爬山歌剧》，如《打樱桃》：樱桃好吃树难栽，朋友好为口难开。想哥哥想得迷了窍，抱柴禾跌进个山药

窑。铜瓢铁瓢水瓮上挂，至死也不说拉倒的话。

呼和浩特市郊区文化馆（今赛罕区文化馆）创作干部刘世远深爱爬山调创作，他创作出许多歌颂抗日英雄和赞美家乡的爬山调，并结集出版。

内蒙古人民广播电台文艺部在内蒙古自治区四十周年大庆时，组织人员改编爬山调、民歌200余首，并制作出版《爬山歌选》和《内蒙古西部民歌》等音乐磁带。其中由郊区文化馆创作干部王继周改编创作的有100多首（作曲者：王俊杰，李杰）。

内蒙古通志馆馆长邢野编辑出版了《内蒙古爬山歌集成》。

如今，爬山调已成为人们喜闻乐见的民间文艺创作形式，许多人喜欢运用爬山调形式来歌颂国家大事和新生事物。如《内蒙古西部民歌》音乐磁带中有一首名为《新农村上写春秋》的爬山调是这样写的：

大青山上飞起一对咕咕鸠，
建设新农村咱要迈大步。

大雁高飞拉溜溜，
咱双手开出一条致富的路。

天有头呀地也有头，
咱要在新农村上写春秋。

要让山川变绿洲，
要在新农村上绘新图。

新农村走得是幸福路，
咱二人肩并肩来手拉着手。

金凤凰落在个梧桐树，
恩恩爱爱咱就到白头！

金保年著作的《土默川风情》第三集是一部诗歌续集，书中也收入他创作的爬山调20余首。

地方小戏二人台

赛罕区原名呼和浩特市郊区，辖区包括市区外的所有乡镇农村。这些地区的农民多是在清代放垦走西口来的移民，他们带来的晋陕冀的地方戏曲和民歌，与当地蒙古族的民间文艺相融合，逐形成地方小戏二人台。

表演二人台的戏班，俗称“撂地摊”“打小班儿”“打坐腔”，七八个人就是一个小戏班。他们走乡串村，在郊区流动性表演。这些戏班子大多是业余的，农忙时干农活儿，农闲时组班演出。除挣现钱外，还以物代资收取粮油米面，俗称“挖莜面的”。

二人台的剧目多为民间艺人自编自演，节目一剧一曲，经常表演的有历史神话传说题材的《画扇面》《三国题》《八仙庆寿》《转山头》

等，生产劳动题材的《撒荞麦》《卖扁食》《卖烧土》等，生活题材的《怀胎》《借冠子》《打金钱》《探病》等，体育娱乐的《放风筝》《打秋千》《观灯》等，爱情的《卖碗》《五哥放羊》《挂红灯》《走西口》《打樱桃》等。

表演形式有三种：

一、硬码戏 以唱、念、做功为主，如以唱为主的《走西口》《方四姐》等，以念为主的《借冠子》《探病》《王婆骂鸡》等，以做为主的《压糕面》《摘花椒》《顶灯》等。

二、带鞭戏 以表演舞蹈为主，加霸王鞭、扇子、绸带、手绢的表演，如《打金钱》《五月散花》《挂红灯》等。

三、“打坐腔” 乐队与演员站成一排，谁表演谁出队到前面演唱、如《惊五夜》《送四门》《思凡》《十里墩》等。

乐队分文武场各三大件。文场四胡、扬琴、枚（笛），武场鼓板、梆子、四块瓦。打击、吹奏、丝弦三类。如果是在剧场舞台演出，还加上笙、箫、琵琶、三弦、月琴、撞铃等。

二人台的乐队擅长演奏“牌子曲”，它吸收了元明清宫廷古曲、京昆过场牌子曲和南北方的各民族各地方的民间乐曲，形成独树一帜的艺术形式。每次演出前必演奏二人台牌子曲，古曲如《得胜令》《万年欢》《退六州》（民间又称《推碌碡》）等，蒙古族曲如《巴彦杭盖》《阿拉奔花》《森吉德玛》《赛音戈壁》等，京昆曲如《南梆子》《急急风》等，北方曲如《八板》

《小放牛》等，江南曲如《茉莉花》《绣荷包》《黄莺亮翅》《八哥戏水》《百鸟朝凤》等，广东曲为《步步高》《旱天雷》等。

国家十分重视二人台艺术的传承发展，为此专门组织成立了“呼和浩特市民间歌剧团”，派来了王世一、吕烈、王彦彪、席子杰、都均一等编剧作曲的专家。首先他们着手收集整理二人台剧本和曲目，印制成单行册，正式出版发行。接着是在剧团排练，下乡演出。各旗县文化馆的文艺辅导干部下各村辅导，成立了村剧团和文艺队。当时，呼和浩特市郊区各乡村都有文艺队，后又叫“毛泽东思想文艺宣传队”。呼和浩特市郊区文化馆每月在各乡镇（公社）办一次创作班，把创作的剧本、表演、曲艺等节目编写成《群众文化》月刊。再发放给各乡镇农村演出队。农民汇演出乡镇，再到郊区，精选出的优秀节目参加市、自治区会演。《画炕围》《送军鞋》《追猪》《下乡路上》《喊山》等项目获奖，这些文艺节目曾在市《群众演唱》、自治区《乌兰牧骑演唱》、《鸿雁》等刊物上发表。郊区文化馆培养出周永和、张雨顺、姬宝宝、尹绍伊、王才元、张文正、丁尔文、裴秀海、陈文明、潘有仓、席仲玉、卜永祯等一大批二人台创作人才。郊区乌兰牧骑涌现出的优秀演员有段喜全、冯凤英、刘团凤、张二凤等。

建设新农村以来，各村都建起

文化室（文化活动中心），经常有组织或团体弹拉吹唱二人台。红火热闹以此娱乐，丰富业余文化生活。

童谣儿歌趣味浓

赛罕区地处大青山与蛮汗山环抱的土默特平原地带，又有大黑河滋润灌溉，土壤肥沃，适宜种植和养殖业。自明清以来，就有晋陕冀京津地区的人迁移定居。因此，这里的民间口头文学很丰富。有一种叙事性的童谣，是大人们教给孩子，一代代流传下来的。

童谣有许多是当代编写而后流传开来的，如《劳动创造幸福》：“太阳光金亮亮，雄鸡唱三唱；花儿醒来了，鸟儿忙梳妆；小喜鹊造新房，小蜜蜂采蜜糖。幸福的生活哪里来？要靠劳动来创造！”是在赛罕区幼

儿园和小学流传开的动画片主题曲。

还有《上学歌》：“太阳当空照，花儿对我笑；小鸟说早早早，你为什么背上小书包。我去上学校，天天不迟到；爱学习爱劳动，长大要为人民立功劳。”

在游戏中孩子们一边跳皮筋、跳房房，一边唱童谣。“跳皮筋、跳房房，青山高来流水长；董存瑞、黄继光，雷峰叔叔好榜样。农民爱土地，工人爱机器；战士爱枪又爱炮，

我们爱的是书和笔。我爱北京天安门，天安门上太阳升；伟大领袖毛主席，领导我们向前进。向前进向前进，我们是人民解放军；多吃苦多练兵，保卫祖国和人民……”

这种游戏歌是童谣串烧，唱了一首接一首，越唱越有趣，越唱越起劲，其中还时不时地加入孩子们的童言稚语。

内蒙古人民出版社出版过一本童话连环画《小狗搬砖》（王继周），后来这个童话故事还被苗苗杂志社、上海《童话报》选用，并获得了“全国宋庆龄基金会一分钟童话”征文奖。

再后来作者把它改写成一首童话诗：

一

森林里，好热闹，
小伙伴，真不少。
山羊伯伯工程师，
俱乐部图纸已画好；
小河旁，建码头，
小河上，架大桥，
游乐场，摩天轮，
运动场上铺跑道。

二

小狗汪汪来指挥，
各项任务布置好。
小猪和泥拿嘴拱，
小牛制砖用柴烧，
小马驮砖跑得快，
小鸭小鹅船开好；
码头搬砖是小狗，
交警小鸡吹口哨，
小猴来当泥瓦匠，
俱乐部大楼竣工了！

三

森林里召开庆功会，
孔雀开屏把舞跳。
大象洒水把扇摇，
青蛙敲鼓呱呱叫。
黄莺亮翅唱高调，
喜鹊飞来把喜报。
小狗汪汪第一名，
指挥有方好领导！

四

汪汪急忙摇摇头，
这个荣誉我不要。
众人拾柴火焰高，
小伙伴们都有功劳！

牌楼照壁古村落

过去的村路和官道衔接处，称之为“村口”。村口外都要建一高大醒目的牌楼。

牌楼形似一个大门框，两边门框有柱础、柱台和立柱，上面可盘龙附兽，也可以镌刻一幅“村联”；门楣上书写村名，雕绘吉祥图案花边。

材质可用木、石头，一般不用金属。因金属易风化生锈，有伤民

俗村风之大雅。

村口的里面要建筑一堵长方形或方形的墙壁，俗称“照壁”。照壁的作用是遮挡住村主街道上的商铺、房屋及行人，好像是村落的大门帘，因此，又称作“罩壁”。

照壁是用砖砌而成，顶盖有砖雕，向外的中心是“福”字或吉祥图案。向内的中心是一“神龛”，用来供奉三官（天官、地官、水官）。在春节、元宵节，村民们就把村外庙里的“神”请到这里，搭上供桌供三天，与民同乐。

照壁到村街道有一片空地，是村里集合活动的广场。正月十五元宵节、二月二龙抬头、春社戏、秋庙会都是在广场举行的。

在牌楼和照壁两旁还要种上树，俗称“迎客松”“摇钱树”；在广场摆些石凳供人休息歇脚，摆上石

槽放些水供鸟兽饮用，民间称之为“仙人台”“聚宝盆”。

过去的四合院，家家都设有大门和二门，大门迎街有“泰山石敢当”的小石碑立于墙基处。大门双扇，上有门钉和门环，叩门环而唤主人，主人开门礼让，客人揽袍跨大步入高门槛。

迎面便是院照壁，比村照壁要小得多，装饰画工和作用却大同小异。

二门有的在照壁侧面，有的在后面，多为月亮圆形拱门。

进了二门即进入庭院，庭院有花圃、鱼池和显示富贵荣华的树木，也有人家摆着盆景和根雕的，还有的人家喜养鸟置于笼中。进院后，给人以花好月圆、花香鸟语的感觉和享受。

进家门也有讲究，先在院中达知一声，主人答应后，掀帘而请客，屋内厅堂有屏风隔扇，遮蔽得体，以防泄漏私情隐秘。

生客立于地，主人让坐再坐于长凳上；熟客待遇厚，可直接跨坐在炕沿边；要是亲朋挚友，就脱鞋上炕，盘腿坐于炕桌旁，品茶叙旧啦！

以上所说的牌楼、照壁，保护和恢复最好的是郭家营村。读者朋友若有兴趣，可从呼和浩特市出发，驱车沿110国道东行路南即可见到书有“郭家营村”的大理石牌楼，村口可见照壁。

赛罕区文化馆邀请内蒙古自治区群艺馆老师为基层文化骨干进行“非遗”培训

非遗项目有传承

2008年以来呼和浩特市赛罕区把非物质文化遗产抢救工作当作一项非常重要的工作来抓。特别是近年来专门成立了非物质文化遗产保护办公室，正式有了从事非物质文化遗产保护的工作人员。

2009年以来先后有七个非物质文化遗产项目被列入呼和浩特市非物质文化遗产名录。其中：

2009年赛罕高跷被列入呼和浩特市非物质文化遗产名录。

2012年赛罕剪纸被列入呼和浩特市非物质文化遗产名录。

2014年赛罕泥塑被列入呼和浩特市非物质文化遗产名录。

2014年赛罕窗花被列入呼和浩特市非物质文化遗产名录。

2014年赛罕风箱被列入呼和浩特市非物质文化遗产名录。

2015年钱秀云、杨爱凤、侯俊玲被认定为呼和浩特市剪纸非物质文化遗产传承人，银吉成被认定为呼和浩特市泥塑非物质文化遗产传承人，苏生元、梁万仓被认定为呼和浩特市窗花非物质文化遗产传承人，任双月、王全伟被认定为呼和浩特市高跷非物质文化遗产传承人。

2016年4月赛罕九曲被列入呼和浩特市非物质文化遗产名录。

2016年4月赛罕木雕被列入呼和浩特市名录。

这些非物质文化遗产有了传承人。目前还有几项正在申报待批。榆林镇文化站高级馆员王玉柱于2009年被认定为自治区炕围画传承人。

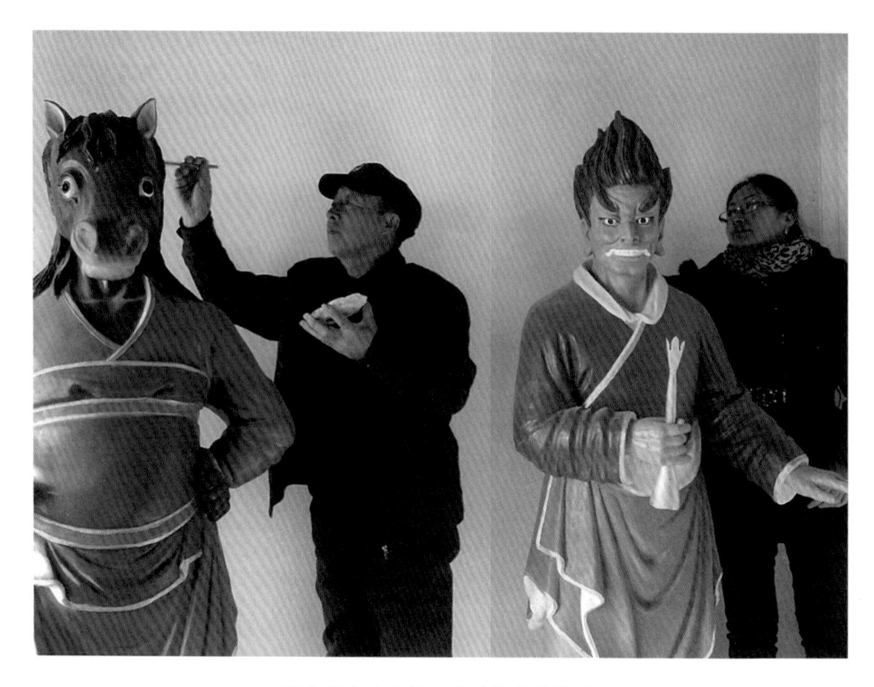

银吉成向女儿银丽霞传授制作技法

开展“非遗”宣传演出活动现场

诗歌吟咏

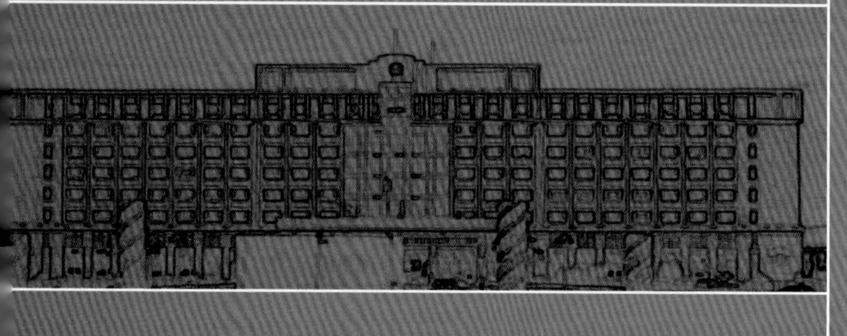

HUASHUONEIMENGGUsaihanqu

SHIGEYINYONG

文人墨客作诗文，
诗词歌谣吟古今。
古诗一首过丰州，
作者元代刘秉忠。
诗人杰作民间传，
文史书籍常引用。
塞外草原多素材，
过往游客顿生情。
情至深处挥狼毫，
写下作品韵味浓。
内容有今又有古，
诗苑花开鲜又红。
民歌精选爬山调，
作者皆是本土人。
选录诗歌十九首，
敬请读者细赏品。

诗 歌 吟 咏

S H I G E Y I N Y O N G

历代文人，笔下生辉。从绵绵深情的倾诉中，中可观古今之变，可悟兴废之理。近现代诗词歌赋生动活泼，道出了新社会、新面貌和人民群众的美好憧憬……

过丰州

元

刘秉忠

山边弥弥水西流，
夹路离离禾黍稠。
出塞入塞动千里，
去年今年经两秋。
晴空高显寺中塔，
晓日平明城上楼。
车马喧阗尘不到，
吟鞭斜袅过丰州。

秋 羊

元

许有壬

塞上寒风起，
庖人急尚供。
戎盐春玉碎，
肥羜压花重。
肉净燕支透，
膏凝琥珀浓。
年年神御殿，
颁馂每沾侬。

山丹花

明

方逢时

雨晴川路净，
空翠丽野色。
山花何袅娜，
含丹映文轼。
孤根沙塞远，
抱此肝胆来。
抚玩意已勤，
感叹情何极。
欲以贻所思，
空远不可及。

雨阻黑河

清

徐兰

天地有此河，

墨流独浼浼。

黄河曾为圣人清，

浊浪咆哮独不改。

迢遥西上势蜿蜒，

两旗疆界相勾连。

受降城头坐飞将，

牧马不收争河边。

上有共工触破未补之漏天，

下有鲛人痛哭不测之深渊。

阳春有脚走不到，

那得两岸生人烟。

但见奇花塞州渚，

色为人面形为拳。

花里见鱼不见水，

一网可以盈一船。

饥儿阻雨不须哭，

朝鱼暮鱼食尚足。

雷电光中住过春，

脚底霉苔黯然绿。

天晴曝衣上古原，

白骨堆过检多镞。

白塔耸光

清

王嘉漠

宝塔庄严接巨灵，

尽梯独上览空冥。

九重阊阖才寻尺，

万里河山列画屏。

极目都疑天有柱，

举头常见月穿棂。

凌风我欲飘然去，

间说仙人进道经。

塞 上

赵延寿

黄沙风卷半空抛，

云动阴山雪满郊。

探水人回移帐就，

射雕箭落著弓抄。

鸟逢霜果饥还啄，

马渡冰河渴自跑。

占得高原肥草地，

夜深生火折林梢。

观“二人台”感作

老舍

一

百万民歌内蒙来，

句句都是二人台。

看了一遍还想看，
都说群众是天才。

二

亲切二人台，
民间歌舞来。
春风扬锦帕，
飞蝶百花开。

大青山

端木蕻良

大青山下黑水潮，
林暗引弓北斗高。
倭寇不敢驰战马，
将军原是霍剽姚。

访呼市郊区

布赫

大棚瓜满架，
园地菜花鲜。
款款农家女，
执锹灌畦田。
餐桌佳肴美，
圃人心意甜。
工农情意厚，
城乡尽开颜。

青城巡礼

邓拓

千载茫茫敕勒川，
风云已换旧时天。
阴山百战消烽火，
黑水双流近市廛。
蒙汉一家情谊重，
工农万代口碑传。
人民事业垂青史，
革命翻身第一篇。

土默川日子火一样红

杜逵

（爬山调）

自从俺们嫁到土默川，
心窝窝里装上蜜罐罐。

山清水秀一幅幅画，
闺女们谁不想往这儿嫁。

爬上大青山放眼眼瞭，
由不住唱两句爬山调。

山似金来水似银，
土默川日子火样样红。

山沟沟里筑起个拦洪坝，
老天爷在这真听话！

手指山畔畔水流上，
龙王爷跑来还水账……

谁说土默川老天高，
你看他跳进水库正搓澡。

黑土土灌成一篓篓油，
庄稼垒成个七彩楼……

白云里包着颗开山雷，
崩破地皮尽是煤。

机枪隆隆闯山乡，
土默川像座大蜂房。

我把土默川当金板板敲，
敲到哪答答哪答答好。

土默川人把家乡当玉雕，
雕只金凤展翅翅高……

北方的风啊 南方的风

贾勋

同爬山调一样悠长而古老的峡谷
——这北方的峡谷啊
却吹进一股湿漉漉的海风
那吹送桔香轻拂披发
卷起迪斯科声浪的风啊
闻讯的山溪
露出卵石般微笑的牙齿
它在娓娓动听地讲述一个
山村火鸡场经理的故事

多少年，北方的风
在石磨旋转里思索自己

不甘挤压的历史，而它——
北方男子汉一样的血性，
却无可奈何地
差送一辆辆空荡荡的马车，
驮着比重载的粮车更加沉重的心情
向城里奔去

今天，那吹送桔香轻拂披发
卷着迪斯科音乐的风啊
那飘起法兰西火鸡种蛋空运标签的
风啊
终于吹进来了，吹进来了
它就游荡在山村小卖部
那个花花绿绿的世界
它就小憩在山民那
同电扇一起旋转的凉爽的梦里
今夜
山顶上那蔷薇色的篝火
就是北方的风
为它跳起的红绸舞
也是它们的联欢会标
第一次从这不平凡的山谷升起

姚司令来眊咱大青山

刘世远

（爬山调）

山泉泉奔流山花花笑，
喜鹊鹊唱歌野雀雀叫。

石板板大路直通山窝窝，
一股风跑来一辆红旗车。

红旗车停山湾嘟嘟叫，
只因那老羊倌唱起爬山调。

莜麦开花山洼洼白，
眼巴巴盼望亲人来！

老羊倌惊喜奔高高，
唤一声姚司令泪蛋蛋掉。

草绿色军装红帽徽，
打车上下来将军笑微微。

松枝枝风摆悠悠颤，
将军跟老羊倌儿对面面站。

圆盘盘脸上刀痕在，
莫不是咱姚司令真回来？

将军他紧握老羊倌儿的手，
“你不是当年送情报的
石狗狗？”

一句话拨亮灯一盏，
回想起往日的大青山。
……
紫葡萄渗蜜青皮李子甜，
大人娃娃把你挂心间！

花开花落几十春，
“你至今没忘咱山里人！”

将军两眼转圈圈红：
“忘了你们我就忘了本！”

“一天价耳听广播眼看报，
成半夜思念大青山睡不着
觉……”

蛮汗山游吟

王继周

一

忽闻深山轰雷鸣，
万丈水帘挂青空。
缘谷樵夫寻花草，
疑似吴广在月宫。

二

苍松翠柏野菊花，
枝头斑鸠催早霞，
金针含笑偎鲜菇，
向阳面果红半崖。

三

依山庄院户户高，
田园杏花朵朵娇，
村头溪水鸭先游，
红衣少女过小桥。

山乡吟

王忠民

鸟啼幽谷林掩村，
山乡风光欲引魂。
冽冽泉溪门前过，
翩翩蜂蝶花间寻。
碧空白云悠悠飘，
神笛为吾奏乡吟。
饲鸡养豕女持家，
耕耘灌溉男辛勤。
果园堪听喜鹊唱，
杏林犹闻布谷声。
羔羊犊牛寻嫩草，
雏鸡绒鸭觅幼虫。
串串笑语人心醉，
曲曲山歌耳畔闻。
青山绿水景色秀，
疑是人在仙境行。

秋游

高银表

四面峰峦青翠连，
白云生处有人烟。
百样花草马鬃山，
一眼甘泉老虎涧。
云雾漫漫飘远地，
山村人家住上天。
古城遗址今何在?
晚霞映照石人湾。

山村村吃上自来水

金保年

（爬山调）

喜鹊鹊唱歌来报喜，
山村村吃上自来水。

眼眶眶沁满喜悦的泪，
一口口甜水似酒醉。

昔日吃水难上难，
十里挑水半山湾。

多少年梦来多少年盼，
几辈辈为水愁肠断。

山药无花结不下蛋，
青年人个个娶妻难。

为省水家家吃干饭，
脸面面时常不洗涮。

铁锅锅烧水离不开炭，
共产党惦记着庄稼汉。

自来水管管户户通，
水龙头一拧响出声。

犹如久旱逢甘霖，
再不为吃水伤脑筋。

山丹丹开花满坡坡红，
满村村人儿笑盈盈。

乡 梦

陈美荣

一

甘泉隐密林，
河流水抚琴，
人居向阳坡，
炊烟化祥云。

二

良田置南北，
官道通西东，
学堂村中立，
稚童读书声。

三

考古汪禹平，
石器文化层，
追溯万年前，
祖先大窑人。

四

假节回故乡，
夕暮鸟归林，
梦中黄毛丫，
庆幸诞古村。

惠农政策到我家

潘有仓

（儿歌）

去年腊月二十八，
爸爸打工未回家，
我催妈妈打电话。

今年腊月二十八，
爸爸棚里摘西瓜，
妈妈装箱搞批发。

黄瓤甜，红瓤沙，
我尝西瓜乐哈哈，
惠农政策到我家。

参 考 书 目

《水经注》 （北魏•郦道元）
《水经注校》 （王国维）
《水经注通检今释》 （赵永复）
《绥远通志稿》 （绥远通志馆）
《古丰识略》 （清•钟秀、张曾）
《古丰志略》 （清•张曾）
《归绥县志》 （清•贻谷）
《呼和浩特志》 （呼和浩特市志编撰委员会 内蒙古人民出版社）
《呼和浩特简史》 （戴学稷）
《呼和浩特概况》 （呼和浩特编委会）
《呼和浩特革命史》 （内蒙古人民出版社）
《呼和浩特史料》（1～10集） （呼市史志办）
《呼和浩特城镇乡村》 （刘香芸 远方出版社）
《土默特沿革》 （荣祥、荣赓麟 ）
《土默特志》 （土右旗史志办 内蒙古人民出版社）
《呼和浩特千年大事记》 （邢野、王慧琴）
《呼和浩特市郊区志》 （呼市郊区史志办 内蒙古人民出版社）
《呼和浩特市郊区水利志》 （赛罕区水务局 内蒙古人民出版社）
《呼市郊区地名志》 （高银表 原郊区人民政府）
《呼和浩特方言辩证》 （刘文秀 内蒙古人民出版社）
《中国大青山》 （高银表 内蒙古人民出版社）
《呼和浩特革命老区》 （刘香芸 内蒙古人民出版社）
《爱国主义教育读本》 （原郊区教育局 内蒙古人民出版社）
《土默特传说》 （内蒙古大学出版社）
《赛罕文史》（1～5集） （呼市赛罕区政协）
《刘映元文集》 （内蒙古人民出版社）
《土默川风情》（1～3集） （金保年 内蒙古人民出版社）
《丰州情韵》 （呼市丰州历史文化研究会 内蒙古人民出版社）

参 考 书 目

《呼和浩特向导》（王继周　远方出版社）
《清代蒙古族人传记资料索引》（内蒙古大学出版社）
《苏木沁烈士陵园》（呼市郊区文明办　编委会）
《绥远文献》（台湾绥远同乡会）
《北方新报》（内蒙古日报）
《赛罕城乡文化》（赛罕区文化局）
《呼和浩特日报》（呼市日报社）
《呼和浩特晚报》（呼和浩特日报社）
《中外名人与呼和浩特》（呼市民间文艺家协会）

后　记

《话说内蒙古·赛罕区》编创同力，历时近一年，得以脱稿付梓。首先要感谢内蒙古人民出版社的编辑老师，他们几次亲临指导，纠正校改，对章节排目、内容选择均提出宝贵意见。

本书是在赛罕区区委、区政府直接关注下和区委宣传部、文联的直接领导下，由呼和浩特市丰州历史文化研究会调研创作部牵头完成的。从筹备到抽调人员采访、编写，直到定稿送交出版社——春种秋收，终结丰果。

本书由十一章组成，分别为：回望历史、自然环境、政区沿革、战争记忆、人物春秋、旅游观光、风味特产、当代风姿、民俗风情、民间文化、诗歌吟咏。虽涉及内容较多，但限于篇幅，不可能较详细、全面地反映赛罕区的历史、民俗、经济、文化、教育诸方面。本书精选近300幅照片配编入书，可谓图文并茂。

在编辑成书过程中，得到了张钧、段开印、王忠民、韩金文、丁瑞卿等同志的大力支持，还得到各有关单位以及各界人士的鼎力支持和热忱帮助。在此，我们一并表示感谢！

总之，时间短、任务重，基本按照《话说内蒙古》丛书编写大纲的要求，几易其稿，认真审阅，完稿交付。

由于编写人员水平有限，定有差错和不妥之处，切盼读者指正、赐教。

编者

2017年5月